初級ロシア語文法

黒田 龍之助 著

SANSHUSHA

●**音声ダウンロード・ストリーミング**

本書の付属 CD と同内容の音声がダウンロードならびにストリーミング再生でご利用いただけます。PC・スマートフォンで本書の音声ページにアクセスしてください。

https://www.sanshusha.co.jp/np/onsei/isbn/9784384056778/

CDの表示について

　本書の付属CDには、単語や例文等について、ロシア語のみが収録されています。CDの収録箇所には、下記のマークがついています。数字はトラック番号を示します。

CD 20　トラックの頭出しにあたる箇所の表示です。

CD 20　表示番号のトラック内に音声が収録されていることを示します。

はじめに

　これはロシア語を基礎からしっかりと学ぶための本です。とくに文法について、詳しく解説してあります。
　文法。
　残念ながら、非常に評判の悪いことばです。外国語を学びたい人は日本中にたくさんいるのに、文法はまったく人気がありません。どうやら難しい用語や語形変化より、あいさつ表現や短いフレーズのほうがずっと喜ばれるみたいです。
　それは分かっていながらも、本書はあえて文法に挑戦してみました。ロシア語の表面を軽くなぞるだけでなく、そのしくみをしっかりと理解したい人だってきっといる。そう信じたからです。
　タイトルも『初級ロシア語文法』という、思いっきり正統派にしました。これほど直球勝負の書名は、いまどきほとんどないでしょう。
　さらに、全部で50課もある大部な語学書という点でも、軽薄短小な世の中の流れに完全に逆らっています。
　ただし、その内容はちょっと工夫してみました。
　本文は会話調です。堅苦しいと、途中でイヤになってしまいますからね。はじめの5課は文字と発音です。そのあとで本格的に文法の説明がはじまります。各課の新出単語は制限しました。単語が多すぎると、文法理解に集中できません。それから、大切な文型は枠で囲んで見やすくしました。何よりも、例文をたくさん挙げてあります。これをていねいに暗記していけば、ロシア語の初級段階は卒業です。まあ、覚えたければの話ですが。

この本は「参照する文法」ではなく、「読む文法」です。はじめから順を追って読み進めていってください。細かい知識はあとで確認してもいいのです。まずは最後まで、がんばって目を通すことが大切。

　目指したのは「小説のように最後まで読み切れる文法」です。語学書だって、物語と同じように読書や書評の対象になれるはず。それなのにいつも「実用書」として片付けられてしまい、とても悲しいのです。

　とはいえ、実用書とされるのも仕方ないかもしれません。たとえば、語学書には冒頭に「本書の使い方」みたいなものがあります。小説にはありませんよね。使い方を理解しなければ読めないような本は、やはり実用書という感じがします。

　この本には、特別な使い方などありません。小説と同じように、順番に読んでくださればいいのです。ロシア語の音が聴きたければCDをどうぞ。藤枝・グトワ・エカテリーナさんが、美しい声で吹き込んでくれました。

　さらにこの本には、最後にあとがきがあります。これも小説などと同じです。でも、先に読んではダメですよ。結末は、最後のお楽しみ。

　では、さっそくはじめましょうか。

もくじ

はじめに

第1部　ロシア語の全体像を摑む　13

- 第1課　母音字 …………………………………… 15
  - 基　本：母音字は全部で10
- 第2課　子音字 …………………………………… 19
  - 基　本：子音字は20＋1
- 第3課　軟音記号と硬音記号 ……………………… 23
  - 基　本：記号はそれだけでは発音できない
- 第4課　子音字の無声化（語末）………………… 27
  - 基　本：子音字の音が変わるとき①
- 第5課　子音字の無声化（語中）と有声化 ……… 31
  - 基　本：子音字の音が変わるとき②
- ◆ロシア語のアルファベット ……………………… 35
- 第6課　簡単な文 ………………………………… 37
  - 基　本：冠詞もbe動詞もいらない
  - 発　展：「はい」と「いいえ」
- 第7課　疑問詞 …………………………………… 43
  - 基　本：疑問詞は使える！
  - 発　展：短くて便利な単語
- 第8課　一致 ……………………………………… 49
  - 基　本：「私の」が1つではない
  - 発　展：「あなたの」だって1つではない
- 第9課　動詞の活用 ……………………………… 55
  - 基　本：動詞は活用する
  - 発　展：辞書の見出し語は
  - ◇ロシア人の名前
- 第10課　格変化 …………………………………… 61
  - 基　本：名詞は格変化する
  - 発　展：固有名詞だって格変化する
- ◆あいさつの表現 ………………………………… 67

5

◆正書法の規則 …………………………………………… 68

第2部　ロシア語の変化を覚える　69

第11課　人称代名詞 ………………………………………… 71
　基　本：人称代名詞とは何か
　応用1：名詞の文法性
　応用2：人称代名詞の使い方
　発　展：名詞の語尾についてもう少し

第12課　所有代名詞（1）………………………………… 79
　基　本：「私の」の3つの区別
　応用1：「君の」の3つの区別
　応用2：「私たちの」「君たちの」の3つの区別
　発　展：語尾では分からない名詞の文法性

第13課　所有代名詞（2）………………………………… 87
　基　本：「誰の」を示す所有代名詞
　応用1：「彼の」「彼女の」「彼らの」には区別がない
　応用2：「この」には3つの区別がある
　発　展：「これ」と「あれ」

第14課　形容詞 ……………………………………………… 95
　基　本：形容詞の3つの区別
　応用1：「小さい」「大きい」の3つの区別
　応用2：「よい」の3つの区別
　発　展：ロシア人の名字

第15課　動詞の不定形 ………………………………… 103
　基　本：不定形と можно
　応用1：不定形と нельзя
　応用2：不定形と нужно
　◇不定形が ть 以外で終わる動詞
　発　展：不定形と надо、不定形と должен

第16課　動詞の現在形：第1活用 …………………… 111
　基　本：第1活用をする動詞
　応用1：овать で終わる動詞
　応用2：語幹が異なる動詞
　発　展：第1活用動詞のバリエーション

| 第 17 課　動詞の現在形：第2活用 …………………………… 119
　基　本：第２活用をする動詞
　応用１：アクセントが移動する第２活用動詞（１）
　応用２：アクセントが移動する第２活用動詞（２）
　発　展：第２活用動詞のバリエーション
| 第 18 課　名詞の複数形 …………………………………………… 127
　基　本：名詞の複数形の作り方
　応用１：к(а), г(а) などで終わる名詞の複数形の作り方
　応用２：о で終わる中性名詞の複数形の作り方
　発　展：消える母音
| 第 19 課　形容詞の複数形 ………………………………………… 135
　基　本：形容詞の複数形の作り方
　応用１：所有代名詞の複数形の作り方
　応用２：指示代名詞などの複数形の作り方
　発　展：名詞の複数形についてもう少し
| 第 20 課　動詞の現在形：不規則活用 …………………………… 143
　基　本：不規則活用動詞 любить
　応用１：不規則活用動詞 хотеть
　応用２：不規則活用動詞 мочь
　発　展：不規則活用動詞のバリエーション
◆例外的な語尾をもつ名詞の複数形 ……………………………… 151
◆形容詞型の名詞 …………………………………………………… 152
◆不変化の名詞 ……………………………………………………… 152
| 第 21 課　過去形と体 ……………………………………………… 153
　基　本：過去形の作り方
　応用１：быть の過去形の作り方
　応用２：完了体とは何か
　発　展：体はペアなのか
| 第 22 課　未来形と体 ……………………………………………… 161
　基　本：未来形の作り方
　応用１：быть の未来形の作り方
　応用２：完了体動詞の未来形の作り方
　発　展：不完了体と完了体が同じ形の動詞
　◇感嘆文

- 第 23 課　名詞の前置格 ……………………………… 169
  - 基　本：名詞の単数前置格形の作り方
  - 応用 1：前置詞 в と前置詞 на
  - 応用 2：e 以外の語尾をもつ単数前置格形
  - 発　展：前置詞 на と結びつく主な名詞
- 第 24 課　形容詞の前置格 …………………………… 177
  - 基　本：形容詞の単数前置格形の作り方
  - 応用 1：所有代名詞の単数前置格形の作り方
  - 応用 2：指示代名詞の単数前置格形の作り方
  - 発　展：名詞の単数前置格形についてもう少し
- 第 25 課　再帰動詞 …………………………………… 185
  - 基　本：再帰動詞の現在形
  - 応用 1：主に 3 人称で使われる再帰動詞
  - 応用 2：再帰動詞の過去形
  - 発　展：再帰動詞についてもう少し
  - ◇主な再帰動詞
- 第 26 課　名詞の生格 ………………………………… 193
  - 基　本：名詞の単数生格形の作り方
  - 応用 1：ка, га などで終わる名詞の単数生格形の作り方
  - 応用 2：否定生格
  - 発　展：名詞の単数生格形についてもう少し
- 第 27 課　形容詞の生格 ……………………………… 201
  - 基　本：形容詞の単数生格形の作り方
  - 応用 1：所有代名詞の単数生格形の作り方
  - 応用 2：指示代名詞の単数生格形の作り方
  - ◇もう 1 つの否定生格
  - 発　展：生格と結びつく前置詞 для, около, от, после, напротив
- 第 28 課　所有の表現 ………………………………… 209
  - 基　本：所有構文とは何か
  - 応用 1：所有構文の否定
  - 応用 2：病気の表現
  - 発　展：есть を使わない場合
  - ◇у нас や у вас と場所

- 第29課　名詞の対格 ……………………………………… 217
  - 基　本：名詞の単数対格形の作り方
  - 応用１：男性活動体名詞の単数対格形の作り方
  - 応用２：複数対格形について
  - 発　展：名詞の単数対格形についてもう少し
- 第30課　形容詞の対格 …………………………………… 225
  - 基　本：形容詞の単数対格形の作り方
  - 応用１：所有代名詞の単数対格形の作り方
  - 応用２：指示代名詞の単数対格形の作り方
  - 発　展：対格と結びつく前置詞 за
- ◆例外的な語尾をもつ名詞の単数前置格形 ……………… 233
- ◆男性名詞の第２生格形 …………………………………… 234
- 第31課　移動の動詞 ……………………………………… 235
  - 基　本：「行く」が１つではない
  - 応用１：行先の表現
  - 応用２：行先の副詞と場所の副詞
  - 発　展：移動の動詞の過去形
- 第32課　名詞の与格 ……………………………………… 243
  - 基　本：名詞の単数与格形の作り方
  - 応用１：помогать/помочь と与格
  - 応用２：можно などと与格
  - 発　展：名詞の単数与格形についてもう少し
- 第33課　形容詞の与格 …………………………………… 251
  - 基　本：形容詞の単数与格形の作り方
  - 応用１：所有代名詞の単数与格形の作り方
  - 応用２：指示代名詞の単数与格形の作り方
  - ◇手紙の宛名
  - 発　展：与格と結びつく前置詞 к と по
  - ◇父称
- 第34課　名詞の造格 ……………………………………… 259
  - 基　本：名詞の単数造格形の作り方
  - 応用１：職業を表す造格
  - 応用２：前置詞 с ＋造格
  - 発　展：名詞の単数造格形についてもう少し

第35課　形容詞の造格 …………………………………… 267
　基　　本：形容詞の単数造格形の作り方
　応用１：所有代名詞の単数造格形の作り方
　応用２：指示代名詞の単数造格形の作り方
　◇古い女性単数造格形
　発　　展：名字の格変化
第36課　人称代名詞の格変化 …………………………… 275
　基　　本：人称代名詞の格変化
　応用１：人称代名詞が前置詞と結びつくとき
　応用２：疑問代名詞 что と кто の格変化
　◇мы с тобой
　発　　展：再帰代名詞 себя
　◇動詞 звать の用法
第37課　名詞の複数形の格変化 ………………………… 283
　基　　本：名詞の複数形の格変化
　応用１：難しいのは複数生格形
　応用２：複数名詞の格変化
　発　　展：名詞の複数形の格変化についてもう少し
第38課　形容詞の複数形の格変化 ……………………… 291
　基　　本：形容詞の複数形の格変化
　応用１：所有代名詞の複数形の格変化
　応用２：指示代名詞の複数形の格変化
　発　　展：形容詞の格変化についてもう少し
第39課　命令法 …………………………………………… 299
　基　　本：命令法の作り方
　応用１：命令法の否定
　応用２：「～しましょう」の表現
　発　　展：命令法の作り方についてもう少し
第40課　比較級と最上級 ………………………………… 307
　基　　本：比較級の作り方
　応用１：「～よりも」の表現
　応用２：最上級の作り方
　発　　展：比較級と最上級の作り方についてもう少し
　◇наи のつく最上級

◆移動の動詞についてもう少し ……………………………… 315
◆接頭辞のついた移動の動詞 ………………………………… 316

第3部　ロシア語の構文を捉える　317

第41課　無人称文、不定形文、不定人称文 ……………… 319
　基　本：無人称文
　応用1：不定形文
　応用2：不定人称文
　発　展：普遍人称文
　◇その他の述語副詞

第42課　複文と接続詞 ………………………………………… 327
　基　本：複文とは何か
　応用1：接続詞 что
　応用2：接続詞 чтобы
　発　展：並立複文

第43課　関係詞 ………………………………………………… 335
　基　本：関係代名詞 который
　応用1：который が前置詞を伴うとき
　応用2：関係代名詞 что と кто
　発　展：関係副詞
　◇мя で終わる中性名詞の格変化

第44課　否定代名詞と不定代名詞 …………………………… 343
　基　本：否定代名詞 ничто と никто
　応用1：不定代名詞 что-нибудь と кто-нибудь
　応用2：不定代名詞 что-то と кто-то
　発　展：否定副詞と不定副詞

第45課　仮定法 ………………………………………………… 351
　基　本：仮定法の助詞 бы
　応用1：если を使わないとき
　応用2：ていねいな表現としての仮定法
　発　展：接続詞 хотя
　◇不規則名詞 мать と дочь の格変化

第46課　受動分詞 ……………………………………………… 359
　基　本：受動過去分詞

11

応用１：тый になる受動過去分詞
　　応用２：受動分詞構文のいい換え
　　発　展：受動現在分詞
　　◇順序数詞（０〜１００）
　第47課　受動の表現……………………………………367
　　基　本：受動分詞と受動の表現
　　応用１：再帰動詞と受動の表現
　　応用２：不定人称文と受動の表現
　　発　展：形容詞の短語尾形
　第48課　能動分詞………………………………………375
　　基　本：能動過去分詞
　　応用１：能動現在分詞
　　応用２：能動分詞構文のいい換え
　　発　展：能動分詞からできた名詞
　第49課　副動詞…………………………………………383
　　基　本：現在副動詞
　　応用１：過去副動詞
　　応用２：副動詞構文のいい換え
　　発　展：副動詞を使った慣用表現
　　◇個数詞（０〜１００）
　第50課　数詞……………………………………………391
　　基　本：基数詞１〜４と名詞
　　応用１：基数詞５以上と名詞
　　応用２：基数詞と形容詞
　　発　展：集合数詞
◆個数詞の変化……………………………………………399
◆時間の表現１……………………………………………400
◆時間の表現２……………………………………………401

ロシア語の変化表…………………………………………403
　　名詞／代名詞／形容詞／動詞

おわりに

12

第1部

ロシア語の全体像を掴む

第1部はロシア語全体についての概説です。

　まず第1課〜第5課では、文字と発音の関係を整理します。

　続く第6課〜第10課では、簡単な文の作り方に加えて、ロシア語の3大特徴ともいえる形容詞類の一致、動詞の活用、名詞の格変化について紹介します。といっても、ここではごく一部に留め、詳細については第11課以降で改めて学習していきます。

　すでにロシア語を学習したことのある方は、この部分を飛ばして第11課から学習を始めることもできます。ただしその前に、次の用語を知っているかどうか、チェックしてください。

- 母音字　● 子音字　● 硬音記号　● 軟音記号
- 無声化　● 有声化　● 平叙文　● 疑問文
- 否定文　● 一致　● 活用　● 格変化

第1課
母音字

基　本　母音字は全部で10

```
а ы у э о
я и ю е ё
```

基本 母音字は全部で10

ロシア語の母音字は次の通りです。

a ア	ы ウィ	y ウ	э エ	o オ
я ヤ	и イ	ю ユ	e イェ	ё ヨ

　気をつけてほしいのは、ここに挙げたのは「母音字」であって「母音」じゃないってことです。というのは、たとえば я はローマ字で考えると「y+a」なので、つまり「子音+母音」ですよね。だから「母音」とはちょっと違う。

　この表のうち、上の段にあるのが「硬母音字」で、下の段が「軟母音字」です。「硬」と「軟」ですから、つまりは「硬い」とか「軟らかい」ってことになりますよね。でも、どんな母音が硬くて、どんな母音が軟らかいのか、感覚ではなかなか捉えきれません。この名称は習慣に過ぎないので、あまり深入りしないでください。測定して得られた結果ではないのです。ただし、この区別がいずれ大切になってきます。

　どの文字もそれぞれ音を持っているのですが、それをことばで説明することほど、難しいわりに理解してもらえないものもありません。だからやらない。CDを聴いてくださいな。

　実際の音を聴けば、上の段と下の段の関係が分かります。たとえば a と я は「ア」と「ヤ」という関係になっている。y と ю は「ウ」と「ユ」だし、o と ё は「オ」と「ヨ」だから、つまり50音表でいえばア行とヤ行なんです。э と e の場合は「エ」と「イェ」って感じで、「イェ」なんて50音表にはないけれど、それでもなんとか理解できる。

　ただし ы と и については、そうはいきません。и はふつうに「イ」なんですけど、問題は ы で、これがカナではどうにも表しにくい。「ウィ」と書くしかないんだけど、そうすると「ウ」と「イ」の2つをつなげて「ウィ〜」って感じになってしまい、それは違うんだな。発音のコツは、これ

は知り合いのロシア人が教えてくれたんですけど、エンピツとか割り箸を横にくわえて「イ」を発音しようとすると意外と簡単に出せます。日本語にはない、不思議な音です。

こういった感じで、このыとиだけはア行とヤ行の関係にならないけど、ыが硬母音字でиが軟母音字であることには変わりありません。

さて、母音字についてはもう1つ注意すべきことがあります。それはアクセントがあるかないかによって、音色が変わることです。

ロシア語の単語は1つの母音が他に比べて強く、はっきりと、そして少々長めに発音されます。これをアクセントというんですが、これまで説明してきたのはアクセントがある場合です。このアクセントの位置はそれぞれ決まっていて、教科書などでは「́」で示します。とはいえ、ёはいつでもアクセントがあるので、わざわざ「́」はつけません。

それではアクセントのない場合はどうなるか。ポイントは2つで、まずアクセントのないоは「ア」になります。つまりaと区別がなくなってしまう。それからアクセントのないеとяは「イ」になり、こちらはиと区別がなくなる。ただし語末ではたとえアクセントがなくてもそのままで、最初から少々面倒。

こういうものは説明ばかりでなくて、自分で練習してみるのがいちばん。でも、意味のない母音字だけ練習してもつまらないので、子音字も4つだけ紹介して、単語を作れるようにしておきましょう。

まず、ローマ字と形も音も似ている3つの文字。кは「カ」の子音、мは「マ」の子音、そしてтは「タ」の子音を表します。

もう1つの文字、нは「ナ」の子音です。「ハ」の子音ではないので注意してくださいね。子音字について、詳しくは次の課で説明しますが、まずはこれだけ覚えて、次のページで練習してください。

| 発音練習 | 母音字 | CD 02 |

＊これらの単語は文字と発音の練習用ですので、無理して覚えなくても大丈夫です。

01-01　та́м　あそこ

01-02　ко́т　オス猫

01-03　мы́　私たち

01-04　те́ма　テーマ

01-05　э́то　これ

01-06　и́мя　名前

01-07　тётя　叔母さん

01-08　меню́　メニュー

01-09　тума́н　霧

01-10　ко́мната　部屋

（本書では、母音字が１つしかない語でもアクセントがあれば「́」で示します）

第2課
子音字

基　本　子音字は 20 + 1

к	п	с	т	ф	ш
г	б	з	д	в	ж

х	ц	ч	щ				
			л	м	н	р

й

基本 子音字は 20 + 1

今度は子音字です。母音字は硬母音と軟母音に分けましたが、子音字は無声子音と有声子音に分けて表にします。

к	п	с	т	ф	ш	х	ц	ч	щ
г	б	з	д	в	ж			л	м	н	р

上の段が無声子音で、下の段が有声子音です。子音はそれだけでは発音しにくいので、CDではすべて母音 а をつけて読んでいます。

このうち上の段と下の段の両方が埋まっているのは、対応しているからです。たとえば к と г だったら、発音の仕方は同じだけど、無声か有声かの違いで「ク」と「グ」になる。日本語のカナで書くと濁点の有無がうまく対応することがあります。こんな感じで、п と б、с と з、т と д、ф と в、ш と ж はペアになっているのです。CDでは対応するものが比べられるように、ка-га, па-ба などの順番で読んでいます。

子音字の一つ一つについては35～36ページの「ロシア語のアルファベット」にまとめてありますので、そちらを参照してください。ここでは難しそうな子音字をいくつか選んで、チェックしておきましょう。

まず ш と ж ですが、これは舌を後に引いて、少しだけ唇を突き出して「シュ」あるいは「ジュ」と発音します。表でペアになっているわけですから、無声子音か有声子音かという違いはあるけれど、発音の仕方はどちらも同じです。口の中になるべく広く空間を作り、こもった感じで、あるいは英語の r を発音するつもりでやると、いいかもしれません。

ш によく似た文字で щ というのがあります。気をつけないと違いが分からなくなってしまいますが、右下に「しっぽ」があるかないかの違いです。この щ、文字の形だけじゃなくて、音も ш に似ているのだからさらに厄介。ほら、静かにしてほしいときに「シーッ」っていうでしょう。あ

んな感じで щ です。

　あとは р と л で、р はいわゆる「巻き舌」なんですが、これって多くの人にとって恐怖なんですね。

　「わー、どうしよう、舌がうまく巻かない、絶対にできるわけない、ああ、ロシア語なんてやめとけばよかった…」

　あの、そこまで思いつめなくてもいいんじゃないでしょうか。

　舌をうまく巻くためには、練習法があります。「プル・プラ・プル・プラ」というのを繰り返して、舌が巻いていることを確認するところから始めればいいのです。最初に「プ」があると、舌が巻きやすくなります。それから徐々に「ルルル〜」と р が出せるようになればいいんです。

　でも、うまくいかない人もいるかもしれません。そういう人は л のほうをがんばりましょう。л は舌先を上の歯の裏につけて発音する、巻かないほうの「ラ」です。実はこれ、意外と難しいようで、きちんと発音できている学習者は少ないです。巻き舌の р に熱心になりすぎて、л が疎かにならないように気をつけてください。

　まあ、他にもいろいろあるでしょうが、やっぱりCDを聴きながら練習するのがいちばんですかね。

　そうそう、先ほどの表に入っていない文字である й を紹介しておきましょう。й は見るからに и と似ています。でも母音字ではありません。これは「ヤ」を発音したときの始めの音です。ローマ字だったら「y」に対応します。

　おや、でも「ヤ」は я でしたよね。ということは я＝й＋а となります。そうなんですけど、そういう綴りは書かないことになっていて、й は主に単語の最後に現れます。чáй「茶」といった具合です。

　こんな感じで、й は母音字でも子音字でもないため、「半母音字」あるいは「半子音字」と呼ばれます。

　さあ、あとは練習あるのみですね。

| 発音練習 | 子音字 | CD 04 |

*以下の10の単語の中には子音字20＋1がすべて含まれています。

02-01　ча́й　茶

02-02　духи́　香水

02-03　ли́фт　エレベータ

02-04　бо́рщ　ボルシチ

02-05　спо́рт　スポーツ

02-06　це́нтр　中心（センター）

02-07　шко́ла　学校（スクール）

02-08　газе́та　新聞

02-09　журна́л　雑誌

02-10　Москва́　モスクワ［地名］

第3課
軟音記号と硬音記号

基 本 記号はそれだけでは発音できない

ь ъ

基本 記号はそれだけでは発音できない

　母音字と子音字についてはすでに勉強しました。й のような母音と子音の中間の、「半母音字」というか「半子音字」というか、とにかくそういうのだってチェックしましたよね。それではこれ以上、いったい何があるのか。

　今回は記号について勉強しましょう。

　記号はそれ自身では音を持っていません。日本語でも「は」にテンテンで「ば」、マルをつければ「ぱ」ですよね。でもテンテンやマルそのものに音があるわけではありません。

　そんな感じの記号が、ロシア語にもあると考えてください。ただし、ロシア語の記号は日本語のテンテンやマルと違い、1文字分の場所を堂々と占めますので、そこが違います。

　ロシア語には記号が2つあります。

　まず ь は軟音記号といいます。ロシア語では「ミャーフキー・ズナーク」といい、少々長い名称ですが、なんだかカッコいいですよね。いやいや、名称なんてどうでもいいのです。大切なのはその使い方。

　軟音記号 ь は子音字の後に添えます。この記号がついたら、舌の真中を盛り上げて、口を「イ」の形にして発音します。

　たとえば царь。「皇帝」、とくに「ロシア皇帝」を表しますが、最後の рь の部分は「ル」というよりも「リ」に近い感じです。でも、はっきり「イ」といってはダメ。それじゃ ри になってしまいますからね。そうじゃなくて、軽く添える感じで「ツァーリ」です。

　この記号があるかないかで、意味がすっかり変わってしまう単語さえあります。брат は「兄・弟」という意味で、英語だったら brother です。だから年上でも年下でもいい。それに対して брать は「取る」という意味の動詞です。まったく違うでしょ？

　はっきり発音しないで軽く添えるというのは、なんだか頼りないというか、かえって難しい気がします。でもまあ、だんだんに慣れていくように

してください。

　さて、もう1つの記号 ъ は「硬音記号」または「トゥヴョールディー・ズナーク」といいます。なんだか難しそうだなあ。でも、大切なのは名称じゃなくて使い方でしたよね。

　この ъ は音を分ける記号です。たとえば объéкт。「対象」という意味で、英語の object に相当します。ロシア語の場合、アクセントのない о が「ア」のように発音されますので、「アブイェークト」という感じになります。この単語には ъ が使われていますね。これがないと б と е がくっついて「アビェークト」になってしまう。それでは困るので、そうしないための記号なんです。だから必ず、母音字と子音字の間に、割って入るように ъ が書かれます。

　それにしても、例として挙げた単語が「対象」だなんて、ずいぶんと抽象的。もっと身近な単語はないの？

　実はこの ъ、めったに出てきません。使われる単語がすごく限られていて、たとえばこの記号を使わないでロシア語の入門書を作ってみろといわれても、簡単に作れます。まあ、誰もそんなことはいわないんですけどね。つまり、それくらい頻度が低いわけ。ということで、しばらくは出てきませんから、どうぞご安心を。それでも、次のページの練習には объéкт も含めて2つ挙げておきました。

　その反対に ь は非常によく出てきます。これを使わないでロシア語を紹介することは不可能です。だから練習を通して、発音をしっかりとマスターしてください。

発音練習 — 軟音記号と硬音記号

03-01 де́нь 日

03-02 со́ль 塩

03-03 пя́ть 5

03-04 се́мь 7

03-05 це́пь 鎖

03-06 ца́рь ロシア皇帝

03-07 письмо́ 手紙

03-08 ма́льчик 男の子

03-09 объе́кт 対象

03-10 подъём 上り坂

第4課
子音字の無声化（語末）

基本 子音字の音が変わるとき①

| к | п | с | т | ф | ш |

↑

| г | б | з | д | в | ж |

基本 子音字の音が変わるとき①

　こうして、ロシア語の文字について一通り学習しました。ロシア語で使う文字は全部で33文字。英語の26文字に比べて少し多いですね。

　英語で使う文字はラテン文字あるいはローマ字といいます。アルファベットじゃありません。1つの文字が原則として1つの音に対応していれば、どんな文字体系でもアルファベットです。

　ロシア語で使う文字はキリル文字といいます。ときどき「ロシア文字」という人がいますが、私は気に入りません。だって abc を「イギリス文字」っていわないでしょう。親しみやすさを目指して不正確なことをいうのは嫌いです。キリル文字という名称をぜひ覚えてください。

　さて、ロシア語で使うキリル文字をすべて克服してハッピーなところに、水を差すようで恐縮なんですが、ロシア語の文字はときどき音が変わることがあります。はじめの方では母音字について、アクセントがあるかないかによって о と я と е は音が変わることを紹介しましたね。今回は子音字が変わる場合について説明しましょう。

　たとえば「雪」はロシア語で снéг といいます。ロシアっていえば雪というイメージが強いですからね。とはいえ、夏のモスクワはけっこう暑いんですけど。それはともかく、この снéг をカナで書き表すと「スニェーク」という感じです。あれ、ちょっとおかしい。最後は г なのだから「スニェーグ」となりそうなのに、なぜか「スニェーク」と濁音ではなくなっている。それでいいの？

　はい、いいのです。これが子音字の変わる例なんです。

　ロシア語には「г, б, з, д, в, ж が単語の最後に来ると、それぞれ г ⇨ к, б ⇨ п, з ⇨ с, д ⇨ т, в ⇨ ф, ж ⇨ ш の音になる」という規則があるのです。

　気をつけてほしいのは、書くときはそのままということ。でも読むときは違ってきます。г の文字を見ながら、まるで к の文字が書いてあるように発音するのです。だから снéг と書いて「スニェーク」なのです。

このように、有声子音字が無声子音として発音されることを「無声化」といいます。

子音字の「無声化」の例について、固有名詞を使っていくつか確認しましょうか。

たとえば劇作家チェーホフ。彼の書いた『桜の園』『三人姉妹』『カモメ』などの戯曲は、日本でも繰り返し上演されています。そのチェーホフですが、ロシア語では Чéхов と表記します。ポイントは最後の в。この場合は в ⇨ ф なんですから「ブ」じゃなくて「フ」になるわけです。

今度は地名です。ロシア第2の都市といえば Санкт-Петербýрг。この町はエルミタージュ美術館やピョートル宮殿など、観光スポットも多く、毎年たくさんの旅行者が訪れます。この Санкт-Петербýрг も最後が г で終わっていますから、снéг のときと同様に г ⇨ к となり、「ク」の音になります。日本語では「サンクト・ペテルブルク」と表記しますね。でも「サンクト・ペテルブルグ」という表記も見かけることがあります。理由がお分かりでしょうか。「ク」のほうは音に従った書き方で、「グ」は文字に従った書き方なのです。

Санкт-Петербýрг は1924年から1991年まで Ленингрáд と呼ばれていました。もともとは「レーニンの町」という意味ですが、これも「レニングラート」と「レニングラード」の2つの表記ができてしまいます。

外国の地名を日本語で表記するのは難しく、ときにはバリエーションができてしまうのですが、そこにはこんな理由があったのです。

最後の音が変わるのは、ь が付いていても同様です。「広場」という意味の плóщадь は「プローシャチ」となり、дь ⇨ ть のように発音されます。

語末の子音字のわずかな違い。このような文字と音の「ずれ」にも、少しずつ慣れていってください。

発音練習　子音字の無声化（語末）　CD 06

04-01　сне́г　雪

04-02　ле́в　ライオン

04-03　га́з　ガス

04-04　му́ж　夫

04-05　хле́б　パン

04-06　наро́д　国民

04-07　любо́вь　愛

04-08　пло́щадь　広場

04-09　Че́хов　チェーホフ［人名］

04-10　Санкт-Петербу́рг　サンクト・ペテルブルグ［地名］

第5課
子音字の無声化（語中）と有声化

基 本 子音字の音が変わるとき②

| к | п | с | т | ф | ш |

↑↓

| г | б | з | д | в | ж |

◆基本◆ 子音字の音が変わるとき②

　第4課で学習した「無声化」は、やっぱり面倒な規則です。せっかく覚えた文字を違ったふうに読むというのは、キリル文字（ロシア文字じゃなかったですよね）にまだまだ慣れていない人には酷な話。でも最後の文字だけだったら見つけやすいし、まあいいか。

　すみません。実はこの無声化、最後の文字に限らないのです。同じことは単語の中でも起こります。今回もやはり人名や地名で見ていきましょう。

　たとえば作家 Достое́вский。日本では人気が高く、『カラマーゾフの兄弟』や『罪と罰』はいまでも不思議なくらい広く読まれています。この作家、日本語では「ドストエフスキー」と表記するのが一般的です。ところで、ロシア語のほうをよく見てください。前から7番目の文字は в ですよね。でも「ドストエ『フ』スキー」なんです。つまりここでも、子音字の無声化が起こっているのです。

　語中における無声化の規則はこうなります。

　「г, б, з, д, в, ж のあとに к, п, с, т, ф, ш および х, ц, ч, щ が続くと、それぞれ г ⇨ к, б ⇨ п, з ⇨ с, д ⇨ т, в ⇨ ф, ж ⇨ ш の音になる」

　Достое́вский の場合には、в のあとに с が続いていますから、この規則が適用されて「フ」になるというわけです。

　無声化は単語の始めで起こることもあります。「昨日」という意味の вчера́ は、в のあとに ч が続いていますから、в は「フ」になり、全体として「フチラー」となるわけです。

　いやー、なんだか難しいですよね。でも、ホント申し訳ないけど、規則はこれでおしまいじゃないんです。

　たとえば「サッカー」。ロシアでももちろん人気のスポーツですが、ロシア語では футбо́л と書いて「フドボール」と発音します。問題は「ド」の音で、文字は т なのに、それが「ド」になるのですから、これまでにはなかった変化をしています。

　「к, п, с, т, ф, ш のあとに г, б, з, д, ж が続くと、それぞれ к ⇨ г, п

⇨ б, с ⇨ з, т ⇨ д, ф ⇨ в, ш ⇨ ж の音になる」

　先ほどまでとは逆パターンです。こちらは無声子音字が有声子音になるので、「有声化」といいます。ただし в が後に続いても有声化は起こらず、свет「光」は「ズヴェート」ではなくて「スヴェート」になり、квадрáт「四角形」も「クヴァドラート」と発音します。

　あれ、どうしました？　もしかして、かなり暗い気分になってしまいましたか？

　そうですよね。こんなにたくさん規則があったら、イヤになってしまいますよね。心の底からごめんなさい。

　どうも教科書というものは、始めのうちにすべてを説明し尽くそうとして、読者に難しい印象を与えてしまいがちです。勉強する人の気持ちも配慮してほしいですよね。

　子音字の無声化や有声化は、確かに大切な規則なんですが、これを身につけるには時間も必要です。急には無理ですから、この先の学習を通して、だんだんに慣れていきましょう。あわてることはありません。忘れたらこのページに戻ってくればいいではないですか。

　文字と発音について、細かいことをいったらキリがありません。他にも例外がいろいろあるのですが、もうやめておきましょう。一通りのことを学んだら、後は学習を続けながら身につけていくことにします。

　ということで、文字と発音に関してはこのへんで終えることにしましょう。やれやれ。

　おっと、発音練習だけはしておいてください。

| 発音練習 | 子音字の無声化(語中)と有声化 | CD 07 |

05-01　ю́бка　スカート

05-02　ска́зка　おとぎ話

05-03　во́дка　ウォッカ

05-04　пирожки́　ピロシキ

05-05　Достое́вский　ドストエフスキー（人名）

05-06　вчера́　昨日

05-07　футбо́л　サッカー

05-08　экза́мен　試験

05-09　све́т　光

05-10　квадра́т　四角形

ロシア語のアルファベット　CD 08

а	б	в	г	д	е	ё	ж	з	и	й
к	л	м	н	о	п	р	с	т	у	ф
х	ц	ч	ш	щ	ъ	ы	ь	э	ю	я

а　**母音字**　口を大きく開けてはっきりと「ア」。

б　**子音字**　日本語の「バ」を発音したときのはじめの音。

в　**子音字**　上の前歯を下唇の内側に軽く触れて発音する「ヴ」。

г　**子音字**　日本語の「ガ」を発音したときのはじめの音。

д　**子音字**　日本語の「ダ」を発音したときのはじめの音。

е　**母音字**　カタカナで示せば「イェ」が近い。「エ」ではない。

ё　**母音字**　日本語の「ヨ」の音とほぼ同じ。

ж　**子音字**　舌を後に引いて、少し唇を突き出して「ジュ」。

з　**子音字**　日本語の「ワザ（技）」の「ザ」を発音したときのはじめの音。

и　**母音字**　口を横に開いてはっきりと「イ」。

й　**半子音字／半母音字**　日本語の「ヤ」を発音したときのはじめの音。

к　**子音字**　日本語の「カ」を発音したときのはじめの音。

л　**子音字**　舌先を上の歯の裏につけて発音する「ル」。

м　**子音字**　日本語の「マ」を発音したときのはじめの音。

н	子音字	日本語の「ナ」を発音したときのはじめの音。
о	母音字	唇を前に突き出してはっきりと「オ」。
п	子音字	日本語の「パ」を発音したときのはじめの音。
р	子音字	舌をふるわせる巻き舌の「ル」。
с	子音字	日本語の「サ」を発音したときのはじめの音。
т	子音字	日本語の「タ」を発音したときのはじめの音。
у	母音字	唇を前に突き出してはっきりと「ウ」。
ф	子音字	上の前歯を下唇の内側に軽く触れて発音する「フ」。
х	子音字	喉の奥から強く息を吐き出しながら「ハ」。
ц	子音字	日本語の「ツ」を発音したときのはじめの音。
ч	子音字	唇を少し突き出して「チュ」。
ш	子音字	舌を後ろに引いて、少し唇を突き出して「シュ」。
щ	子音字	日本語で「静かに」という意味の「シー」に近い。
ъ	記号	子音と母音を分ける。
ы	母音字	カタカナで表せば「ウィ」が近い。「ウ+イ」ではない。
ь	記号	直前の子音が舌の真中を上に盛り上げて発音することを示す。
э	母音字	口を大きく開けてはっきりと「エ」。
ю	母音字	唇を前に突き出してはっきりと「ユ」。
я	母音字	日本語の「ヤ」の音とほぼ同じ。

＊このほかに、母音字はアクセントの有無、子音字は有声化や無声化に注意してください。

第6課
簡単な文

- 基　本　冠詞もbe動詞もいらない
- 発　展　「はい」と「いいえ」

この課で学習する主な単語　CD 09

基　本	
и	と、そして
Максим	マクシム（人名）
не	〜でない
па́спорт	パスポート
Росси́я	ロシア（地名）
Серге́й	セルゲイ（人名）
э́то	これ
Япо́ния	日本

発　展	
да́	はい
не́т	いいえ

基本 冠詞も be 動詞もいらない

1. Э́то па́спорт.　これはパスポートです。
2. Э́то па́спорт?　これはパスポートですか。
3. Э́то не па́спорт.　これはパスポートではありません。

　新しい外国語を学ぶとき、多くの人がついつい英語と比べてしまいます。これは仕方がない。なんだかんだいっても、長年つき合ってきた英語です。影響を受けるのは当たり前。

　とはいえ、あらゆる外国語が英語と同じではありません。単語だけでなく、しくみだって違うんです。それがいいとか悪いとか、評価を下すのは無意味なこと。大切なのは違いを受け止めることです。

　たとえば、ロシア語には英語の a や the のような冠詞がありません。日本人の英語学習者にとって、冠詞は非常に厄介。人によっては恐怖かもしれない。それが証拠に、書店には「冠詞は難しくない！」という本が山ほど並んでいる。ということは、それほど「難しい」のですね。それがロシア語にはないのですから、ありがたいことです。

　さらには be 動詞に当たるものもありません。いや、少なくとも現在形にはないんですね。ということは過去や未来だったら…などと、先走って考えるのはやめましょう。とにかく is, am, are とはさようなら。

　ということで This is a passport. をロシア語でいうと、冒頭に四角で囲んで挙げた例のうち、1 Э́то па́спорт.「これはパスポートです」のようになります。this が э́то で、passport が па́спорт、お約束通りに is も a もない。一対一対応。単純明快。ちなみに例文では э́то が Э́то のように最初が大文字になっていますが、これは文のはじめだからです。この点は英語と同じ。

　この э́то は非常によく使います。「これはロシアです」は Э́то Росси́я.

「これはマクシムです」は Это Макси́м.「マクシム」は男性の名前。つまり地名でも人名でも、なんでもOKなのです。

次に疑問文です。「これはパスポートです」に対して「これはパスポートですか」というのが疑問文。パスポートなんざぁ見りゃ分かるだろーが！という声が聞こえてきそうですが、それでも国ごとにいろんなデザインがあったりしますから、ときには「何だこれ？」ということもありうる。そう考えて疑問文にしてみましょう。英語は Is this a passport? のようにbe動詞を前に出して、順番をひっくり返すのでした。

ではロシア語はどうでしょうか。be動詞に当たるものは、そもそもありませんでしたよね。したがってひっくり返しようがない。だったらどうするか。イントネーションを変えましょう。「これはパスポートですか」は ❷ Э́то па́спорт? で、пас の部分が高くなります。でも後は下げます。下げないと絶叫してしまうから。

こんな説明、いくらことばを尽くしても、分かってもらえないだろうなあ。でも本書には付属CDがありました。それを聴いて真似してください。最近の参考書はこうやって逃げられるので、本当に便利です。

否定文はどうなるか。「これはパスポートではありません」という文だって、使う可能性があります。こんなの、見るからに文庫本で、パスポートのワケないだろといっても、分からないヤツには分からない。そこできちんと説明する。英語なら This is not a passport. で、ポイントは not、これによって「〜ではない」という意味になります。

ロシア語にも否定のために使う単語があります。не と書きますが、ふつうはアクセントがないので発音は「ニ」。「これはパスポートではありません」は ❸ Э́то не па́спорт. となり、э́то と па́спорт の間に не を置くだけです。発音するときは後の па́спорт といっしょに。

どうです、意外と簡単でしょう？　ロシア語は文字が難しいんですから、少しくらい簡単な部分があってもいいですよね。神さまは公平です。

例 文

06-01 Э́то Росси́я.

06-02 Э́то Росси́я?

06-03 Э́то не Росси́я.

06-04 Э́то Макси́м.

06-05 Э́то Серге́й?

06-06 Э́то не Макси́м.

06-07 Э́то не Серге́й?

06-08 Макси́м, э́то па́спорт?

06-09 Э́то Росси́я и Япо́ния.

06-10 Э́то Макси́м и Серге́й.

和訳と解説

06-01　これはロシアです。

06-02　これはロシアですか。

06-03　これはロシアではありません。

06-04　これはマクシムです。

06-05　これはセルゲイですか。　＊セルゲイは男性の名前です。

06-06　これはマクシムではありません。

06-07　これはセルゲイではありませんか。
　　　　＊このように не を用いて否定の疑問文「〜ではありませんか」を作ることもできます。

06-08　マクシム、これはパスポートなんですか。
　　　　＊この場合の「マクシム」は呼びかけです。

06-09　これはロシアと日本です。

06-10　これはマクシムとセルゲイです。

発展 「はい」と「いいえ」

Это ～? と質問されたら、答えなければなりませんね。そのためには「はい」や「いいえ」に当たる単語が必要です。

「はい」は да といいます。Это Макси́м?「これはマクシムですか」と尋ねられ、正しければ Да, э́то Макси́м.「はい、これはマクシムです」と答えます。書くときは да のあとにコンマをお忘れなく。他にも答え方はいろいろあって、簡単に Да.「はい」とだけというのも可能です。まあ、そっけないですけど。Да, Макси́м.「はい、マクシムです」というように э́то のくり返しをさけるという手もあります。

さて、相手のいうことが常に正しいとは限りません。セルゲイの写真を指さしながら Э́то Макси́м?「これはマクシムですか」と質問されたら、はっきり違うといってやりましょう。そのときには「いいえ」という意味の нет を使います。Э́то Макси́м?「これはマクシムですか」に対して Нет, э́то Сергей.「いいえ、これはセルゲイです」。ここでも、нет のあとにコンマが必要です。あるいは「いいえ、これはマクシムではありません」とだけ答えたいときもありますよね。そういうときはもちろん не を使います。Нет, э́то не Макси́м.

否定で尋ねることもあります。Э́то не Макси́м?「これはマクシムではありませんか」に対しては、それが正しくても正しくなくても、まずは нет と答えます。Нет, э́то не Макси́м.「はい、これはマクシムではありません」、Нет, э́то Макси́м.「いいえ、これはマクシムです」。ということは、нет だけではどちらなのか分からないわけです。

英語と比べると、not = не, no = нет となり、t と т が微妙にずれていることに注意してください。やっぱり、ロシア語はロシア語として覚えたほうがよさそうです。

第7課
疑問詞

基 本 疑問詞は使える！
発 展 短くて便利な単語

この課で学習する主な単語

基 本

где́	どこで・に
до́ма	家で・に
здесь	ここで・に
кто	誰
лифт	エレベータ
ста́нция	駅
там	そこで・に
что	何（ч は [ш] のように発音します）

発 展

а	では、一方
и́ли	または、それとも

基本 疑問詞は使える！

- ④ **Кто́ э́то?** これは誰ですか。
- ⑤ **Что́ э́то?** これは何ですか。
- ⑥ **Где́ па́спорт?** パスポートはどこですか。

　質問は「はい」か「いいえ」で答えるだけではありません。人や物や場所が答えとなる場合もあります。これを尋ねるのが疑問詞です。

　たとえば「これは誰ですか？」という質問。写真を見ながら、という状況を思い浮かべれば、日常よく目にする光景ですね。ロシア語では ④ Кто́ э́то? といいます。э́то はすでにご存じの「これ」。кто́ は「誰」という意味の疑問詞で、人や動物について尋ねるときに使います。be 動詞がないので、相変わらず楽です。

　日本語では「これ」が先で「誰」が後になっていますが、ロシア語ではКто́ э́то? のように кто́ が先で э́то が後になっています。疑問詞はどちらかというと前に置く傾向がありますが、絶対ではありません。Э́то кто́? という並べ方も充分に可能です。ただニュアンスが微妙に違い、「これっていったい誰よ？」という感じで強調されています。ふつうは Кто́ э́то? です。

　さて Кто́ э́то? と尋ねられたら、その答えは да́ や не́т ではありません。
　×「これは誰ですか？」「はい」

　これじゃワケがわからん。まともな答えは Э́то Макси́м.「これはマクシムです」といった文のはず。簡単ですし、すでに知ってもいます。

　このように、疑問詞を覚えておくと表現がぐっと広がります。

　「何」はロシア語で что́ といいます。この疑問詞、はじめの文字は ч ですが、まるで ш が書いてあるかのように「シュトー」と発音します。
⑤ Что́ э́то?「これは何ですか？」。答えはもちろん Э́то ～ . となります。

Это па́спорт.「これはパスポートです」、などなど。

「これは何ですか？」「これは〜です」というのは、外国語の入門書でよくお目にかかる例文です。でも、評判がすこぶる悪い。「そんなの見れば分かるっつーの。バカバカしい」という批判が必ず噴出する。そりゃそうなんですけどね、だったらどうすりゃいいんです？　やさしい単語を使って、しかも自然な会話を作るのは至難の業。あんまり凝った文を作ると、面白いけど難しいですよ。すみませんが、はじめのうちは「これはパスポートです」にもお付き合いくださいませ。

疑問詞をもう１つ覚えましょう。「どこ」は где といいます。**❻** Где́ па́спорт?「パスポートはどこですか」も、いろいろ使えそうですね。ただ、問題はその答え方。もちろん да́ や не́т ではダメ。場所を示す単語がなければ答えられません。でもそれだけじゃまだ足りなくて、さらに「〜に」という形を作る必要があります。そういう難しいのは、ずっと先で学習する内容。この段階でいえるのは次の３つくらいです。

Зде́сь.「ここです」Та́м.「あそこです」До́ма.「家です」

зде́сь は近いところを、та́м は遠いところを指し示します。これなら比較的分かりやすい。зде́сь は発音が少々厄介ですが、よく使われますからがんばりましょう。もっとも、実際には зде́сь と та́м だけでは、とても対応しきれませんけどね。ちなみにロシア人の先生の授業で出席をとるとき、出席している生徒は Зде́сь! と答えるのが習慣です。до́ма はこの１語で「家で」という意味。やっぱり、わが家は特別なんですね。

疑問詞はもっといろいろあります。ところがこれに対する答えが難しい。「いつ」と聞かれて時を、「どのように」と聞かれて様子を答えるためには、単語や表現をもっともっと知っていなければなりません。何より難しいのは「どうして」に答えることです。理由を答えるのは特に難しい。どうしてって、どうしてもなんだよ〜。

とにかく、そういうものは、もう少し先で学ぶことにします。

例 文

07-01　Кто́ э́то? —— Э́то Макси́м.

07-02　Кто́ э́то? —— Э́то Серге́й.

07-03　Что́ э́то? —— Э́то па́спорт.

07-04　Что́ э́то? —— Э́то Росси́я.

07-05　Где́ Япо́ния? —— Зде́сь.

07-06　Где́ ста́нция? —— Та́м.

07-07　Где́ Макси́м? —— До́ма.

07-08　Ли́фт та́м? —— Да́, та́м.

07-09　Серге́й до́ма? —— Не́т, не до́ма.

07-10　Кто́ та́м? —— Макси́м.

和訳と解説

07-01 「これは誰ですか」「これはマクシムです」

07-02 「これは誰ですか」「これはセルゲイです」

07-03 「これは何ですか」「これはパスポートです」

07-04 「これは何ですか」「これはロシアです」

07-05 「日本はどこですか」「ここです」

07-06 「駅はどこですか」「あそこです」

07-07 「マクシムはどこですか」「家です」

07-08 「エレベータはあそこですか」「はい、あそこです」

07-09 「セルゲイは家ですか」「いいえ、家ではありません」
　　　＊дóма のような副詞にも не をつけて否定することができます。他に не здесь「ここではありません」や не там「あそこではありません」も可能です。

07-10 「あそこにいるのは誰ですか」「マクシムです」

発展 短くて便利な単語

　表現を広げるために、もう少し単語を増やしましょう。今回は短いけれど、使いこなせば効果的な単語を紹介します。

　第6課の例文に и というのがありました。「と」「そして」という意味で、英語なら and に相当します。分かりやすいし、しかもたった1文字で短い。軽く発音するので、アクセント記号はふつうつけません。

　この и と非常によく似たものに、これまた1文字の単語 a があります。こちらは「一方」という軽い対比を示します。とはいえ、日本語でいちいち「一方」という訳語を対応させると鬱陶しいので、訳すときは「～で」くらいにしておきましょう。Э́то Макси́м, а э́то Серге́й.「これはマクシムで、これはセルゲイです」。こちらもアクセントなしで、軽く発音しましょう。

　もう1つ и́ли を覚えましょう。「または」「それとも」という意味で、質問で使うことができます。これも全体としてはそれほど強調せずに発音しますが、どちらかといえばはじめの и のほうが長めです。Э́то Макси́м и́ли Серге́й?「これはマクシムですか、それともセルゲイですか？」Э́то Росси́я и́ли Япо́ния?「これはロシアですか、それとも日本ですか？」。まあ、地図でロシアと日本を比べて迷うことはふつうないでしょうが、答えるときには Э́то Япо́ния.「これは日本です」のようになります。

第8課
一致

- 基 本　「私の」が1つではない
- 発 展　「あなたの」だって1つではない

この課で学習する主な単語　CD 13

基 本

до́чь　娘

жена́　妻

Ири́на　イリーナ（人名）

ма́ть　母

мо́й, моя́　私の

му́ж　夫

оте́ц　父

сы́н　息子

発 展

ва́ш, ва́ша　あなたの

Ната́лия　ナターリヤ（人名）

基本 「私の」が1つではない

> ⑦ Э́то мо́й оте́ц.　これは私の父です。
> ⑧ Э́то моя́ ма́ть.　これは私の母です。

　ここまで、ロシア語のやさしくて楽なところばかりを紹介してきました。冠詞はない、be 動詞はいらない、疑問はイントネーションを変えるだけ。なんとすばらしい言語でありましょうか！

　しかし、そろそろ難しい話もしなければなりません。ロシア語って不思議なことに、難しいというウワサが根強いんですよね。勉強したことのない人までが「なんか、タイヘンなんですってね」などと妙に同情してくれます。でも同情はいりません。同情するより勉強しろ、です。

　たとえば ⑦ Э́то мо́й оте́ц. という文があります。「これは私の父です」という意味です。э́то「これ」はもうおなじみですね。оте́ц は「父」です。ということは残りの мо́й が「私の」になります。そういえば、英語の my に似ている気がする。まずは楽勝な気がします。

　さて、ここにもう1つ文があります。⑧ Э́то моя́ ма́ть. は「これは私の母です」という意味で、先ほどの文とよく似ています。оте́ц「父」と ма́ть「母」の違いだけなんですから、似ていて当たり前ですよね。

　いやいや、ちょっと待て。

　もう一度ロシア語をよく見てください。

　Э́то мо́й оте́ц. と Э́то моя́ ма́ть.

　よく見ると оте́ц「父」と ма́ть「母」以外にも違いがあります。どれでしょうか。そう、мо́й と моя́ です。

　мо́й は「私の」でした。では моя́ は？　実はこちらも「私の」なんです。つまり、ロシア語では「私の」が1つではないのです。мо́й も「私の」で、моя́ も「私の」。日本語では同じなのに、ここが違うのです！

それでは、その使い分けはどうなっているのでしょうか。適当に使っていいのでしょうか。いやいや、そうじゃない。

　すぐにその種明かしをしてもいいのですが、例文をいくつか眺めながら、その法則を推理してみるのはどうでしょうか。

　たとえば Э́то мо́й му́ж. は「これは私の夫です」という意味で、му́ж は「夫」です。ここでは мо́й を使っています。一方、Э́то моя́ жена́. は「これは私の妻です」で жена́ は「妻」。今度は моя́ ですね。う〜ん、先ほどの２つの文と比べて、それぞれの共通点は何でしょうか。

　さらに２つの文で確認をします。Э́то мо́й сы́н. 「これは私の息子です」、сы́н は「息子」。Э́то моя́ до́чь. 「これは私の娘です」、до́чь は「娘」。

　分かりましたか。法則はこうなります。

　男性を表す語といっしょのときは мо́й を使う。一方、女性を表す語は моя́ とともに用いる。つまり男性と女性で「私の」が違うわけです。このように、必要に応じて形を合わせることを「一致」といいます。

　このような発想は日本語にも英語にもありません。「私の」は「私の」、my は my です。そういう言語と比べると、ロシア語はひどく難しく思えてしまいます。

　でもまあ、文句をいっても仕方がない。言語は社会的なもの。文法を意図的に変えることは、誰にもできません。

　男性向けの「私の」と、女性向けの「私の」。慣れないうちはメンドウですが、ここはひとつ発想を変え、「男性用帽子」と「女性用帽子」くらいに考えることにしましょう。それぞれふさわしいものを選ぶ必要があるのだと捉えてみてください。

　ところで男性と女性で区別しているとしたら、モノはどうなるのでしょうか。「パスポート」は мо́й と моя́ のどちらを使ったらいいのかな？

　さすが、するどい。

　でも、それは先で学ぶことにします。急ぐことはありません。

例 文

08-01 Э́то мо́й му́ж.

08-02 Э́то моя́ жена́.

08-03 Э́то мо́й сы́н.

08-04 Э́то моя́ до́чь.

08-05 Где́ мо́й оте́ц?

08-06 Моя́ ма́ть зде́сь.

08-07 Мо́й му́ж та́м.

08-08 Моя́ жена́ до́ма.

08-09 Макси́м —— мо́й сы́н.

08-10 Ири́на не моя́ до́чь.

和訳と解説

08-01 これは私の夫です。

08-02 これは私の妻です。

08-03 これは私の息子です。

08-04 これは私の娘です。

08-05 私の父はどこにいますか。

08-06 私の母はここにいます。

08-07 私の夫はあそこにいます。

08-08 私の妻は家にいます。

08-09 マクシムは私の息子です。
＊主語と述語の両方が名詞のときには、間に —— を書きます。

08-10 イリーナは私の娘ではありません。
＊主語と述語の両方が名詞のときでも、не があれば —— は書きません。
イリーナは女性の名前です。

発展 「あなたの」だって１つではない

「私の」１つに対して мо́й と моя́。ああ、面倒臭い。

しかし、このような区別は他にもあります。

たとえば「あなたの」にも ва́ш と ва́ша の２種類があって、ва́ш は男性に、ва́ша は女性に使います。例文で確かめましょう。Э́то ва́ш оте́ц.「これはあなたの父です」…なんか、こういうことを相手に向かって断言するのも妙なものですから、疑問にします。Э́то ва́ш оте́ц?「これはあなたのお父さんですか」。Э́то ва́ша ма́ть?「これはあなたのお母さんですか」。疑問になっても、区別するためのしくみは同じ。さらに Ната́лия — ва́ша до́чь?「ナターリヤはあなたの娘さんですか」なんていう文も作れます。

「私の」と「あなたの」の両方を知っていれば、質問とその答えという会話が成り立ちますね。

— Э́то ва́ш сы́н?「これはあなたの息子さんですか」

— Да́, э́то мо́й сы́н.「はい、これは私の息子です」

— А э́то ва́ша до́чь?「ではこれはあなたの娘さんですか」

— Не́т, э́то не моя́ до́чь.「いいえ、これは私の娘ではありません」

（会話のセリフの冒頭には、— を書きます）

写真を見ながらの和やかな会話かもしれないし、何か複雑な家族関係についての深刻な話かもしれません。いずれにせよ、「私の」「あなたの」は男性か女性かで区別することを、いつもお忘れなく。

第9課
動詞の活用

基 本 動詞は活用する
発 展 辞書の見出し語は

この課で学習する主な単語　CD 15

基　本

Óльга	オリガ（人名）
óн	彼
онá	彼女
Пётр	ピョートル（人名）
рабóтать	働く
тóже	も、また
читáть	読む、読書する
я	私

発　展

обéдать	昼食をとる
плáвать	泳ぐ

＊動詞の活用形は本文の説明を参照してください。

基本 動詞は活用する

> 9 **Я рабо́таю.** 私は働いています。
> 10 **Макси́м рабо́тает.** マクシムは働いています。

　これまでに出てきた文は「これは〜です」が中心で、疑問詞も少し出てきましたが、動詞はまったくありませんでした。動詞は動作や状態を示し、日本語だったら「働く」「輝く」などがそうです。

　たとえば「私は働く」というのは、9 Я рабо́таю. といいます。Я が「私」で、рабо́таю が「働く」です。「働く」というより、「働いている」としたほうが日本語として自然かもしれません。この文は現在のことを示しています。つまり、「今働いている最中だ」あるいは「恒常的にいつも働いている」ということ。ちなみにロシア語には、英語のような現在進行形がありません。

　この「働く」という意味の рабо́таю は「ロボット」という単語と関係があります。そんな知識があると覚えやすいかなと考えて紹介しておきますね。もっとも、正確にはロシア語ではなくてチェコ語という言語から世界に広まりました。チェコ語はロシア語と親戚関係にある言語です。

　このように動詞 рабо́таю を覚えれば、いろんな人が働くと表現できそうな気がします。しかし、それがちょっと違うんです。

　働くのが「私」ではなくて「マクシム」だったら、どうなるでしょうか。「マクシムは働いています」は 10 Макси́м рабо́тает. となります。単語の対応もいいですね。Макси́м が「マクシム」で（当たり前だ）、рабо́тает が「働く」というワケです。

　ん？　ちょっと待て。さっきの文と比べて少しヘンじゃないか。

　「私は働いています」は Я рабо́таю.

　「マクシムは働いています」は Макси́м рабо́тает.

работаю と работает では、形が微妙に違っています。

はじめの6文字は同じ。違いは最後の ю か ет だけ。小さな違いだからといって、無視してはいけません。これがロシア語の特徴なんです。

ロシア語では、同じ動詞の現在形でも誰がおこなうのかによって語尾が違ってくるのです。これを「活用」といいます。ロシア語で活用するのは動詞だけです。

もう1つ動詞を紹介しましょう。今度は読書にしましょうか。私は本を読むのが大好きなんです。「私は読書しています」は Я читáю. となります。おお、ю の語尾が先ほどの работаю のときと同じです。では「マクシムは読書しています」はどうなるか。Максим читáет. です。ет の語尾が работает と、やっぱり一致しています。まとめると、「私」のときは語尾が ю で、「マクシム」のときは語尾がетなのです。

この「マクシム」のほうは、óн「彼」に換えても動詞の形は同じです。Óн рабóтает.「彼は働いています」。Óн читáет.「彼は読書をしています」。あるいは Сергéй「セルゲイ」でも Пётр「ピョートル」でも мóй отéц「私の父」でも同じことです。女性だってかまいません。онá「彼女」、Ирúна「イリーナ」、Натáлия「ナターリヤ」、Óльга「オリガ」、моя́ мáть「私の母」、なんでもいいんです。つまり3人称単数ってヤツです。しかもその語尾は共通。それにしても、こんな規則って、はじめてですよね。

いや、英文法を覚えている人は、何かに気づくかもしれません。

だって、英語の現在形では I work. だけど Maxim works. あるいは He works. となって動詞の最後に -s がつくじゃない。それと同じでしょ。

すばらしい。すばらしすぎます。そういうことなんですけど、それがロシア語ではもっと激しくて、「あなた」や「私たち」や「彼ら」でそれぞれに違った語尾があると、こういうワケなのです。でもまあ、それは先で学習するとして、ここではその導入として「私」(つまり1人称単数)と「マクシム＝彼」(3人称単数)を取り上げてみました。

例 文

09-01　Я́ чита́ю.

09-02　О́н чита́ет.

09-03　Она́ то́же чита́ет.

09-04　Я́ не рабо́таю.

09-05　Ната́лия рабо́тает до́ма.

09-06　Ли́фт не рабо́тает.

09-07　Пётр рабо́тает?

09-08　Да́, о́н рабо́тает.

09-09　О́льга чита́ет?

09-10　Не́т, она́ не чита́ет.

和訳と解説

09-01　私は読書しています。

09-02　彼は読書しています。

09-03　彼女も読書しています。

09-04　私は働いていません。
　　　＊否定の не は動詞の直前に置きます。

09-05　ナターリヤは家で働いています。

09-06　エレベータは動いていません。
　　　＊рабо́тать は機械などが「作動している」という意味にもなります。

09-07　ピョートルは働いていますか。
　　　＊動詞のある文でも、疑問はイントネーションを変えるだけです。

09-08　はい、彼は働いています。

09-09　オリガは読書していますか。

09-10　いいえ、彼女は読書していません。

発展 辞書の見出し語は

　同じ動詞でも「私」のときと「マクシム」や「彼」や「イリーナ」や「彼女」のときでは語尾が違う。

　だったら辞書にはどういう形で載っているんだろう。当然の疑問ですよね。ここで不定形が登場します。

　不定形は英語にもありましたが、助動詞のような働きをする動詞のあとで使います。これはどの人称にも属していない中立的な形と考えて、辞書の見出しとなっています。

　不定形を確認しておきましょう。「働く」の不定形は рабо́тать です。また、「読書する」の不定形は чита́ть となります。どちらも ть という語尾で終わっていますね。ほかにも пла́вать「泳ぐ」や обе́дать「昼食をとる」にしても、ть が不定形のマークであることは同じです。

　ロシア語はいろんな形があってタイヘンですが、その代わりその形はどれでも共通していることが多いです。「私」は ю、「彼」は ет、不定形は ть。だから「私は泳いでいる」は Я пла́ваю. となり語尾は ю、「彼は昼食をとっている」は Он обе́дает. となり語尾は ет です。語尾が同じということは、ある意味分かりやすいのではないでしょうか。

ロシア人の名前

　ロシア人の名前には、パスポートなどに登録されている正式なもののほかに、親しい間柄で使う「愛称形」というものがあります。愛称形は正式な名前から規則的に作られます。これまでに出てきた名前の愛称形は、男性では Серге́й ⇒ Серёжа, Пётр ⇒ Пе́тя, 女性では Ири́на ⇒ И́ра, Ната́лия ⇒ Ната́ша, О́льга ⇒ О́ля となります。しかし Макси́м のように愛称形があまり使われないものもあります。

第10課
格変化

基　本　名詞は格変化する
発　展　固有名詞だって格変化する

この課で学習する主な単語　CD 17

基　本

газе́та　新聞

журна́л　雑誌

кни́га　本

письмо́　手紙

по-ру́сски　ロシア語で

по-япо́нски　日本語で

слова́рь　辞書

уче́бник　教科書

発　展

«А́нна Каре́нина»　『アンナ・カレーニナ』（書名）

«Война́ и мир»　『戦争と平和』（書名）

基本　名詞は格変化する

> ⑪ Я читáю учéбник.　私は教科書を読んでいます。
> ⑫ Я читáю газéту.　私は新聞を読んでいます。

　第9課では читáть という動詞が出てきました。この читáть は不定形で、я では читáю、また Максим や он では читáет という形になるのでしたね。動詞はいろいろ活用するからタイヘンです。

　さてこの читáть、これまでは「読書する」と訳してきましたが、「読む」という意味でもあります。でも「私は読む」だけでは、日本語として落ち着きが悪い。「読むって、何を？」って聞きたくなりますよね。ロシア語でもそうで、目的語がなければ「読書する」なんですが、そのあとに何を読むか、具体的に表現することもできます。

　たとえば「私は教科書を読んでいます」にしましょうか。だって皆さんは、今この本を読んでいるわけで、これは教科書みたいなものですから。ということで ⑪ Я читáю учéбник. となります。учéбник が「教科書」という意味で、目的語は動詞の後に置くのがふつうです。

　今度は手紙です。「私は手紙を読んでいます」はどうなるでしょうか。「手紙」はロシア語で письмó といいます。これさえ分かれば簡単で、Я читáю письмó. が答えです。

　しかし、いつでもこれで済むわけではありません。

　たとえば「私は新聞を読んでいます」の場合。「新聞」は газéта といいます。だったら今までと同じパターンで、Я читáю のあとに газéта を置きたくなるでしょう。でも、それじゃダメなんです。答えは ⑫ Я читáю газéту. となります。

　あれっ、газéту って何？「新聞」は газéта じゃないの？

　そうなんですよね。газéту は газéта が変化した形です。これで「新

聞を」って意味になるんです。

　ちょっと待て。それって何かオカシクない？

　だって учébник や письмó のときはそのままだったじゃないの。それなのに газéта だけは газéту に変化するってこと？

　ええ、申し訳ありませんが、газéта のように а で終わる単語は а を у に変えて、газéту という形にするという規則があるのです。

　こんなふうに名詞が変化するというのも、ロシア語の特徴の一つです。これを格変化といいます。格変化にはいろいろな語尾があるのですが、今回学習している「〜を」の形のように、すべての単語に同じ語尾がつくのではなくて、一部の単語だけが変化したりするものだから、本当に面倒です。

　ちょっと練習してみましょうか。「私は雑誌を読んでいます」という文を考えます。「雑誌」は журнáл といいます。а で終わっているわけではありませんから、そのままで大丈夫。答えは Я читáю журнáл. です。

　今度は кни́га「本」です。「私は本を読んでいます」って、内容としては「私は読書しています」と同じようなものですが、目的語をはっきり表現してみましょう。кни́га は а で終わっていますから、そのままではダメ。答えは Я читáю кни́гу. です。а を у に変えることができましたか。

　それではさらにもう１つ。「私は辞書を読んでいます」はどうでしょうか。そういう人だっているはずです。「辞書」は словáрь といいます。答えは Я читáю словáрь. となります。словáрь は а で終わっているわけではないので、無理やり у をつけたりしてはいけません。

　こんな変化、英語だったら考えられないですよね。でもこれを身につけていくことが、ロシア語の学習でとても大切になります。「〜を」の形について、まずは газéта と кни́га に気をつけることから始めましょう。

例 文

10-01 Я читáю кнѝгу.

10-02 Я́ читáю словáрь.

10-03 О́н читáет письмó.

10-04 Онá тóже читáет письмó.

10-05 Сергéй читáет учéбник?

10-06 Натáлия тóже читáет учéбник?

10-07 Пётр читáет газéту по-рýсски.

10-08 О́льга читáет журнáл по-япóнски.

10-09 Чтó óн читáет?

10-10 Чтó читáет Максѝм?

和訳と解説

10-01 私は本を読んでいます。

10-02 私は辞書を読んでいます。

10-03 彼は手紙を読んでいます。

10-04 彼女も手紙を読んでいます。

10-05 セルゲイは教科書を読んでいるのですか。

10-06 ナターリヤも教科書を読んでいるのですか。

10-07 ピョートルは新聞をロシア語で読んでいます。
　　　＊по-ру́сски は「ロシア語で」という意味の副詞です。по と русски の間にはハイフンを書きます。

10-08 オリガは雑誌を日本語で読んでいます。

10-09 彼は何を読んでいるのですか。
　　　＊что́ は「何を」という意味の目的語で、前に置きます。

10-10 マクシムは何を読んでいるのですか。
　　　＊「○○は何を読んでいますか」のような文では、主語が代名詞であれば疑問詞と動詞の間に（10-09）、主語が名詞であれば文の最後に置くのが一般的です。

発展 固有名詞だって格変化する

　新聞とか本とか、モノを示す名詞が変化するなんて、ロシア語ってずいぶん変わっています。でも、そんなものじゃありません。固有名詞だって変化しちゃうんです。

　たとえば書名。「私は『戦争と平和』を読んでいます」で考えてみます。『戦争と平和』«Война́ и ми́р» は、文豪トルストイが書いた長編小説のタイトルです。война́「戦争」、и「と」、ми́р「平和」というわけで、これはわかりやすい。しかし「～を」にするわけですから、形はしっかり変化します。この中で変化するのはвойна́です。その結果、Я чита́ю «Войну́ и ми́р» となります。a で終わる語は、あくまでも a を y にするのですね。

　同じトルストイの作品に『アンナ・カレーニナ』というのもあります。А́нна Каре́нина は主人公である女性の名前です。「私は『アンナ・カレーニナ』を読んでいます」は Я чита́ю «А́нну Каре́нину». となり、なんと人名まで変化しちゃうんだから、すごいですよね。

　でも、こういうのにだんだんと慣れていってもらいたいです。

あいさつの表現

　本書は文法を学習するのが目的なので、会話表現などをすべて網羅するのは難しいです。とはいえ、外国語学習においてコミュニケーションは大切。そこであいさつ表現をここで少しまとめておきましょう。

Здра́вствуйте!　こんにちは！
＊1日中いつでも使えます。最初から5番目の в は発音しません。

До́брое у́тро!　おはようございます！

До́брый де́нь!　こんにちは！
＊Здра́вствуйте! と違い、昼間にしか使えません。

До́брый ве́чер!　こんばんは！

Споко́йной но́чи!　おやすみなさい！

До свида́ния!　さようなら！
＊2つの単語から出来ていますが、いっしょに発音します。

Спаси́бо!　ありがとう！

Пожа́луйста.　どうぞ。
＊Спаси́бо. に対する「どういたしまして」という意味でも使えます。

Извини́те!　ごめんなさい！

Ничего́.　どういたしまして。
＊г は例外的に в のように発音し、「ニチヴォー」となります。

正書法の規則

　正書法とは、正しいと認められている表記方法のことです。ロシア語では、たとえば к と ы の組み合わせはダメで、代わりに и を書くという規則があります。また ж のあとに а が続いても я が続いても同じように「ジャ」となりそうですが、書いていいのは а だけというように規則で決まっています。

　この規則を知っておけば、この先で学習する文法の語尾などにいくつかの変種のあることが理解できます。

1. **к, г, х**

    1-1 このあとに ы を書いてはいけません。代わりに и を書きます。

2. **ж, ш, ч, щ**

    2-1 このあとに ы を書いてはいけません。代わりに и を書きます。

    2-2 このあとに я を書いてはいけません。代わりに а を書きます。

    2-3 このあとに ю を書いてはいけません。代わりに у を書きます。

3. **ц**

    3-1 このあとに я を書いてはいけません。代わりに а を書きます。

    3-2 このあとに ю を書いてはいけません。代わりに у を書きます。

    （ただし ы と и については、どちらも書きます）

第2部
ロシア語の変化を覚える

第２部では、ロシア語の変化を中心に学習していきます。

　この文法書では、動詞が形を変えることを「活用」、名詞、形容詞、代名詞などが形を変えることを「格変化」と呼んでいます。この２つはしっかりと区別してください。

　動詞については、現在、過去、未来の活用を覚え、さらに不完了体と完了体の違いについて解説します。また再帰動詞、移動の動詞、命令法も取り上げます。

　名詞、形容詞、代名詞については、主格、前置格、生格、対格、与格、造格の順番に、格変化とその用法を学びます。さらに複数形の作り方や、文法性と数の一致について学習します。

　第２部はこの文法書の根幹となる部分です。ていねいに読み進め、理解を深めてください。

第11課
人称代名詞

- 基本 人称代名詞とは何か
- 応用1 名詞の文法性
- 応用2 人称代名詞の使い方
- 発展 名詞の語尾についてもう少し

この課で学習する主な単語　CD 20

вот　ほらここに

вы́　君たち、あなた（たち）

мы́　私たち

они́　彼ら、それら

оно́　それ

студе́нт　大学生（男性）

студе́нтка　大学生（女性）

ты́　君

учи́тель　教師（男性）

учи́тельница　教師（女性）

基本　人称代名詞とは何か

13　Óн студéнт.　　彼は大学生です。
14　Онá студéнтка.　彼女は大学生です。

ロシア語に限らず、ヨーロッパ系言語を勉強すると、いや、ヨーロッパ系以外の言語にもあるんですが、はじめに習うのが人称代名詞です。

я 私	мы́ 私たち
ты́ 君	вы́ 君たち
о́н 彼	онú 彼ら、それら
онá 彼女	
оно́ それ	

この表を眺めていますと、何かに似ていることに気づきます。つまり英語の人称代名詞と並べ方がそっくり。おや、もしかして忘れている？ じゃあ、参考までに紹介しましょうか。

I 私	we 私たち
you 君	you 君たち
he 彼	they 彼ら、それら
she 彼女	
it それ	

なるほど似ている。これなら覚えやすそう。しかし、ロシア語と英語はやっぱり別の言語。微妙な違いが落とし穴にもなりかねません。

たとえば、я「私」はIと違って、いつでも大文字とは限りません。文

のはじめ以外は小文字。これは表記上の問題。

　難しいのは ты́ と вы́ です。ты́ が単数で вы́ が複数、そんなふうに見えるかもしれませんが、そんな簡単なものではありません。

　ロシア語の２人称の代名詞には、親称と敬称があります。親称とは親しい間柄で使うもので、ここでは「君」と訳しておきましょう。それに対して敬称は、その名のとおり敬意を示す丁寧な関係で使います。それで、вы́ は①親称 ты́ の複数「君たち」のほかに、②敬称の単数「あなた」と、さらには③その複数「あなたがた」まで意味するのです。

	単数	複数
親称	ты́	вы́
敬称	вы́	вы́

　「なんだかよく分からないから、とりあえず単数は ты́、複数は вы́ って覚えておこう」という無精なことを考えて、それほど親しくない人にいきなり ты́ を使うと、かなり不躾な印象を与えますのでご注意を。

　さらに３人称。英語に対応させて、о́н は he、она́ は she、оно́ は it と考えるのは、正確ではありません。いや、о́н が「彼」、она́ が「彼女」というのはいいのです。だから **13** О́н студе́нт.「彼は大学生です」や **14** Она́ студе́нтка.「彼女は大学生です」のようになるのです。ただ「大学生」では男女をしっかり分けていることに注意してください。ロシア語は男女にこだわるのです。でもまあ、とにかく人間の場合はいい。

　ところがモノを指すときの「それ」については、すべて оно́ ではありません。о́н や она́ が「それ」を表すときだってあります。これには「名詞の文法性」が関係してくるのです。

　さあ、面倒なことになってきました。そこで次の「応用１」では、名詞の文法性について説明しましょう。

応 用 1　名詞の文法性

　ロシア語の名詞には、男性名詞、女性名詞、中性名詞の3種類があります。
　英語になかった用語が急に出てきて、ひどく難しそうに見えるでしょうか。大丈夫、ロシア語の場合は、それほど難しくありません。
　まず、男性を表す名詞は男性名詞で、女性を表す名詞は女性名詞になります。当たり前ですね。すでに出てきた単語でも、отéц「父」が男性名詞で мáть「母」が女性名詞なのです。そりゃそうだ。ほかにも、мýж「夫」や сы́н「息子」は男性名詞で、женá「妻」や дóчь「娘」が女性名詞なのは当然です。さらに名前でも、Максим や Сергей や Пётр といった男性の名前は男性名詞で、Ирина や Наталия や Óльга など女性の名前は女性名詞となります。
　問題はモノ。「パスポート」とか「新聞」とか「手紙」とか、そういうモノにも文法上の性があります。いったいどうなっているのか。でも心配ご無用。区別はその単語の末尾で決まります。

> 子音や й で終わっていれば男性名詞
> а や я で終わっていれば女性名詞
> о や е で終わっていれば中性名詞

　簡単ですね。ちょっと確認してみましょう。газéта の文法性は何でしょうか。そう、а で終わっていますから女性名詞です。では пáспорт は？ 子音 т で終わっているから男性名詞。
　これなら、意味が分からない単語でも、文法性だけは区別がついてしまうことさえあるのです。もちろん、ときにはうまくいかないこともありますが、まずはこの大原則で覚えてください。

応用 ❷　人称代名詞の使い方

⑮　(— Где́ па́спорт?　「パスポートはどこですか」)
　　 — Во́т о́н.　「ほら、ここにあります」

　名詞の文法性の区別は分かりました。今度は代名詞 о́н, она́, оно́ の使い分けです。ここで疑問文を１つ。Где́ оте́ц?「お父さんはどこですか」。これに対する答えとして Во́т 〜.「ほら〜はここにいます」という便利な構文を使うとこうなります。Во́т о́н.「ほら、彼はここにいます」。こういう場合には оте́ц をいちいち繰り返さないで、о́н を使えばいいのです。名詞の代わりに使えるからこそ代名詞。では単語を入れ替えてみましょうか。Где́ ма́ть?「お母さんはどこですか」、Во́т она́.「ほら彼女はここにいます」これも同じこと。ма́ть だから она́ です。

　では、すでに紹介した例文の ❻ Где́ па́спорт?「パスポートはどこですか」に対する答えはどうなるでしょうか。パスポートはここにあるとして、問題は代名詞をどうするかです。答えは ⑮ Во́т о́н.「ほら、それはここにあります」。па́спорт は子音で終わっている男性名詞なので、о́н が「それ」の意味になるのです。ここで文法性が活きてきます。

　これさえ分かればあとは簡単ですね。Где́ газе́та?「新聞はどこですか」Во́т она́.「ほら、それはここにあります」。Где́ письмо́?「手紙はどこにありますか」Во́т оно́.「ほら、それはここにあります」。こんなふうにして、о́н, она́, оно́ を使い分けます。

　日本語に訳すときにも注意しましょう。Во́т о́н. は「ほら、彼はここにいます」だけでなく「ほら、それはここにあります」かもしれないからです。па́спорт「パスポート」を「彼」としたらおかしいですからね。ついでですが、日本語では生物は「います」、無生物は「あります」を使います。それぞれの言語にそれぞれの特徴あり、です。

例文

11-01 Я студе́нт. / Я студе́нтка.

11-02 Ты́ студе́нт? / Ты́ студе́нтка?

11-03 Вы́ студе́нт? / Вы́ студе́нтка?

11-04 О́н студе́нт и́ли учи́тель?

11-05 Она́ студе́нтка и́ли учи́тельница?

11-06 Гдé Макси́м? — Во́т о́н.

11-07 Гдé Ири́на? — Во́т она́.

11-08 Гдé учéбник? — Во́т о́н.

11-09 Гдé газéта? — Во́т она́.

11-10 Гдé письмо́? — Во́т оно́.

和訳と解説

11-01 私は大学生（男性／女性）です。
＊男性か女性かで単語を使い分けます。以下11‐05まで同じです。

11-02 君は大学生（男性／女性）なの？
＊ты の関係に対応する日本語の表現「なの」は、疑問を示すときに「？」をつけることにします。

11-03 あなたは大学生（男性／女性）ですか。
＊この場合の вы は敬称の単数です。

11-04 彼は大学生ですか、それとも教師ですか。

11-05 彼女は大学生ですか、それとも教師ですか。

11-06 「マクシムはどこですか」「ほら、ここにいます」

11-07 「イリーナはどこですか」「ほら、ここにいます」

11-08 「教科書はどこですか」「ほら、ここにあります」

11-09 「新聞はどこですか」「ほら、ここにあります」

11-10 「手紙はどこですか」「ほら、ここにあります」

発展 名詞の語尾についてもう少し

74ページの表をもう一度見てください。

> 子音や й で終わっていれば男性名詞
> а や я で終わっていれば女性名詞
> о や е で終わっていれば中性名詞

このうち、子音で終わる男性名詞、а や я で終わる女性名詞、о で終わる中性名詞については、すでに例が出てきました。では、それ以外はどうでしょうか。

名詞の末尾の中には、よく使われるものもあれば、それほど多くは使われないもの、あるいは初級段階ではあまり出合わないものもあります。子音で終わる男性名詞、а や я で終わる女性名詞、о で終わる中性名詞は数が多いのですが、それ以外の й で終わる男性名詞や、е で終わる中性名詞は、それほど出てきません。

й で終わる男性名詞には、次のようなものがあります。музе́й「博物館」、ча́й「茶」、геро́й「英雄」、трамва́й「路面電車」、попуга́й「オウム」。あっ、Серге́й「セルゲイ」はすでに出てきましたね、これも男性名詞です。

е で終わる中性名詞には、次のようなものがあります。мо́ре「海」、по́ле「野原」、зда́ние「建物」、се́рдце「心臓」、полоте́нце「タオル」。

どれも使わないわけではありませんが、初級段階からすべて絶対に必要というわけではないですね。そこでこの先、このような名詞の変化は後回しにして、まずは子音で終わる男性名詞、а や я で終わる女性名詞、-о で終わる中性名詞を中心に学習していくことにします。

第12課
所有代名詞（Ⅰ）

- **基　本**　「私の」の3つの区別
- **応用1**　「君の」の3つの区別
- **応用2**　「私たちの」「君たちの」の3つの区別
- **発　展**　語尾では分からない名詞の文法性

この課で学習する主な単語　CD 22

дя́дя	おじさん
зо́нтик	カサ
компью́тер	コンピュータ
маши́на	車
ме́сто	席、場所
наш, на́ша, на́ше	私たちの
ра́дио	ラジオ
су́мка	カバン
твой, твоя́, твоё	君の
тётя	おばさん

＊その他にмоёやва́шеといった形が出てきます。

基本 「私の」の３つの区別

- ⑯ Это мо́й па́спорт. これは私のパスポートです。
- ⑰ Это моя́ кни́га. これは私の本です。
- ⑱ Это моё письмо́. これは私の手紙です。

　第11課ではロシア語に文法性があることを学びました。男性名詞とか女性名詞とかいうのが、人や生物ばかりでなく無生物にまであるのでしたね。それに従って、「教科書」は о́н、「新聞」は она́ で示します。

　この区別は他にも用いられます。たとえば「これは私のパスポートです」という文をロシア語にしてみます。すると ⑯ Это мо́й па́спорт. という文になります。э́то が「これ」、мо́й が「私の」、па́спорт が「パスポート」、英語と違って be 動詞がないから楽ですね。

　いやいや、本当に楽かどうかは、これから分かります。

　ここにもう１つ、「これは私の本です」という、先ほどとよく似ている文があります。ロシア語にすると ⑰ Это моя́ кни́га. となり、э́то が「これ」、моя́ が「私の」、кни́га が「本」です。

　おや？　先ほどの文では「私の」が мо́й だったのに、今度は моя́ になっている。似ているけど微妙に違う。同じ「私の」なのに、どうしてそういうことになるのでしょうか。

　とはいえ мо́й と моя́ にお目にかかるのは、何もこれが初めてではありません。すでに第8課で、「これは私の父です」は Это мо́й оте́ц. のように「私の」は мо́й を使うのに対して、「これは私の母です」の場合は Это моя́ ма́ть. で、「私の」は моя́ となることを学習しました。その区別は男性か女性かがポイントでしたね。

　しかし本当のことをいえば、この使い分けは男性か女性かというより、男性名詞か女性名詞かの違いなんです。мо́й というのは男性名詞といっ

しょに使う「私の」で、моя́ は女性名詞といっしょに使う「私の」です。

でも、代名詞のときは о́н, она́, оно́ って３つありましたよね。ということは…、そうなんです。「私の」にも第３の形があるんです。

「これは私の手紙です」という文で考えましょう。「手紙」は письмо́ といいます。о で終わっていますから中性名詞というグループでした。ここで「中性」という名称にこだわらないこと。男性でも女性でもない「中性」っていったい何だろうとか、そういうことはいくら考えても意味がないんです。単なる文法上のお約束事に過ぎないんですから。とにかく、中性名詞といっしょに使う「私の」は моё です。ということで「これは私の手紙です」は ⑱ Э́то моё письмо́. となります。

ここで改めてまとめておきましょう。

「私の」	結びつく名詞	例
мо́й	男性名詞	па́спорт パスポート　　оте́ц 父
моя́	女性名詞	кни́га 本　　ма́ть 母
моё	中性名詞	письмо́ 手紙

うーん、なんといいますか、メンドウですよね。英語が my だけだったのが懐かしい。でも、これがロシア語なんです。それぞれの名詞の性を考えながら、正しい「私の」を選ぶことが迫られます。

もしこれを間違えるとどうなるのか。たとえば мо́й と кни́га を結びつけてしまうと、ロシア人はどんなふうに感じるのでしょうか。日本語がすごく上手いあるロシア人はこういいました。「う〜ん、分かるのですが、ダメです」。ダメってどういうことですか。「なんというか、落ち着かないというか、気持ち悪いというか」。なるほど、相手をそんな気分にさせてしまうんですね。でもそれでは、コミュニケーションとして失敗です。ということで、「私の」は文法性に合わせて正しく結びつけましょう。

応用 ① 「君の」の３つの区別

> ⑲ Э́то твóй па́спорт?
> これは君のパスポートなの？

　こんなふうに、「私の」１つ取っても мóй, моя́, моё と３つの区別が必要なわけで、ロシア語って本気でタイヘンかもしれない。

　しかも「私の」だけじゃすまないんです。たとえば「君の」にも当然のように区別があります。「これは君のパスポートなの？」は ⑲ Э́то твóй па́спорт? です。しかしながら、すべてが твóй でいいかといえばそうは問屋が卸さない。「これは君の本なの？」は Э́то твоя́ кни́га?、また「これは君の手紙なの？」だったら Э́то твоё письмó? となります。こんな感じで твóй にもやっぱり形がいくつかあり、名詞の性によって使い分けるのです。

「君の」	結びつく名詞	例
твóй	男性名詞	па́спорт パスポート　оте́ц 父
твоя́	女性名詞	кни́га 本　ма́ть 母
твоё	中性名詞	письмó 手紙

　まあ、すでに「私の」でやったことだから、それほどショックではないはず。それに мóй と твóй、моя́ と твоя́、моё と твоё って、終わりの２文字分は共通だから、覚えやすいでしょ。ただし твóй, твоя́, твоё は、人称代名詞の ты́ の関係が成り立つとき、つまり相手は１人で、しかも親しい間柄のときにのみ使います。

　мóй, моя́, моё や твóй, твоя́, твоё のように「～の」という所有を表すものを所有代名詞といいます。

応用 ❷ 「私たちの」「君たちの」の３つの区別

> **20** Э́то на́ш компью́тер.
> これは私たちのコンピュータです。

今度は「私たち」です。「これは私たちのパスポートです」…いや、これはまずい。パスポートは各自が所持するもの。そこで「私たち」に相応しい男性名詞 компью́тер「コンピュータ」を使えば、**20** Э́то на́ш компью́тер. となります。ところが女性名詞 маши́на「車」では Э́то на́ша маши́на. なので、やっぱり区別があるわけです。

「私たちの」	結びつく名詞	例	
наш	男性名詞	компью́тер コンピュータ	оте́ц 父
на́ша	女性名詞	маши́на 車	ма́ть 母
на́ше	中性名詞	письмо́ 手紙	

また「君たち」に関しても、Э́то ва́ш компью́тер?「これは君たちのコンピュータですか」、あるいは Э́то ва́ша маши́на?「これは君たちの車ですか」のような区別があります。

「君たちの」	結びつく名詞	例	
ваш	男性名詞	компью́тер コンピュータ	оте́ц 父
ва́ша	女性名詞	маши́на 車	ма́ть 母
ва́ше	中性名詞	письмо́ 手紙	

この ваш などを、ここでは「君たちの」と訳しましたが、それだけではありません。第８課では「あなたの」と訳しましたし、「あなたたちの」とも訳せます。つまり人称代名詞の вы が表す範囲と同じなのです。

例 文

12-01 Э́то мо́й зо́нтик.

12-02 Э́то моя́ су́мка.

12-03 Э́то моё ме́сто.

12-04 Э́то тво́й компью́тер?

12-05 Э́то твоя́ маши́на?

12-06 Э́то твоё ра́дио?

12-07 Э́то на́ш дя́дя.

12-08 Э́то на́ша тётя.

12-09 Э́то ва́ш сы́н?

12-10 Э́то ва́ша до́чь?

和訳と解説

12-01 これは私のカサです。

12-02 これは私のカバンです。

12-03 これは私の席です。

12-04 これは君のコンピュータなの？

12-05 これは君の車なの？

12-06 これは君のラジオなの？

12-07 これは私たちのおじさんです。
 *дя́дя は я で終わっていますが、男性を示しているので男性名詞であり、「私たちの」もそれに合わせて наш となっています。

12-08 これは私たちのおばさんです。

12-09 これは君たちの／あなた(たち)の息子さんですか。
 *ваш の訳にはいろいろな可能性があります。

12-10 これは君たちの／あなた(たち)の娘さんですか。

発展 語尾では分からない名詞の性

мо́й とか моя́ とか моё とか、「私の」だけでもいろんな形がある手ごわいロシア語。でもどれと結びつけたらいいかは、その名詞の末尾を見ればだいたい分かっちゃうから簡単です。

ところが一部には、末尾だけでは判断できない場合もあります。

それは ь で終わる名詞です。これだけは男性名詞かもしれないし、女性名詞かもしれません。中性名詞ということは絶対にないのですが、それにしても мо́й と結びつけるべきか、моя́ と結びつけるべきか、それが問題だ、となるのです。

たとえば слова́рь「辞書」。これは男性名詞なので「私の辞書」だったら мо́й слова́рь となります。

一方「ノート」は тетра́дь といって女性名詞です。だから「私のノート」は моя́ тетра́дь となります。

語尾はまったく同じ ь なのに、слова́рь は男性名詞で、тетра́дь は女性名詞。その違いを見分ける手段はありません。

もっとも、意味から分かるものは当然ありますよ。ма́ть は「母」なので女性名詞でした。учи́тель は男性の「教師」ですから、当然ながら男性名詞です。でも、モノの場合はまったくダメ。до́ждь「雨」は男性名詞で со́ль「塩」は女性名詞。もう、ワケが分かりません。いったい、どうしたらいいんだ〜！

まあ、焦らずに、だんだんと覚えていくことにしましょうよ。

なおこの先は ь で終わる名詞にかぎり、男性名詞には 男、また女性名詞には 女 を、それぞれつけることにします。

第13課
所有代名詞（2）

- **基 本** 「誰の」を示す所有代名詞
- **応用1** 「彼の」「彼女の」「彼らの」には区別がない
- **応用2** 「この」には3つの区別がある
- **発 展** 「これ」と「あれ」

この課で学習する主な単語　CD 24

га́лстук　ネクタイ

его́　彼の（гは [в] のように発音します）

её　彼女の

их　彼らの

кольцо́　指輪

ко́мната　部屋

стака́н　コップ

чей, чья́, чьё　誰の

ша́пка　帽子

э́тот, э́та, э́то　この

基本 「誰の」を示す所有代名詞

21 **Чей э́то зо́нтик?** これは誰のカサですか。
22 **Чья э́то су́мка?** これは誰のカバンですか。
23 **Чьё э́то ме́сто?** これは誰の席ですか。

　所有代名詞というのは「私の」「君の」「私たちの」「君たちの」に限ったものではありません。

　たとえば「誰の」というのも所有代名詞です。ただしこれまでのものと違って、疑問を示します。例文で考えてみましょう。「これは誰のカサですか」。うーん、こういうセリフってありがちですよね。カサ置き場って、どうしてああもゴチャゴチャしていて、自分のカサが分からなくなってしまうのでしょう。まあ、それはいいや。とにかく、「これは誰のカサですか」をロシア語でいうと、21 **Чей э́то зо́нтик?** となります。この **чей** の部分が「誰の」を示しているわけです。

　でも **чей** 1つではすまないのでは？　そうです、さすがに勘が鋭い。というか、いつものパターンですね。この「誰の」にも、やっぱり名詞の文法性に合わせて形が3つあります。「これは誰のカバンですか」は、22 **Чья э́то су́мка?** となります。先ほどの **чей** が **чья** になっていることを確認しましょう。「これは誰の席ですか」だったら 23 **Чьё э́то ме́сто?** です。形をまとめておきましょう。

「誰の」	結びつく名詞	例
чей	男性名詞	зо́нтик カサ　оте́ц 父
чья	女性名詞	су́мка カバン　мать 母
чьё	中性名詞	ме́сто 席　письмо́ 手紙

それにしても、不思議な並び方ですよね。Чей「誰の」+ это「これは」+ зо́нтик「カサ」、あるいはЧья「誰の」+ это「これは」+ су́мка「カバン」、さらにはЧьё「誰の」+ это「これは」+ ме́сто「席」というように、「誰の」と「カサ」や「カバン」や「席」といった結びつくモノが離れています。

　しかし、ロシア語ではこれが自然な並び方なんです。いや、たとえばЭ́то чей зо́нтик? と並べては絶対にいけないかといえば、そうでもないんです。そういうのもありえます。Э́то чья су́мка? も、可能といえば可能です。ところがもっともよく使うのは、Чей э́то зо́нтик? やЧья э́то су́мка? やЧьё э́то ме́сто? のように、「誰の」とモノの間にэ́тоが割り込んでくるパターンなんです。こんな感じでэ́тоで遮られていても、чей と зо́нтик、чья と су́мка、чьё と ме́сто は、文法性が対応していて、そういうのを「文法性の一致」っていうんですが、とにかくちゃんと繋がっていることが分かるのです。だから、離れていても安心。

　じゃあ、もうちょっと違った疑問文で「これはあなたのカサですか」はロシア語でどうなりますか。そうЭ́то ваш зо́нтик? となり、声に出していうときにはイントネーションを変え、また書くときには最後に？をつけます。こういうときには чей がいりません。

　それでは、あなたのカサだったら何と答えましょうか。Да, э́то мой зо́нтик.「はい、これは私のカサです」となります。Да, э́то мой.「はい、これは私のです」でもいいです。話題が зо́нтик だってことは、もう分かっていますからね。Да, мой.「はい、私のです」もアリです。

　こんどはあなたのカサでない場合。「いいえ、これは私のカサではありません」というのはどうでしょうか。答えは Нет, э́то не мой зо́нтик. です。あるいは、Нет, э́то не мой.「いいえ、これは私のではありません」とか Нет, не мой.「いいえ、私のではありません」でもいい。

　それでは「いいえ、これは彼のカサです」だったらどうしましょうか。Нет, э́то... あっ、まだ「彼の」というのをやっていませんでした！

応用 1　「彼の」「彼女の」「彼らの」には区別がない

> 24　Э́то его́ зо́нтик.　これは彼のカサです。
> 25　Э́то его́ су́мка.　これは彼のカバンです。
> 26　Э́то его́ ме́сто.　これは彼の席です。

　所有代名詞には「彼の」というのだってもちろんあります。「これは彼のカサです」は **24** Э́то его́ зо́нтик. となります。発音に注意してください。его́ですが「えごー」じゃなくて「イヴォー」となり、гがвの「ヴ」のように発音されます。

　ふむふむ、では次。「これは彼のカバンです」はどうなるか。答えは **25** Э́то его́ су́мка. なるほど。さらにもう1つ。「これは彼の席です」はどうか。これは **26** Э́то его́ ме́сто. となるんですね。

　おやおや、今までと様子が違う。зо́нтик, су́мка, ме́сто はそれぞれ名詞の性が違うのに、「彼の」はいつでも его́ のままです。

　このように「彼の」の場合には3つの区別をする必要がありません。いつでも его́ で大丈夫。こういうものもあるんですね。

　「彼女の」も同じです。Э́то её зо́нтик.「これは彼女のカサです」。Э́то её су́мка.「これは彼女のカバンです」。Э́то её ме́сто.「これは彼女の席です」。её は「彼女の」という意味です。

　さらに「彼らの」を示す их にも、これまでのような3つの区別がありません。Э́то их компью́тер.「これは彼らのコンピュータです」。Э́то их маши́на.「これは彼らの車です」。こんな感じで、なんにでも их が使えます。この их は「彼女らの」という意味にもなります。

　区別をしたり、しなかったり、かえって混乱しそう。ロシア語って、初歩の初歩からいろいろありますね。

応用 ❷ 「この」には３つの区別がある

27 Э́тот зо́нтик мо́й. このカサは私のです。
28 Э́та су́мка моя́. このカバンは私のです。
29 Э́то ме́сто моё. この席は私のです。

「彼の」「彼女の」「彼らの／彼女らの」には３つの区別がありませんでした。しかしそれは例外と考えてください。所有代名詞に限らず、他にも３つの区別をするもののほうが多数派なのです。

「この」にも３つの区別があります。

「この」	結びつく名詞	例
э́тот	男性名詞	зо́нтик カサ　оте́ц 父
э́та	女性名詞	су́мка カバン　ма́ть 母
э́то	中性名詞	ме́сто 席　письмо́ 手紙

「このカサは私のです」は 27 Э́тот зо́нтик мо́й. です。「このカバンは私のです」は 28 Э́та су́мка моя́. となり、「この席は私のです」は 29 Э́то ме́сто моё. となります。мо́й, моя́, моё は「私の」の他に「私のもの」という意味でも使えます。英語では my と mine は区別しました。言語によって、区別のポイントが違うのです。

それにしても、Э́то ме́сто моё. はちょっと戸惑ってしまいます。だって Э́то ме́сто. のときの Э́то は「これは」という意味でしたよね。ところが Э́то ме́сто моё. のときの Э́то は「この」です。もちろん、意味が近いから形も近いのですが、こういう微妙な違いに気を付けてください。

э́тот, э́та, э́то のように「この」を表すものを指示代名詞といいます。

例　文

13-01　Чей это стакан?

13-02　Чья это шапка?

13-03　Чьё это кольцо?

13-04　Это его галстук.

13-05　Это её комната.

13-06　Это их компьютер.

13-07　Это их машина.

13-08　Этот паспорт мой.

13-09　Эта книга не моя.

13-10　Это место ваше?

和訳と解説

13-01　これは誰のコップですか。

13-02　これは誰の帽子ですか。

13-03　これは誰の指輪ですか。

13-04　これは彼のネクタイです。

13-05　これは彼女の部屋です。

13-06　これは彼らのコンピュータです。

13-07　これは彼女らの車です。
　　　　＊ их は「彼らの」のほかに「彼女らの」を表すこともあります。

13-08　このパスポートは私のです。

13-09　この本は私のではありません。
　　　　＊否定のときにはこの位置に не を置きます。

13-10　この席はあなたのですか。
　　　　＊Э́то ва́ше ме́сто?「これはあなたの席ですか」との語順の違いに注意してください。

発展 「これ」と「あれ」

　「これ」を表す это は、すでに何回も出てきましたので、だいぶ慣れてきたことと思います。それにしても、「これ」ばかりで「あれ」が出てきませんよね。「あれ」はロシア語で何というのでしょうか。

　実は英語の that のような「あれ」を示す特別な形式はありません。使うとしたら это しかないのです。это が「これ」にも「あれ」にも、場合によっては「それ」にもなり、しかも男性名詞か女性名詞か中性名詞かに関係なく、いつでもこの形のままで使います。

　では「この」に対する「その」「あの」はどうでしょうか。話し手から遠いところにあるものを示す場合には тот というのがあります。этот からはじめの1文字を取り去ったものです。これには3つの区別がちゃんとあって、тот, та, то となります。

　ただしこの тот を使うのは「この〜は○○○だけど、一方あの〜は…」というときの「あの〜は」のように、対比する場合に限られます。とくに何かと比べるのでなければ、этот, эта, это で充分であり、少なくとも初級レベルでは тот, та, то にお目にかかることはあまりありません。

　妙なことをうるさく区別すると思ったら、今度はずいぶんと大雑把。言語は「気になる部分」がそれぞれ違うんですね。

第14課
形容詞

- **基本** 形容詞の3つの区別
- **応用1** 「小さい」「大きい」の3つの区別
- **応用2** 「よい」の3つの区別
- **発 展** ロシア人の名字

この課で学習する主な単語　CD 26

большо́й	大きい
до́м	家
ма́ленький	小さい
молодо́й	若い
но́вый	新しい
окно́	窓
ру́сский	ロシアの
ста́рый	古い、年老いた
хоро́ший	よい
япо́нский	日本の

基本 形容詞の３つの区別

> 30 Э́то ста́рый стака́н.　これは古いコップです。
> 31 Э́то ста́рая ша́пка.　これは古い帽子です。
> 32 Э́то ста́рое кольцо́.　これは古い指輪です。

形容詞はモノの性質や様子、またはモノに対する感情を示す語です。「黒い」「硬い」「嬉しい」などいろいろあります。

ロシア語の形容詞には、これまで学んできた所有代名詞や指示代名詞と同じように、結びつく名詞によって３つの区別があります。

「古い」	結びつく名詞	例	
ста́рый	男性名詞	стака́н コップ	оте́ц 父
ста́рая	女性名詞	ша́пка 帽子	мать 母
ста́рое	中性名詞	кольцо́ 指輪	письмо́ 手紙

またかよ～、って感じですね。そうなんです。ロシア語の文法はしつこい。いや、私がしつこいのかも。でも、似たようなモノはまとめて覚えちゃったほうが、いいんじゃないでしょうか。

具体例で確かめましょう。30 Э́то ста́рый стака́н.「これは古いコップです」。31 Э́то ста́рая ша́пка.「これは古い帽子です」。32 Э́то ста́рое кольцо́.「これは古い指輪です」。ポイントは最後の２文字分。男性名詞と結びつくときはый で、女性名詞ではая で、そして中性名詞ではое で、それぞれ終わっています。

特に女性名詞と中性名詞の場合に注目してみましょう。女性名詞ではая、中性名詞ではое。そういえば、女性名詞はа あるいは я、中性名詞はо あるいは е で終わるのでした。ピッタリと一致しています。という

ことで、ロシア語って韻を踏んでいる詩のような文法を持っているのです。なんか、美しいなあって感じちゃいますよね。えっ、そんなこと感じられない？　それはいけません。練習が足りない証拠です。

　では、次の日本語をロシア語にしてください。「これは古い本です」⇨ Э́то ста́рая кни́га.「これは古い雑誌です」⇨ Э́то ста́рый журна́л.「これは古い手紙です」⇨ Э́то ста́рое письмо́. このくらいなら、単語さえ分かればそれほど迷わずにできるはず。

　ではパターンを少し変えてみましょう。「この本は古い」⇨ Э́та кни́га ста́рая.「この雑誌は古い」⇨ Э́тот журна́л ста́рый.「この手紙は古い」⇨ Э́то письмо́ ста́рое. こんな感じで、述語として使う形容詞だけでなく、「この」を表す э́тот も忘れずに正しい形にしてください。

　こんどは新しい形容詞にチャレンジしてみましょう。「古い」の反対である「新しい」は но́вый といいます。「これは新しいコップです」⇨ Э́то но́вый стака́н.「これは新しい帽子です」⇨ Э́то но́вая ша́пка.「これは新しい指輪です」⇨ Э́то но́вое кольцо́. 語尾はいつでも同じです。

　それでは露文和訳の応用問題。Э́то но́вое кольцо́. は「これは新しい指輪です」という意味ですが、それでは Э́то кольцо́ но́вое. はどういう意味でしょうか。答えは「この指輪は新しい」です。この場合の э́то は「この」という意味。語順が微妙に違えば、意味も微妙に違います。

　形容詞 ста́рый は「古い」のほかに「年老いた」という意味で考えた方が日本語としてスッキリする場合があります。Э́то мо́й ста́рый оте́ц.「これは私の年老いた父です」。Э́то моя́ ста́рая ма́ть.「これは私の年老いた母です」。形を合わせるのにはもう慣れましたか。

　このように3つの区別があるときは、同じ形になるよう「徹底的に」揃えましょう。形容詞だけとか、所有代名詞だけとかじゃなくて、変えるものはすべて変える。すると「私のおばさんは歳をとっている」という文でさえ、Моя́ тётя ста́рая. とすべての単語の最後が я で終わり、まるで詩のような美しさなのです。こんどは感じられましたか？

応用 ❶ 「小さい」「大きい」の３つの区別

> ㉝ **Э́то ма́ленький стака́н.**
> これは小さいコップです。
>
> ㉞ **Э́то большо́й стака́н.**
> これは大きいコップです。

　形容詞の３つの区別は、どれもパターンが似ています。ただ、微妙な違いを見逃してしまわないよう、詳しくチェックしておきましょう。

「小さい」	結びつく名詞	例
ма́ленький	男性名詞	стака́н コップ　　оте́ц 父
ма́ленькая	女性名詞	ша́пка 帽子　　ма́ть 母
ма́ленькое	中性名詞	кольцо́ 指輪　　письмо́ 手紙

　まあ、同じっていえば同じなんですが、男性名詞と結びつくときの形がый じゃなくて ий というのが特徴です。そのため ㉝ **Э́то ма́ленький стака́н.**「これは小さいコップです」となります。
　「小さい」が出てきたら、次は「大きい」ですよね。

「大きい」	結びつく名詞	例
большо́й	男性名詞	стака́н コップ　　оте́ц 父
больша́я	女性名詞	ша́пка 帽子　　ма́ть 母
большо́е	中性名詞	кольцо́ 指輪　　письмо́ 手紙

　この場合もポイントは男性名詞と結びつくときの形で、ой になっていることに注意してください。しかも о のところにアクセントがあります。だから ㉞ **Э́то большо́й стака́н.**「これは大きいコップです」となるわけです。ほかに молодо́й「若い」も同じパターンです。

応用 ❷ 「よい」の３つの区別

> ㉟ Э́то хоро́шее кольцо́.
> これはよい指輪です。

微妙な違いをもう１つだけチェックしましょう。

「よい」	結びつく名詞	例	
хоро́ший	男性名詞	стака́н コップ	оте́ц 父
хоро́шая	女性名詞	ша́пка 帽子	мать 母
хоро́шее	中性名詞	кольцо́ 指輪	письмо́ 手紙

男性名詞と結びつく形は ий という語尾で終わっています。ということは ма́ленький と同じでしょうか。いやいやいや、よく見てください。中性名詞と結びつく形が、ма́ленькое のように ое じゃなくて、今までに見たこともない ее という語尾なんです。だから ㉟ Э́то хоро́шее кольцо́. 「これはよい指輪です」となるのです。

ホント、違いが微妙すぎる。でもまあ、このパターンは初級段階ではこのくらいしかありませんから、まずはこれだけ覚えてください。

それにしても、形容詞語尾のすべてに共通しているのは、女性名詞と結びつくときの ая だけでしょうか。

いずれにせよ、全体的にはよく似た形です。最後の文字だけで考えれば、男性は й、女性は я、中性は е で、これなら所有代名詞でも部分的ですが似ているところがありました。そういう共通点って、なんとなくあるものなんです。

あんまりにもバラバラだったら、ロシア人だって覚えられません。

例 文

14-01　Э́то но́вый зо́нтик.

14-02　Э́то но́вая су́мка.

14-03　Э́то но́вое ра́дио.

14-04　Э́то ма́ленький до́м.

14-05　Э́то ру́сская газе́та.

14-06　Э́то япо́нский па́спорт.

14-07　Э́то большо́е окно́.

14-08　Моя́ тётя ста́рая.

14-09　Её му́ж молодо́й.

14-10　Ва́ша ко́мната хоро́шая?

和訳と解説

14-01 これは新しいカサです。

14-02 これは新しいカバンです。

14-03 これは新しいラジオです。

14-04 これは小さい家です。

14-05 これはロシアの新聞です。

14-06 これは日本のパスポートです。

14-07 これは大きな窓です。

14-08 私のおばさんは歳をとっています。

14-09 彼女の夫は若いです。

14-10 あなたの部屋はいいですか。

発展 ロシア人の名字

　形容詞の3つの区別が分かると、すでに知っているロシア語の知識が整理されます。

　たとえば「ボリショイサーカス」ってあるでしょう。あの「ボリショイ」とは больш́ой「大きい」なのです。「サーカス」を意味する цирк が男性名詞なので、ой という形。なるほど、つまり「大サーカス」って意味なんだ。同じように Больш́ой те́атр「ボリショイ劇場」も「大劇場」というわけ。納得です。

　またロシア人の名字にも、形容詞と同じ形があります。

　たとえばドストエフスキー Достое́вский は ма́ленький と同じ語尾です。チャイコフスキー Чайко́вский も、ムソルグスキー Му́соргский もみな同じ。кий で終わる名字はたくさんあります。

　それからトルストイ Толсто́й は больш́ой と同じパターンです（本当は違いもあるんですが、ここではそうしておきます）。

　それだけではありません。実はここに挙げたのは、すべて男性の名字です。では、女性はどうなるでしょうか。

　ここで再び形容詞の区別が登場します。Достое́вский の奥さんや娘さんは Достое́вская になります。ая は女性の語尾でしたね。同様に Чайко́вский の女性形は Чайко́вская となり、また Му́соргский では Му́соргская、さらに Толсто́й の場合には女性が Толста́я なんですね。

　女性の名字は女性の形。そう、ここにも区別が活きています。

第15課
動詞の不定形

- 基本　不定形とможно
- 応用1　不定形とнельзя
- 応用2　不定形とнужно
- 発展　不定形とнадо、不定形とдолжен

この課で学習する主な単語　CD 28

изуча́ть	勉強する
кури́ть	タバコを吸う
мо́жно	～してよい
нельзя́	～してはいけない
ну́жно	～しなければならない
отдыха́ть	休む
сего́дня	きょう（гは[в]のように発音します）
сейча́с	いま
фотографи́ровать	写真を撮る
язы́к	言語

基本 不定形と можно

36 Здесь мо́жно пла́вать.
ここでは泳いでいいです。

　今回は動詞を取り上げます。動詞は動作や状態を示します。日本語では「歩く」とか「光る」などが動詞です。

　動詞はいろいろと形を変えます。日本語の「歩く」には「歩いた」「歩いて」「歩け」などの形がありますよね。いろいろある中で、辞書には「歩く」という形で載っています。ロシア語の動詞もこの点では似ていて、本当は現在とか過去とか、いろいろな形があるのですが、辞書の見出しには「不定形」で載っています。

　不定形の多くは ть という語尾を持っています。「多くは」なんて表現するところを見ると、本当は他にもあるんじゃないか？　そうですね、皆さんだいぶ疑ぐり深くなりました。結構なことです。実はその通りで、不定形には ть のほかに чь や ти で終わるものもあるんです。でも、そういう不定形は数として圧倒的に少ないので、まずは ть で終わる動詞から勉強しましょう。それ以外は後ほど悩むことにします。

　不定形は動作や状態そのものを示します。現在とか過去とか、仮定とか譲歩とか、そういったものはありません。

　不定形だけで文を作ることもできます。でもそれは厳しい命令調になり、Стоя́ть!「立っていろ！」って感じで穏やかじゃない。こういう文は初級の方にはお勧めしません。そこで単語を補って、もっと使える表現を覚えることにしましょう。

　мо́жно は「〜してよい」という許可を表します。これと不定形を結びつけてみましょう。たとえば暑い日、あなたは目の前にあるきれいな池で泳いでみたい気分になったとします。水着はあるからいいけれど、まさか

遊泳禁止じゃないだろうな。そのとき近くにいた管理人さんが、こういってくれました。「ここで泳いでいいんですよ」。これが **36** Здесь мо́жно пла́вать. です。これであなたは安心して泳げます。

　このмо́жноを使って質問することもできます。たとえばテーブルの上に面白そうな雑誌が置いてあり、あなたはちょっと読んでみたくなりました。でも、勝手に読んではいけませんね。持ち主に許可をもらいましょう。「この雑誌を読んでもいいですか」と尋ねるときにはМо́жно чита́ть э́тот журна́л? といいます。声に出していうときには疑問のイントネーションにすれば、また書くときには最後に「？」を書けば、たちまち疑問文に大変身。これまた便利です。もし大丈夫ならば、相手はДа́, мо́жно.「ええ、いいですよ」、あるいはただМо́жно.「いいですよ」といってくれることでしょう。

　このように、動詞を入れ替えればいくらでも新しい文ができます。辞書を引いて動詞の不定形を探し出すだけで、何でもいえちゃうのです。ロシアの博物館内でカメラを使うときには、係員に前もって聞いておいたほうが無難でしょう。Мо́жно фотографи́ровать?「写真を撮っていいですか」ちょっと長いけど、こうしておけば安心ですね。

　それにしても長すぎる？　こっちは初心者なんだから少しは手加減しろ？　皆さん、要求が多いですね。じゃあ、係員にカメラを見せて、こういったらどうでしょうか。Мо́жно?「いいですか」。これで充分に伝わるはずです。このようにмо́жноは動詞の不定形がなくても、それだけで使うこともできます。これで係員がДа́, мо́жно.「ええ、いいですよ」といってくれればしめたもの。

　でも、そうじゃないこともあるんですよね。「いけません」って断られる場合もあります。それをちゃんと理解できないとトラブルのもと。それじゃどうやって表現するのか。それは次の「応用1」で学ぶことにします。

応用 1 不定形と нельзя

CD 28

37 Нельзя́ рабо́тать.

働いてはいけません。

「～してはいけない」という禁止は нельзя́ で表します。これを мо́жно と同じように、不定形といっしょに使えばいいのです。

たとえば病気の同僚がふらふらしながら職場に現れたら、さすがに「働いてはいけません」っていいますよね。それが 37 Нельзя́ рабо́тать. です。とっても簡単。

あるいは「この雑誌を読んではいけません」だったら Нельзя́ чита́ть э́тот журна́л. です。いったいどんな雑誌なんでしょうか。「いまは休んではいけません」だったら Сейча́с нельзя́ отдыха́ть. となります。休んじゃダメとは厳しいなあ。

あとは動詞を知っているかどうかです。先ほどの「写真を撮ってはいけません」はどうなるでしょうか。そう、Нельзя́ фотографи́ровать. 長くても頑張って発音しましょう。

この нельзя́、私がよく使うのは動詞 кури́ть「タバコを吸う」といっしょのときです。Нельзя́ кури́ть.「タバコを吸ってはいけません」。愛煙家の方には申し訳ないのですが、私は呼吸器系がそれほど強くなくて、しかも喉が「商売道具」なので、タバコは遠慮してもらっています。

丁寧な人が Мо́жно кури́ть?「タバコを吸ってもいいですか」と礼儀正しく尋ねても、Не́т, нельзя́.「いいえ、ダメです」と断ってしまう。このような場合には кури́ть を繰り返さなくても充分に分かります。

それどころか Мо́жно?「いいでしょうか」といわれて、手元にタバコがあったらそれだけで Нельзя́.「ダメです」なんだから、本当に社交性がないですよね。すみません。

応用 ❷ 不定形と нужно

㊳ Ну́жно чита́ть э́тот уче́бник.
この教科書を読まなければいけません。

「〜しなければならない」「〜する必要がある」という義務は нужно で表します。нужно は見るからに можно と似ていますが、使い方も似ています。

Ну́жно чита́ть э́тот уче́бник.「この教科書を読まなければいけません」。こんなふうに義務的に読む必要のあるものなんて、きっとつまらないに決まっています。

それより Ну́жно отдыха́ть.「休まなければいけません」なんていってもらえたら、心の底から嬉しいんだけどなあ。いやいや、世の中そんなに甘くない。むしろ Ну́жно рабо́тать.「働かなければいけません」のほうがふつうかも。

とにかく、表現を広げるためにはもっと勉強をしなければなりません。Ну́жно изуча́ть ру́сский язы́к.「ロシア語を勉強しなければいけません」。

まあそうなんですが、нужно なんて、そんな義務的に考えないで、もっと楽しんでほしいんですけどね。

不定形がть以外で終わる動詞

＊тиで終わる不定形　вести́「導く」、идти́「行く」、найти́「見つける」、нести́「運ぶ」、прийти́「来る」、расти́「育つ」、цвести́「咲く」など。

＊чьで終わる不定形　бере́чь「大切にする」、мочь「できる」、помо́чь「助ける」、печь「焼く」、привле́чь「引きつける」、течь「流れる」など。

例文

15-01　Мо́жно чита́ть газе́ту.

15-02　Нельзя́ кури́ть зде́сь.

15-03　Ну́жно обе́дать до́ма.

15-04　Сейча́с мо́жно отдыха́ть.

15-05　Зде́сь нельзя́ фотографи́ровать.

15-06　Сего́дня ну́жно рабо́тать.

15-07　Мо́жно кури́ть та́м?

15-08　Нельзя́ пла́вать сего́дня?

15-09　Ну́жно изуча́ть ру́сский язы́к?

15-10　— Мо́жно?
　　　　— Да́, мо́жно. / Не́т, нельзя́.

和訳と解説

15-01　新聞を読んでいいです。

15-02　ここでタバコを吸ってはいけません。

15-03　家で昼食をとらなくてはなりません。

15-04　いまは休んでいいです。

15-05　ここで写真を撮ってはいけません。

15-06　きょうは働かなければなりません。

15-07　あそこでタバコを吸ってもいいですか？

15-08　きょうは泳いではいけないんですか？

15-09　ロシア語を勉強しなければいけませんか？

15-10　「いいですか？」
　　　　「ええ、いいです。／いいえ、いけません。」

発展　不定形と надо、不定形と должен

「応用2」では ну́жно が「〜しなければならない」のような義務を表すことを学習しました。しかしこのような表現は ну́жно だけではありません。

на́до は ну́жно と同じように「〜しなければならない」という意味で使います。На́до чита́ть э́тот уче́бник.「この教科書を読まなければなりません」。Сего́дня на́до рабо́тать.「きょうは働かなければなりません」。

さらに до́лжен も「〜しなければならない」「〜すべきである」を表します。ただしこの до́лжен は、ну́жно や на́до と異なり、主語の文法性や数によって形容詞のような区別が必要になります。

Сего́дня он до́лжен рабо́тать.「きょう彼は働かなければなりません」。Сего́дня она́ должна́ рабо́тать.「きょう彼女は働かなければなりません」。Сего́дня они́ должны́ рабо́тать.「きょう彼らは働かなければなりません」。そのほか я や ты の場合は、男性か女性かによって変わってきます。

ну́жно, на́до, до́лжен の区別は非常に微妙であり、明確に説明している文法書はほとんどありません。ну́жно と на́до が単なる必要性を示すのに対し、до́лжен は義務的な必要性であると説明している場合もあります。

この до́лжен は主体を主格で表わすことができます。しかしそれ以外の ну́жно や на́до、さらには мо́жно や нельзя́ は与格 →第32課 を使わなければなりません。

第16課
動詞の現在形：第1活用

- **基　本**　第1活用をする動詞
- **応用1**　оватьで終わる動詞
- **応用2**　語幹が異なる動詞
- **発　展**　第1活用動詞のバリエーション

この課で学習する主な単語　CD 30

де́лать　する、作る

за́втракать　朝食をとる

му́зыка　音楽

о́чень　たいへん、とても

писа́ть　書く

пло́хо　下手に

рисова́ть　描く

слу́шать　聴く

у́жинать　夕食をとる

хорошо́　上手に

基本 第1活用をする動詞

39 **Я слу́шаю му́зыку.**
私は音楽を聴いています。

40 **Ты́ слу́шаешь му́зыку.**
君は音楽を聴いています。

41 **Кто́ слу́шает му́зыку?**
誰が音楽を聴いていますか。

　動詞の現在形には、主語に合わせてそれぞれ違った語尾があります。第9課ではそのうち、1人称単数と3人称単数だけを紹介しました。とはいえ、人称は1人称、2人称、3人称と3つあり、さらに単数、複数で2つの数があるのですから、全部で3×2＝6通りの語尾があります。今回は動詞 слу́шать「聴く」をもとに、その活用を見てみましょう。

я́ слу́шаю	мы́ слу́шаем
ты́ слу́шаешь	вы́ слу́шаете
о́н слу́шает	они́ слу́шают

　このように、すべての語尾が異なっています。同じものがまったくないので、語尾だけで主語を特定することもできます。たとえば слу́шаю だけでも、ю という語尾から「ああ、主語は1人称単数、つまり я なんだな」ということが推測できますよね。だったら、主語はいらないような気もするのですが、ふつうは省略せずに表すことになっています。

　39 Я слу́шаю му́зыку. は「私は音楽を聴いています」という意味です。му́зыка が「～を」なので му́зыку となっているのはいいですよね。ポイントは слу́шаю で、この形だけで主語が「私」であることが明白

それなのにわざわざ я もいう。㊵ Ты́ слу́шаешь му́зыку.「君は音楽を聴いています」も同様。分かっちゃいるけど、ダメ押しで ты も付け加えます。なんだか無駄のようにも見えますが、言語は習慣ですから、仕方がありません。理屈だけじゃないのです。

　主語が вы́ のときは注意をしましょう。вы́ には「あなた」「あなたたち」「君たち」のように３つの意味がありましたが、そのいずれでも動詞は слу́шаете という形になります。つまり「あなた」の意味だからといって、２人称単数形の слу́шаешь と結びつくことは決してありません。

　ということは Вы́ слу́шаете му́зыку? は「あなたは音楽を聴いているのですか」「あなたたちは音楽を聴いているのですか」「君たちは音楽を聴いているのですか」という３つの可能性があるわけで、そのどれであるかは文脈から判断するしかないのです。

　人称を考えるとき、迷ってしまいそうになるのが кто́「誰」ですが、これはいつでも３人称単数として扱います。だから「誰が音楽を聴いているのですか」という文を作るとき、もちろん主語は「誰」つまり кто́ にするわけですが、それに合わせる動詞の形は３人称単数にして、㊶ Кто́ слу́шает му́зыку? となります。

　кто́ はともかく、ロシア語は英語に比べて面倒なことが多いような気がします。確かにそうかもしれません。では、ロシア語のほうがいいということは、何かないでしょうか。

　う～ん、そうだ、どれも違う語尾だから、英語の「３単現」の s みたいにうっかり忘れることがない。…いや、たいしたメリットではないですね。

　そうそう、ロシア語には英語のような現在進行形がないのでした。目の前で起こっていることでも、習慣的な行為でも、同じように現在形で表します。それがどっちの意味なのかは、文脈から判断します。

　ところで、今回のテーマは「動詞の現在形：第１活用」となっています。「第１」ということは「第２」もあるのでは？　なんか不安になりますね。本当のことをいえば「第１」だけでは済まないのです。でも、それは後ほどということにして、あまり先回りをせず、今回はこの「第１活用」だけをしっかり覚えてください。

応用 1　оватьで終わる動詞

㊷ Я рису́ю.

私は絵を描いています。

せっかく第1活用の語尾を覚えたのですから、これを応用しない手はありません。動詞 рисова́ть「描く」の活用を見てください。

я рису́ю	мы рису́ем
ты рису́ешь	вы рису́ете
он рису́ет	они́ рису́ют

語尾だけに注目すれば、先ほどの слу́шать と変わりません。それなのに取り上げる理由は、不定形と現在形では語幹に違いがあるからです。

слу́шать の場合には、不定形から ть を取り去り、ю や ешь などといった語尾をつけることによって現在形を作りました。

ところが рисова́ть から ть を取り去れば残るのは рисова なのに、表で確認してみればこの рисова に ю や ешь などといった語尾をつけているわけではありません。ова を у に変えてから ю や ешь などといった語尾をつけるという、少々面倒なことをしています。その結果、㊷ Я рису́ю.「私は絵を描いています」のようになるのです。

これと同じ活用する動詞には、第15課で学習した фотографи́ровать「写真を撮る」があります。я фотографи́рую, ты фотографи́руешь,... なんだか舌を噛みそうですが。

また танцева́ть →第20課 のように евать で終わる動詞も同じように ева を у に変えてから ю や ешь などといった語尾をつけます。

いずれにせよ у に変えさえすれば、後は第1活用の動詞とまったく同じ語尾がつきますので、一度覚えたことが応用できます。

応用 2　語幹が異なる動詞

> 43　**Я пишу́ письмо́.**
> 私は手紙を書いています。

もう 1 つ、動詞 писа́ть「書く」の現在活用を紹介しましょう。

я　пишу́	мы́　пи́шем
ты́　пи́шешь	вы́　пи́шете
о́н　пи́шет	они́　пи́шут

まず、1 人称単数と 3 人称複数の語尾が ю の代わりに у となっています。それだけで動揺しそうですが、これは 68 ページの正書法の規則 2-3 に従い、ш のあとには ю の代わりに у を書いた結果として пишу́ や пи́шут となっているだけのことで、実質的には第 1 活用となんら変わりありません。恐れることはないのです。

アクセントの位置が違うことも心配の種です。1 人称単数は пишу́ と最後にアクセントがあるのに、続く 2 人称単数からは пи́шешь、пи́шет と最初です。それどころじゃないと思うかもしれませんが、教師としてはこういうところにも気を配ってほしいものです。

しかしなによりも注目してほしいのは、不定形の語幹は писа なのに、現在形では пиш となっていることです。先ほどの рисова́ть ほど規則的ではありませんが、不定形と現在形で語幹が違うことがときどきあります。だから語尾だけを丸暗記しても、たとえば「ユ、エシュ、エト…」なんていう風に覚えても、それだけではなかなか使いこなせるようにならないんですね。43 Я пишу́ письмо́.「私は手紙を書いています」のような、やさしい例文で覚えていってください。

例文

16-01 Что́ вы́ де́лаете сейча́с?

16-02 Ты́ за́втракаешь до́ма?

16-03 Где́ мы́ у́жинаем сего́дня?

16-04 Макси́м и Ири́на хорошо́ пла́вают.

16-05 Сего́дня мо́й дя́дя отдыха́ет до́ма.

16-06 Кто́ изуча́ет япо́нский язы́к?

16-07 Я́ пло́хо рису́ю.

16-08 Мы́ рису́ем до́м и маши́ну.

16-09 Что́ вы́ пи́шете?

16-10 О́н не о́чень хорошо́ пи́шет.

和訳と解説

16-01 あなたはいま何をしているのですか。

16-02 君は家で朝食をとるの？

16-03 私たちはきょうどこで夕食をとりましょうか。
＊動詞の現在形は近い未来を表すこともできます。

16-04 マクシムとイリーナは泳ぐのが上手です。

16-05 きょう私のおじさんは家で休んでいます。

16-06 誰が日本語を勉強しているのですか。

16-07 私は絵を描くのが下手です。

16-08 私たちは家と車の絵を描いています。
＊рисовать のあとに「〜を」の形を置けば、描いている対象が示せます。

16-09 あなたは何を書いているのですか。

16-10 彼は書くのがあまり上手くありません。
＊не очень は「あまり〜でない」を示します。

発展 第1活用動詞のバリエーション

第1活用に似ている動詞は、他にもいくつかあります。少し紹介しておきましょう。

пи́ть「飲む」

я́ пью́	мы́ пьём
ты́ пьёшь	вы́ пьёте
о́н пьёт	они́ пью́т

пе́ть「歌う」

я́ пою́	мы́ поём
ты́ поёшь	вы́ поёте
о́н поёт	они́ пою́т

жи́ть「住む」

я́ живу́	мы́ живём
ты́ живёшь	вы́ живёте
о́н живёт	они́ живу́т

語尾に e の代わりとして ё が出てくることも注目ですが、不定形と現在形の語幹の違いに注意してください。すぐに覚えるのは無理でも、まあ少しずつ慣れていきましょうよ。

第17課
動詞の現在形：
第2活用

- **基　本**　第2活用をする動詞
- **応用1**　アクセントが移動する第2活用動詞 (1)
- **応用2**　アクセントが移動する第2活用動詞 (2)
- **発　展**　第2活用動詞のバリエーション

この課で学習する主な単語　　CD 32

говори́ть	話す
ещё	まだ
ка́ждый де́нь	毎日
мно́го	たくさん
по-англи́йски	英語で
прекра́сно	すばらしく
смотре́ть	見る
телеви́зор	テレビ
уже́	すでに
фи́льм	映画

＊ка́ждый де́нь「毎日」は ка́ждый「それぞれの」と де́нь「日」に分けることができますが、ここでは合わせて覚えてください。

基本 第2活用をする動詞

> **44** Они́ говоря́т по-ру́сски.
> 彼らはロシア語を話します。
>
> **45** Ты́ говори́шь по-ру́сски.
> 君はロシア語を話します。
>
> **46** Я́ говорю́ по-ру́сски.
> 私はロシア語を話します。

　動詞には、第1活用のほかに第2活用があります。とはいえ、3つの人称（1人称、2人称、3人称）と2つの数（単数、複数）があって、合計6つの語尾があることには変わりありません。問題は第1活用をする動詞の現在形と比べて、語尾がどのように違うかです。

　第2活用をする動詞 говори́ть「話す」の活用を見てください。

я́ говорю́	мы́ говори́м
ты́ говори́шь	вы́ говори́те
о́н говори́т	они́ говоря́т

　表を они́ から逆に眺めていきましょう。違いがもっとも目立つのは они́ のときの語尾です。第1活用では они́ слу́шают でしたよね。第2活用では ют ではなく、говоря́т のように ят となります。「彼らはロシア語を話します」は **44** Они́ говоря́т по-ру́сски. となります。

　それから ты́ говори́шь, о́н говори́т, мы́ говори́м, вы́ говори́те の語尾で и という母音があることに気づきます。第1活用では ты́ слу́шаешь, о́н слу́шает, мы́ слу́шаем, вы́ слу́шаете というように、どれも е でした。そこで「君はロシア語を話します」は **45** Ты́ говори́шь по-ру́сски. となるわけです。

でも、もっと大切なことを見逃していませんか？

それはどのように語尾をつけるかです。

第1活用動詞を復習しておきましょう。現在形では不定形の слу́шать から ть を取り去って、ю, ешь... といった語尾をつけました。

では第2活用をする動詞はどうでしょうか。不定形から取り去るのは ть ではありません。もう1つ и までを含めた ить を取り去ってから、それぞれの語尾をつけると考えます。そうしないと они́ のときに говоря́т となりません。同じように я のときには говори́ть から ить を取り去って ю をつけるから、**46** Я говорю́ по-ру́сски.「私はロシア語を話します」となるわけです。

でもこのような差異にだけ注意すれば、あとは簡単です。第1とか第2とかいっても、やっぱり似ていますもんね。

動詞 говори́ть は「話す」という意味です。外国語を勉強していれば、говори́ть を使う話題が多くなります。これは使いこなしたいところ。

そのときの外国語の部分は、「ロシア語」だったら ру́сский язы́к ではなくて、по-ру́сски を用います。すでに第10課で出てきた по-ру́сски は「ロシア風に」という意味なので、「ロシア風に話す」ということになるわけです。綴りをよく見ると、по-ру́сски は ру́сский と比べて最後の й がありません。こういう細かいことにも気をつけましょう。

他の言語の場合でも同じです。「あなたは日本語を話しますか」⇨ Вы́ говори́те по-япо́нски?「彼は英語を話します」⇨ Он говори́т по-англи́йски. あとは語彙を増やしていくだけ。

この по-ру́сски のような単語は、別に говори́ть とだけ結びつくわけではありません。すでに第10課の例文にもありましたが、たとえば第1活用動詞 чита́ть「読む」といっしょに Пётр чита́ет газе́ту по-ру́сски.「ピョートルはロシア語で新聞を読みます」というように使えました。

第1活用動詞と第2活用動詞をどのように見分けるのか。これはなかなか難しいところですが、たとえば初級に出てくる範囲では、第1活用は ать で、また第2活用は ить で終わることが多いです。多いというだけで、絶対ではありません。

121

応用 1　アクセントが移動する第2活用動詞（1）

47 **Я́ не курю́.**
私はタバコを吸いません。

48 **Ты́ не ку́ришь.**
君はタバコを吸いません。

　第2活用をする動詞の中には、アクセントの位置が移動するものがあります。たとえばすでに出てきた кури́ть「タバコを吸う」がそうです。

я́	курю́	мы́	ку́рим
ты́	ку́ришь	вы́	ку́рите
о́н	ку́рит	они́	ку́рят

　このように1人称単数 я́ のときは ю にアクセントがあり、**47** Я́ не курю́.「私はタバコを吸いません」となります。しかし2人称単数 ты́ 以下はすべて前の ку に移るので、**48** Ты́ не ку́ришь.「君はタバコを吸いません」となるのです。アクセントの位置は、不定形と比べても違いますね。
　この кури́ть は、これだけで「タバコを吸う」という意味であり、タバコという単語はこれ以上必要ありません。すでにお話しましたが、自分が吸わないものですから、例文までついつい否定で作ってしまいます。
　かつてロシアで通訳をしていたとき、よく Вы́ ку́рите? と尋ねられました。もちろん Не́т, я́ не курю́. と答えていたのですが、後で考えてみると、あれは私に話しかけるためのキッカケを探っていたのかもしれません。それをそっけなく断ってしまって、なんだか感じが悪かったかなと少し反省してしまいます。「いいえ、タバコは吸いませんが、ウォッカは飲みますよ」Не́т, я́ не курю́, но́ пью́ во́дку. なんて答えたほうが、受けたかも。

応用 2　アクセントが移動する第2活用動詞（2）

49 **Я смотрю́ телеви́зор.**
私はテレビを見ています。

50 **Ты́ смо́тришь телеви́зор.**
君はテレビを見ています。

アクセントが移動する第2活用動詞には、他にも смотре́ть「見る」があります。

я́ смотрю́	мы́ смо́трим
ты́ смо́тришь	вы́ смо́трите
о́н смо́трит	они́ смо́трят

　これもパターンはまったく同じです。不定形と1人称単数 я のときはアクセントが後にあるので、**49** Я́ смотрю́ телеви́зор.「私はテレビを見ています」となります。しかし残りの ты́ 以下では前の方に移動するので、**50** Ты́ смо́тришь телеви́зор.「君はテレビを見ています」となるわけです。それにしても、「すもーとり」という音が耳に残って、なんだか可笑しいですよね。

　不定形が ить でなくて еть となっていることにも注意してください。ほら、先ほども「第2活用は ить で終わることが多い」けれど、「多いというだけで、絶対ではありません」っていったでしょ。こういうところは正確にしないと、後で学習者から抗議を受けます。

　テレビは外国語学習の友。私はロシアへ行くと、暇さえあれば部屋でテレビを見ていました。今ではインターネットで自宅でも見ることもできます。ちょっと覗いてみてはいかがですか。

例 文

17-01 Ири́на не говори́т по-англи́йски.

17-02 Они́ уже́ хорошо́ говоря́т по-япо́нски.

17-03 Я говорю́ по-ру́сски ещё пло́хо.

17-04 Вы́ прекра́сно говори́те по-япо́нски.

17-05 Мы́ не ку́рим.

17-06 Ты́ мно́го ку́ришь?

17-07 Ка́ждый де́нь моя́ тётя ку́рит до́ма.

17-08 Что́ вы́ сейча́с смо́трите?

17-09 Они́ смо́трят фи́льм.

17-10 Мы́ смо́трим телеви́зор ка́ждый де́нь.

和訳と解説

17-01　イリーナは英語を話しません。

17-02　彼らはすでに上手に日本語を話します。

17-03　私はロシア語を話すのがまだ下手です。

17-04　あなたはすばらしく上手に日本語を話しますね。

17-05　私たちはタバコを吸いません。

17-06　君はタバコをたくさん吸うの？

17-07　毎日私のおばさんは家でタバコを吸います。

17-08　あなたたちはいま何を見ているのですか。

17-09　彼らは映画を見ています。

17-10　私たちはテレビを毎日見ています。

第2活用動詞のバリエーション

発展

ここでは第2活用に似ている動詞を紹介します。

слы́шать「聞こえる」

я слы́шу	мы́ слы́шим
ты́ слы́шишь	вы́ слы́шите
о́н слы́шит	они́ слы́шат

ви́деть「見える」

я ви́жу	мы́ ви́дим
ты́ ви́дишь	вы́ ви́дите
о́н ви́дит	они́ ви́дят

сиде́ть「座っている」

я сижу́	мы́ сиди́м
ты́ сиди́шь	вы́ сиди́те
о́н сиди́т	они́ сидя́т

слы́шатьは68ページで紹介した正書法の規則の 2-3 に従って ш のあとには ю の代わりに у を書くので я слы́шу、また 2-2 に従って ш のあとに я の代わりに а を書くので они́ слы́шат になります。

ви́деть と сиде́ть は я のときに不定形になかった ж という子音が現れて、それぞれ ви́жу, сижу́ となるのが特徴です。

第18課
名詞の複数形

- **基 本** 名詞の複数形の作り方
- **応用1** к(а), г(а) などで終わる名詞の複数形の作り方
- **応用2** оで終わる中性名詞の複数形の作り方
- **発 展** 消える母音

この課で学習する主な単語　CD 34

врáч	医者
грúб	キノコ
дéвочка	女の子
инженéр	技師
мáльчик	男の子
молокó	ミルク
перевóдчик	通訳（дч は [чч] のように発音します）
прáвильно	正しく
слóво	単語
яйцó	卵

基本 名詞の複数形の作り方

> 51 **Здесь журна́лы.** ここに雑誌があります。
> 52 **Здесь газе́ты.** ここに新聞があります。

ロシア語にも、英語と同じように複数形があります。ただし英語が多くの場合に s をつけるだけだったのに比べると、もう少し複雑です。複雑な複数形。なんだか、はじめる前からガッカリですが、そのしくみをゆっくり見て行きましょう。

まず、複数形になりそうな単語を何か考えましょう。これまた英語のときと同様なんですが、複数形にならない名詞もありますからね。では簡単なところで журна́л「雑誌」を取り上げます。

この журна́л は単数形です。うるさくいえば「1冊の雑誌」なわけです。では1冊じゃなくて何冊かある場合はどうするか、それが журна́лы という形で表されます。つまり ы が複数を示す語尾なのです。51 Здесь журна́лы.「ここに雑誌があります」では、日本語訳には反映されていなくても、複数であることが分かります。

あ～あ、ы か。よりによって、発音がもっとも難しい母音が複数を示すなんて、ロシア語はどこまでイジワルなんだろう。そんなふうに嘆いてはいけません。だからいったでしょ、ы の発音が苦手でも、決して逃げてはいけないって。こうなったら覚悟を決めて練習しましょう。

規則を1つ覚えたら、それをいろいろ試してみて、記憶に留めるのが効果的です。それでは、студе́нт「大学生」の複数形はどうなるでしょうか。そう、ы を加えて студе́нты となります。単語が長くても同じこと。компью́тер「コンピュータ」の複数形は？　そうですね、長くてもあわてずに ы をつければ、компью́теры が出来上がるわけです。

ここまでは子音で終わる男性名詞ばかり練習しました。もう少し他のパ

ターンも見ておいたほうがいいでしょう。では a で終わる女性名詞はどうなるでしょうか。こんどは газéта「新聞」を取り上げます。

газéта の複数形は газéты となります。**52** Здесь газéты.「ここに新聞があります」も複数の意味です。なるほど、やっぱり ы がつくんだな。でも、それだけでしょうか。

ここで、微妙な違いに注目する必要があります。それは子音で終わる男性名詞にはそのまま ы をつけ加えるだけでしたが、a で終わる女性名詞の場合には、a を取り去ってから ы をつけていることです。

	単数形の例	複数形の例	作り方
男性名詞	журнáл	журнáлы	ы を加える
女性名詞	газéта	газéты	a を ы に変える

女性名詞では、a のあとにそのまま ы をつけてはいけません。ということは、文字数では男性名詞の場合は1文字分増えますが、女性名詞では変わらないことになります。そういう抽象的な覚え方が苦手という方には、少し練習をしてもらいましょう。кóмната「部屋」の複数形はどうなりますか。a を取り去ってから ы をつけて、кóмнаты となります。それでは маши́на「車」は？　もちろん маши́ны ですね。慣れれば簡単。しかも、部屋や車が複数あるなんて、なんとも贅沢。

このように ы という語尾が、複数形を表す基本です。女性名詞では a を取り去ってから ы をつける、つまり a を ы に変えるというのがメンドウですが、語尾は同じですから大丈夫ですよね。

な〜んだ、想像より簡単じゃん。

いや、そうでもないんですね。本当はもう少し規則があるのです。すみません。教師は難しいところを小出しにする習性があります。まずは大原則を覚えてもらって、それから細かい規則へと進みたいのです。ということで、続きは「応用」で。

応用 1　к(а), г(а) などで終わる名詞の複数形の作り方

53 **Здéсь зóнтики.**　ここにカサがあります。
54 **Здéсь сýмки.**　ここにカバンがあります。

複数形には、語尾に ы ではなくて и をつけるものがあります。

たとえば зóнтик「カサ」の複数形は зóнтики になります。53 Здéсь зóнтики.「ここにカサがあります」ではカサは複数になっています。同じように、учéбник「教科書」の複数形も учéбники です。

同様の語尾は а で終わる女性名詞にもあります。たとえば сýмка「カバン」の複数形は сýмки です。а を取り去ってから и をつけることをお忘れなく。54 Здéсь сýмки.「ここにカバンがあります」でもカバンが複数であることが分かります。同じく студéнтка「女子学生」の複数形は студéнтки です。

さてさて、ここにはいったいどのような法則があるのでしょうか。

ポイントは複数形の語尾をつける直前の音です。учéбники, зóнтики, сýмки, студéнтки、どれも и の前が к です。このような場合には、ы ではなく и をつけます。

	単数形の例	複数形の例	作り方
男性名詞	зóнтик	зóнтики	и を加える
女性名詞	сýмка	сýмки	а を и に変える

複数形の語尾が и となるのは、直前の音が к の場合に限りません。кни́га「本」の複数形は кни́ги です。ほかにも ж, х, ч, ш, щ で終わるときに同じことが起こります。これはすべて 68 ページの正書法の規則によるものです。やっぱり、ロシア語って一筋縄ではいきませんね。

応用 2　оで終わる中性名詞の複数形の作り方

> **55** Здéсь пи́сьма.
> ここに手紙があります。

　ここまで、男性名詞と女性名詞の複数形の作り方を説明してきました。でもロシア語にはもう１つ、中性名詞ってものがありましたよね。どうしてこれまで紹介してこなかったのか。悪い予感がします。その通り、о で終わる中性名詞は、これまでとは違った複数の語尾になるのです。

	単数形の例	複数形の例	作り方
中性名詞	письмó	пи́сьма	о を а に変える

　したがって **55** Здéсь пи́сьма.「ここに手紙があります」の場合には、пи́сьма という形から複数であることが分かるのです。さらに細かいことですが、アクセントの位置が変わっていることに注意してください。

　やれやれ、またしても新しいことを覚えなければなりません。気を取り直して、少し練習をしましょうか。「窓」окнó の複数形はどうなりますか。そう、óкна ですね。アクセントの位置も確認してください。窓の複数形なんてどうでもよろしい？　機嫌が悪いですね。それでは「指輪」кольцó はいかがでしょうか。複数形にすると кóльца ってなるんですね。燦然と輝く複数の指輪、少しは豪華な気分になりましたでしょうか。はい、なりませんね、失礼しました。

　このように、ロシア語は複数形の作り方一つとってもこれほど複雑であり、学習者を飽きさせることが決してないのです。

例 文

18-01 Здесь студе́нты.

18-02 Здесь маши́ны.

18-03 Здесь уче́бники.

18-04 Здесь студе́нтки.

18-05 Здесь грибы́, я́йца и молоко́.

18-06 Мы́ инжене́ры.

18-07 Они́ перево́дчики.

18-08 Врачи́ рабо́тают.

18-09 Ма́льчики и де́вочки чита́ют кни́ги.

18-10 Я́ пра́вильно пишу́ слова́.

和訳と解説

*ここにある例文にはすべて複数形が含まれていますが、日本語訳には特に反映させていない場合があります。

18-01　ここに大学生がいます。

18-02　ここに車があります。

18-03　ここに教科書があります。

18-04　ここに大学生がいます。
　　　　*この「大学生」は студе́нтки なので、複数の女性のこと。

18-05　ここにキノコと卵とミルクがあります。
　　　　*молоко́ はふつう単数形でしか使われません。

18-06　私たちは技師です。

18-07　彼らは通訳です。

18-08　医者たちは働いています。

18-09　男の子たちや女の子たちが本を読んでいます。

18-10　私は正しく単語を書いています。

発展 消える母音

　複雑な複数形の作り方。でもここまで紹介したのは、どれも規則的なものばかりです。実はこれに加えて、さらに不規則なものがいっぱいあるのです。例外的な語尾をつける複数形については151ページにまとめてあります。

　非常に微妙な違いを挙げておきましょう。たとえば оте́ц「父」の複数形。お父さんが複数だなんて、なんだか学校の保護者会か授業参観日みたいですね。この отец は子音で終わっていて、しかも直前の子音が г, ж, к, х, ч, ш, щ ではないから、そのまま ы をつけたいところです。でも、それがちょっと違う。отцы́ となるんです。どこが違うか分かりますか。先ほど終わりから2番目にあった е が消えています。ここがポイント。

　このように母音の消えちゃう怪奇現象が、ときどき見られます。

　たまには日本語のほうからアプローチしてみましょうか。たとえば「ピロシキ」。日本では中にひき肉が入っている揚げパンとして知られていますが、中身はもっといろいろあるし、何よりも揚げずに焼いたヴァージョンだって珍しくありません。とにかくその「ピロシキ」はロシア語で пирожки́ です。ж はあとに続く к の影響で無音化します。語尾が и ということは複数形ですね。直前の音が к なので、ы じゃなくて и という点も理屈に合っている。じゃあ、単数形はどうなるかというと、これが пирожо́к なんです。複数形にするときに、終わりから2番目の母音 о が消えちゃっているんですね。

　考えてみれば「ピロシキ」は複数形のまま日本語に入ったことになります。やっぱり、1つでは足りないくらいおいしいからかな。

第19課
形容詞の複数形

- 基　本　形容詞の複数形の作り方
- 応用1　所有代名詞の複数形の作り方
- 応用2　指示代名詞などの複数形の作り方
- 発　展　名詞の複数形についてもう少し

この課で学習する主な単語　CD 36

де́ньги	お金
де́ти	子どもたち
дешёвый	安い
дорого́й	高い
интере́сный	面白い
краси́вый	きれいな、美しい
но́	しかし
очки́	メガネ
роди́тели	両親
часы́	時計

基本 形容詞の複数形の作り方

> 56 **Здесь ста́рые журна́лы.**
> ここに古い雑誌があります。
>
> 57 **Здесь ста́рые кни́ги.**
> ここに古い本があります。
>
> 58 **Здесь ста́рые пи́сьма.**
> ここに古い手紙があります。

　前の課では名詞の複数形の作り方を学習しました。しかし困ったことに、複数形の話はそれで終わりではありません。

　今回のテーマは「形容詞の複数形の作り方」です。えっ、形容詞にまで複数形があるの？　そうなんです。いやはや、なんとも申し訳ない。

　具体例を見ましょう。単数形を用いている文を複数形に変えることによって、その形を確認します。Здесь ста́рый журна́л.「ここに古い雑誌（単）があります」⇨ 56 Здесь ста́рые журна́лы.「ここに古い雑誌（複）があります」。なるほど、形容詞は ста́рый から ста́рые へと変化していますね。これが複数形のようです。

　それでは次の例。Здесь ста́рая кни́га.「ここに古い本（単）があります」⇨ 57 Здесь ста́рые кни́ги.「ここに古い本（複）があります」。今度は ста́рая が ста́рые になりました。先ほどと同じですね。

　さらに中性名詞の例。Здесь ста́рое письмо́.「ここに古い手紙（単）があります」⇨ 58 Здесь ста́рые пи́сьма.「ここに古い手紙（複）があります」。ここでも形容詞は ста́рый から ста́рые になりました。

　ということで、ささやかながら朗報です。ロシア語の形容詞の複数形は、名詞の文法性に関係なく、すべて同じ形になります。

	単数形の例	複数形の例
男性形の例	ста́рый журна́л	ста́рые журна́лы
女性形の例	ста́рая кни́га	ста́рые кни́ги
中性形の例	ста́рое письмо́	ста́рые пи́сьма

こんなふうにまとめてみましたが、形容詞の複数形は形がみんな同じなんですから、次のようにすれば充分です。

単数形	複数形
ста́рый, ая, ое	ста́рые

単数形まで簡略化した表記にしちゃいましたので、ポイントだけが分かると思います。他の形容詞もまとめましょう。

単数形	複数形
ма́ленький, ая, ое	ма́ленькие
хоро́ший, ая, ее	хоро́шие

正書法の規則のため、к や ш の後は ы ではなく и になります。

これまでは場合分けをしなかったのに、今度は注意する必要があるのは ой で終わる形容詞のタイプです。

単数形	複数形
большо́й, а́я, о́е	больши́е
молодо́й, а́я, о́е	молоды́е

ой で終わる形容詞では、複数形で ие になるものと ые になるものがあります。ほら、第14課の発展で、Толсто́й は большо́й と同じパターンだけど本当は違いがある、といったあいまいな説明をしたでしょう。あれは単数形なら問題がないけれど、複数形は違うというつもりだったのです。Толсто́й は молодо́й と同じなので、複数形は Толсты́е になります。歯切れの悪さの陰に細かい規則があり。油断は禁物。

応用 ❶ 所有代名詞の複数形の作り方

> 59 **Здéсь мои́ журна́лы.**
> ここに私の雑誌があります。
>
> 60 **Здéсь на́ши журна́лы.**
> ここに私たちの雑誌があります。

いちいち３つの区別をしていた形容詞だけど、複数になったら形が全部同じ。これはありがたい。しかしここで勘のよい方は考えます。それはいいけれど、形容詞に複数形があるということは、たとえば所有代名詞にもあるんじゃないか。お見事、おっしゃるとおりです。

	単数形	複数形
私の	мо́й, моя́, моё	мои́
君の	тво́й, твоя́, твоё	твои́
私たちの	на́ш, на́ша, на́ше	на́ши
君たちの	ва́ш, ва́ша, ва́ше	ва́ши

注意してほしいのは、たとえば мои́ は「私の」の複数形であって、「私たちの」ではありません。Здéсь мо́й журна́л.「ここに私の雑誌（単）があります」が複数になると、59 Здéсь мои́ журна́лы.「ここに私の雑誌（複）があります」になります。ここで複数になったのは雑誌であり、持ち主は「私」のままです。「私たち」なら Здéсь на́ш журна́л.「ここに私たちの雑誌（単）があります」で、その複数は 60 Здéсь на́ши журна́лы.「ここに私たちの雑誌（複）があります」です。

一方、単数形で３つの区別がなかった его́「彼の」、её「彼女の」、их「彼らの」は、複数形になってもそのままです。Здéсь его́ журна́лы.「ここに彼の雑誌（複）があります」。いや〜、助かるなあ。

応用 ❷　指示代名詞などの複数形の作り方

㉖ Эти зо́нтики мои́.
これらのカサは私のです。

㉒ Чьи́ э́то зо́нтики?
これは誰のカサですか。

　形容詞や所有代名詞に複数形があったのですから、指示代名詞にだって、複数形が当然あります。こうなったら覚悟を決めましょう。

	単数形	複数形
この	э́тот, э́та, э́то	э́ти

　たとえば「このカサは私のです」は Э́тот зо́нтик мой. ですが、複数になって「これらのカサは私のです」になれば、㉖ Э́ти зо́нтики мои́. になるわけです。
　あとは疑問の所有代名詞がありました。

	単数形	複数形
誰の	че́й, чья́, чьё	чьи́

　「これは誰のカサ（単）ですか」は Че́й э́то зо́нтик? ですが、複数では、㉒ Чьи́ э́то зо́нтики? となります。このとき э́то は変わりません。
　英語とはずいぶん発想が違いますね。名詞が複数になっていれば、形容詞や指示代名詞までわざわざ複数形にしなくても分かるのに。そういう論理も成り立ちます。でも、言語のしくみはそういった論理とは少し違うようです。何が正しいかではなく、それぞれの言語の習慣をどのように受け入れるか。それが外国語学習ではないでしょうか。

例 文

19-01 Здесь но́вые га́лстуки.

19-02 Здесь больши́е ко́мнаты.

19-03 Здесь мои́ краси́вые ко́льца.

19-04 Мои́ роди́тели смо́трят телеви́зор.

19-05 Мои́ де́ти пи́шут ру́сские слова́.

19-06 Э́ти я́йца ма́ленькие, но хоро́шие.

19-07 Э́ти фи́льмы интере́сные.

19-08 Э́ти часы́ дешёвые.

19-09 Её очки́ о́чень дороги́е.

19-10 Чьи э́то де́ньги?

和訳と解説

＊ここにある例文にはすべて複数形が含まれていますが、日本語訳には特に反映させていない場合があります。

19-01 ここに新しいネクタイがあります。

19-02 ここに大きな部屋があります。

19-03 ここに私のきれいな指輪があります。

19-04 私の両親はテレビを見ています。

19-05 私の子どもたちはロシア語の単語を書いています。

19-06 これらの卵は小さいですがいいです。

19-07 これらの映画は面白いです。

19-08 この時計は安いです。
　　　　＊часы́ は複数形しかない名詞なので、形容詞も複数になります。

19-09 彼女のメガネはとても高いです。
　　　　＊очки́ も複数形しかない名詞です。

19-10 これは誰のお金ですか。
　　　　＊де́ньги も複数形しかない名詞です。とはいえ、別に景気がいいわけではありません。

発展 名詞の複数形についてもう少し

これまで触れることのできなかった複数形について補足します。
名詞の性については第11課で紹介しました。

> 子音や й で終わっていれば男性名詞
> а や я で終わっていれば女性名詞
> о や е で終わっていれば中性名詞

このうち、й で終わる男性名詞、я で終わる女性名詞、さらに е で終わる中性名詞の複数形の作り方は次の通りです。

	単数形の例	複数形の例	作り方
男性名詞	музе́й	музе́и	й を и に変える
女性名詞	ста́нция	ста́нции	я を и に変える
中性名詞	мо́ре	моря́	е を я に変える

ただし中性名詞は ие で終わるものが複数形は ия になります。たとえば「建物」зда́ние だったら複数形で зда́ния になるわけです。こちらの方がよく出てくるかもしれません。だいたい、「海」の複数形なんてあんまり…

また ь で終わる名詞の複数形は、男性名詞も女性名詞も и になります。

	単数形の例	複数形の例	作り方
男性名詞	слова́рь	словари́	ь を и に変える
女性名詞	тетра́дь	тетра́ди	ь を и に変える

第20課
動詞の現在形：不規則活用

- 基　本　不規則活用動詞 люби́ть
- 応用1　不規則活用動詞 хоте́ть
- 応用2　不規則活用動詞 мочь
- 発　展　不規則活用動詞のバリエーション

この課で学習する主な単語　CD 38

ба́бушка	おばあさん
де́душка	おじいさん
ко́фе	コーヒー
люби́ть	好きだ
мочь	できる
пи́во	ビール
спать	眠る
танцева́ть	踊る
уме́ть	能力がある
хоте́ть	したい、ほしい

基本 不規則活用動詞 любить

63 Я люблю́ ко́фе.
私はコーヒーが好きです。

64 Я люблю́ рисова́ть.
私は絵を描くのが好きです。

　動詞の活用パターンとして、第1活用と第2活用を学んできました。これ以上は、つまり第3より先はありません。ベートーベンの交響曲ではないのです。やれ、助かった。

　その代わり、不規則活用動詞があるんですね。すみません。しかも結構よく使われる。いや、使われない動詞が不規則だったら、誰も覚えられません。よく使うからこそ不規則なのです。なんだか、いい訳っぽいなあ。とにかく、よく使われるものは覚える必要があります。

　自分を表現するのに便利な動詞 люби́ть「好きだ」を紹介しましょう。

я	люблю́	мы	лю́бим
ты	лю́бишь	вы	лю́бите
он	лю́бит	они́	лю́бят

　「好きだ」なんて、日本語から考えるとそもそも動詞じゃないのですが、「好む」と考えれば納得できるのではないでしょうか。

　これはアクセントの移動する第2活用に近いのですが、問題は я のときの形です。終わりから2番目に л の音が現れて、「りゅぶりゅー」なんて、なんだかヘンテコ。ここが不規則です。

　とはいえ「好きだ」という嗜好が伝えられればなかなか便利。だから活用を是非とも覚えたい。いちばん使うのはやっぱり я люблю́ でしょう

か。**63** Я люблю́ ко́фе.「私はコーヒーが好きです」とか、Я о́чень люблю́ пи́во.「私はビールが大好きです」などといえます。

注意してほしいのは、люби́ть のあとの名詞が「〜を」の形になることです。これを対格といいます。日本語では「〜が好きだ」ですが、発想としては「〜を好む」と考えます。その形ですが、いま挙げた2つの単語の対格、つまり「〜を」の形は、たまたま主格、つまり主語のときの形と同じですから問題ありませんが、а で終わる語は注意が必要でした。му́зыка「音楽」では Я люблю́ му́зыку.「私は音楽が好きです」になります。

もちろん я 以外の場合だってありますよね。Ты лю́бишь пи́во?「君はビールが好きなの？」。Вы лю́бите му́зыку?「あなたは音楽が好きですか？」。2人称なので、疑問文にしてみました。もちろん3人称もあります。Он лю́бит грибы́.「彼はキノコが好きです」。

相手の希望を尋ねたい場合はこうなります。「あなたは何が好きですか？」Что вы лю́бите? こんなふうに聞いてくれたら、わたしなんかアレコレ並べちゃうけどなあ…。

この люби́ть は意味する幅が広く、英語だったら like だけでなく love にも相当します。「私はイリーナが好きです」Я люблю́ Ири́ну. つまり「愛しています」ってこと。こんな情熱的な表現も可能ですから、こりゃ覚えねば。

また люби́ть は、あとに別の動詞の不定形を続けることもできます。そうすれば「〜するのが好きです」という意味になります。英語では I like to... というように前置詞 to が必要でしたが、ロシア語ではそういうものは一切いりません。**64** Я люблю́ рисова́ть.「私は絵を描くのが好きです」とか、Я люблю́ фотографи́ровать.「私は写真を撮るのが好きです」のように、辞書に載っている形をそのまま続けるだけです。

その不定形のあとに、さらに対格が続くこともあります。Я люблю́ слу́шать му́зыку.「わたしは音楽を聴くのが好きです」や、Я люблю́ смотре́ть телеви́зор.「私はテレビを見るのが好きです」といった具合に、表現はどんどん増えていきます。

応用 1　不規則活用動詞 хотеть

65 Я хочу́ ко́фе.
私はコーヒーがほしい。

66 Я хочу́ слу́шать му́зыку.
私は音楽が聴きたい。

不規則活用動詞の中でもっともよく使われるものといえば、хоте́ть「ほしい」ではないでしょうか。

я　хочу́	мы́　хоти́м
ты́　хо́чешь	вы́　хоти́те
о́н　хо́чет	они́　хотя́т

英語なら want に相当します。日本語でも「欲する」っていう動詞がありますが、なんだかカタいので「ほしい」にしておきます。

この動詞は完全に不規則です。まず、はじめから3番目の文字が単数は ч ですが、複数では т になっています。こんな活用、見たことない。

それから語尾も、ты と он のときは ешь, ет で、まるで第1活用みたいですが、мы と вы と они では им, ите, ят ですから、今度は第2活用っぽい。うーん。実際、この活用にはあれこれ混ざっている感じがします。こればっかりは覚悟を決めて、丸暗記するしかなさそうです。

その代わり、丸暗記すれば幅広く使えます。喫茶店では **65** Я хочу́ ко́фе.「私はコーヒーがほしいです」と頼めるし、書店では Я хочу́ слова́рь.「私は辞書がほしいです」と伝えられる。また不定形を続ければ、**66** Я хочу́ слу́шать му́зыку.「私は音楽が聴きたい」とか Я хочу́ смотре́ть телеви́зор.「私はテレビが見たい」などと表現できます。こんな感じで、使いたい表現がいっぱいです。やっぱり不規則でもかんばりましょうよ！

応用 2　不規則活用動詞 мочь

> **67** **Я́ могу́ рабо́тать сего́дня.**
> 私はきょう働けます。

もう1つ、мочь「できる」という不規則活用動詞を覚えましょう。

я́ могу́	мы́ мо́жем
ты́ мо́жешь	вы́ мо́жете
о́н мо́жет	они́ мо́гут

英語なら can に相当します。語尾は писа́ть に似ており、文法書によっては子音交替をする第1活用動詞として扱っているものもあります。注意してほしいのは語幹です。я と они のときは мог に語尾をつけますが、それ以外では мож に活用語尾をつけます。

мо́чь のあとには不定形が続きます。**67** Я́ могу́ рабо́тать сего́дня.「私はきょう働けます」なんていうのは、ちょっと優等生的な文章。でも、やる気がないときもある。Я́ не могу́ рабо́тать сего́дня.「私はきょう働けません」では、否定の не を мо́чь の前に置きます。

мо́чь は「～できる状態にある」という可能を示します。それに対して、学習して能力を身に付けたという意味の「できる」は уме́ть という第1活用動詞を使います。Я́ уме́ю говори́ть по-ру́сски.「私はロシア語が話せます」といった具合。

この違いを理解するには、次の例文がいいでしょう。「私は泳げるけれど、きょうはできません」Я́ уме́ю пла́вать, но́ сего́дня не могу́. 風邪を引いていたり、ものすごく寒い日だったりしたら、いくら能力があっても泳げませんものね。

例 文

20-01 Я́ о́чень люблю́ пи́во.

20-02 Де́душка лю́бит ба́бушку.

20-03 Они́ не лю́бят танцева́ть.

20-04 Вы́ лю́бите рисова́ть?

20-05 Я́ о́чень хочу́ пи́во.

20-06 Она́ хо́чет маши́ну.

20-07 Мы́ хоти́м спа́ть.

20-08 Ты́ не хо́чешь рабо́тать?

20-09 Вы́ мо́жете отдыха́ть сего́дня.

20-10 Я́ уме́ю пла́вать, но́ сего́дня не могу́.

和訳と解説

20-01　私はビールが大好きです。

20-02　おじいさんはおばあさんを愛しています。

20-03　彼らは踊るのが好きではありません。

20-04　あなたは絵を描くのが好きですか。

20-05　私はビールがとてもほしい。

20-06　彼女は車をほしがっている。

20-07　私たちは眠たい。

20-08　君は働きたくないの？

20-09　あなたはきょう休んでいいですよ。

20-10　私は泳げますが、きょうはできません。

発展 不規則活用動詞のバリエーション

ここでは люби́ть の活用に似ている動詞を紹介します。

спа́ть「眠る」

я́ сплю́	мы́ спи́м
ты́ спи́шь	вы́ спи́те
о́н спи́т	они́ спя́т

гото́вить「準備する」

я́ гото́влю	мы́ гото́вим
ты́ гото́вишь	вы́ гото́вите
о́н гото́вит	они́ гото́вят

я́ のとき、終わりから2番目に л が現れることさえ気をつければ、あとは第2活用と同じです。

＊люби́ть, спа́ть, гото́вить について、文法書によっては子音交替として説明し、不規則活用とは考えないこともあります。

例外的な語尾を持つ名詞の複数形

　第18課で紹介した複数形の作り方は、基本中の基本にすぎません。実際にはさまざまな不規則変化があります。ここではこれまでとは違った語尾を持つ名詞の複数形を、まとめて紹介しておきます。

■ 複数形の語尾が а または я になる男性名詞

　па́спорт「パスポート」 第6課 ➡ паспорта́ 複
　до́м「家」 第14課 ➡ дома́ 複
　учи́тель「教師」 第11課 ➡ учителя́ 複
　このときアクセントは語尾の а または я に移ります。
　このタイプの複数形は、この先で出てくる単語にもあります。
　а́дрес「住所」 第26課 ➡ адреса́ 複、го́род「町」 第26課 ➡ города́ 複、но́мер「番号」 第26課 ➡ номера́ 複、профе́ссор「教授」 第46課 ➡ профессора́ 複

■ 複数形の語尾が ери となる女性名詞

　ма́ть「母」 第8課 ➡ ма́тери 複
　до́чь「娘」 第8課 ➡ до́чери 複
　この2つの単語はいつでも例外的な変化をします。

■ 複数形の語尾が ья となる男性名詞

　ただし子音が変わったり、新しく現れたりします。
　сы́н「息子」 第8課 ➡ сыновья́ 複
　му́ж「夫」 第8課 ➡ мужья́ 複
　дру́г「友だち」 第33課 ➡ друзья́ 複

形容詞型の名詞

　もともとは形容詞だったのに、今では名詞として扱われるものがあります。その一例と、複数形などに変化するとき形容詞のどのタイプと同じなのか、いくつか紹介します。

　　ру́сский「ロシア人（男性）」　ма́ленький と同じ変化
　　ру́сская「ロシア人（女性）」　ма́ленькая と同じ変化
　　рабо́чий「労働者」　хоро́ший と同じ変化
　　учёный「学者」　ста́рый と同じ変化
　　столо́вая「食堂」　ста́рая と同じ変化
　　живо́тное「動物」　ста́рое と同じ変化

不変化の名詞

　名詞の中には、複数形になっても形を変えないものがあります。外来語起源の名詞が多いですが、たとえば第12課に出てきた ра́дио「ラジオ」がそうです。

　不変化の名詞のうち主なものを挙げておきましょう。ви́ски「ウィスキー」、кино́「映画」、меню́「メニュー」、метро́「地下鉄」、пальто́「オーバーコート」、такси́「タクシー」。

　不変化の名詞の多くは中性名詞です。но́вое метро́「新しい地下鉄」、моё пальто́「私のオーバーコート」。

　ただし ко́фе「コーヒー」だけは男性名詞として扱われます。мо́й ко́фе「私のコーヒー」。е で終わっていて、いかにも中性みたいに見えるのに、変わってますね。

第21課
過去形と体

- 基　本　過去形の作り方
- 応用1　быть の過去形の作り方
- 応用2　完了体とは何か
- 発　展　体はペアなのか

この課で学習する主な単語　CD 40

бы́л	～だった（→ быть）
вчера́	きのう
зада́ча	課題
написа́ть 完	書く
позавчера́	おととい
получа́ть 不完	受け取る
получи́ть 完	受け取る
прочита́ть 完	読む
реша́ть 不完	解く
реши́ть 完	解く

＊ 不完 は不完了体動詞、 完 は完了体動詞を表します。

153

基本 過去形の作り方

> ⑱ **Óн писáл письмó.**
> 彼は手紙を書いていました。
>
> ⑲ **Онá писáла письмó.**
> 彼女は手紙を書いていました。
>
> ⑳ **Они́ писáли письмó.**
> 彼らは手紙を書いていました。

　今回のテーマは過去形です。これまで紹介してきた動詞は、どれも現在形でした。動詞の活用では、たとえば「書く」だったら「私は書く、君は書く、彼は書く…」というように6通りの語尾に注意しながら、これを呪文のように唱えていったわけです。やれやれ。

　ところが過去形は発想が違います。

　たとえば「彼は手紙を書いていました」という文は ⑱ Óн писáл письмó. となります。不定形 писáть から ть を取り去り、л をつけています。なるほど、これが過去の語尾なのか。

　では「彼女は手紙を書いていました」はどうなるのでしょうか。現在形では、óн と онá は動詞の形がいつでも同じでした。しかし過去形は違います。⑲ Онá писáла письмó. となるのです。óн のときは писáл ですが、онá は писáла で、最後の a が加わっています。

　こういった a がつくかつかないかの違い、どこかでやりましたよね。ほら、「あなたの」にも ваш と вáша というバリエーションがありました。使い分けのポイントは、そう、男性か女性かでしたよね。

　この男女の区別が、動詞の過去形でも重要になってくるのです。つまり男性が主語のときは語尾が л で、女性が主語のときは ла となります。

| 男性　писа́л | 女性　писа́ла |

発想が違う過去形ですが、作り方は簡単です。不定形から ть を取り去った後、男性は л、女性は ла をつけるだけ。чита́ть なら о́н чита́л「彼は読んでいた」、она́ чита́ла「彼女は読んでいた」、смотре́ть なら о́н смотре́л「彼は見ていた」、она́ смотре́ла「彼女は見ていた」となり、もう第１活用だとか第２活用だとか、区別する必要はないのです。助かります。

男女の区別をするなんて、動詞の過去形はまるで形容詞や所有代名詞などみたいです。となると、残念ながら複数形にはやっぱり別の形があります。

| 複数　писа́ли |

だから ⓻⓪ Они́ писа́ли письмо́.「彼らは手紙を書いていました」となるわけです。

それでは「私」はどうなるのか。これは誰が発言するかによって違ってきます。男性がいえば Я писа́л письмо́.「私は手紙を書いていました」、女性がいえば Я писа́ла письмо́.「私は手紙を書いていました」。これは納得。「私たち」は複数ですから、当然 Мы́ писа́ли письмо́.「私たちは手紙を書いていました」ですね。

今度は「君」です。ты́ の場合も、相手によって語尾が違います。Ты́ писа́л письмо́? は男性に向かって「君は手紙を書いていたの？」、Ты́ писа́ла письмо́? は女性に向かって「君は手紙を書いていたの？」。

では вы́ はどうかといえば、複数ですから Вы́ писа́ли письмо́?「君たち／あなたたちは手紙を書いていたの？」になりますね。

ちょっと待って。вы́ には「君たち」「あなたたち」のほかに、ていねいな「あなた」もありました。意味としては単数です。だったら、相手によって писа́л か писа́ла を選ばなければならないのでしょうか。

いいえ、そうではありません。どんな意味で使おうとも、вы́ は形式上いつでも複数の語尾になります。だからは「あなたは手紙を書いていたのですか」も、やっぱり Вы́ писа́ли письмо́? となるのです。

155

応用 1　быть の過去形の作り方

71　Вчера́ о́н бы́л до́ма.
きのう彼は家にいました。

72　Вчера́ она́ была́ до́ма.
きのう彼女は家にいました。

73　Вчера́ они́ бы́ли до́ма.
きのう彼らは家にいました。

ロシア語で「A は B である」というとき、動詞は何もいりませんでした。たとえば О́н до́ма.「彼は家にいます」、Она́ до́ма.「彼女は家にいます」、Они́ до́ма.「彼らは家にいます」。並べるだけでとっても簡単。

ところが簡単なのは現在形だけ。過去形では動詞が必要になります。 **71** Вчера́ о́н бы́л до́ма.「きのう彼は家にいました」。**72** Вчера́ она́ была́ до́ма.「きのう彼女は家にいました」。**73** Вчера́ они́ бы́ли до́ма.「きのう彼らは家にいました」。この бы́л, была́, бы́ли が動詞です。

男性　бы́л	女性　была́	複数　бы́ли

不定形は бы́ть。辞書ではこの形が見出し語になっています。英語だったら be 動詞に当たるものです。過去形ではこれが欠かせません。

я や ты のときのしくみは、他の動詞の過去形と同じです。つまり「私」や「君」が男性か女性かによって違ってくるわけです。Я́ бы́л до́ма.「私は家にいました（男性）」、Я́ была́ до́ма.「同（女性）」。 Ты́ бы́л до́ма?「君は家にいたの？（男性）」、Ты́ была́ до́ма?「同（女性）」。

そして вы́ のときは、「あなた」でも「君たち」でも「あなたたち」でも、形は必ず бы́ли になります。Вы́ бы́ли до́ма?「あなた／君たち／あなたたちは家にいましたか」。どの意味になるのかは、文脈によります。

応用 ❷ 完了体とは何か

> **74** Óн написа́л письмо́.
> 彼は手紙を書きあげました。

復習しましょう。Он писа́л письмо́. は「彼は手紙を書いていました」という意味でした。л は男性を示す過去形の語尾です。

これとよく似た文に **73** Он написа́л письмо́. というのがあります。こちらは「彼は手紙を書きあげました」で、手紙を書き出して、最後まで仕上げたという意味です。動詞 написа́ть は「書きあげる」です。

ここで改めて Он писа́л письмо́. を考えてみましょう。написа́л が「書きあげた」だったら、писа́л は「書きあげなかった」のでしょうか。

いいえ、それはちょっと違います。писа́л は「書いていた」という様子を伝えています。書きあげたか、あるいは書きあげなかったか、そういうことには注目していません。ただ「書く」という動作をしていたことを描写しているわけです。

他の動詞も見てみましょう。Она́ прочита́ла уче́бник. は「彼女は教科書を読みあげました」で、つまり隅々まで目を通したということ。では Она́ чита́ла уче́бник. はどうかといえば、「彼女は教科書を読んでいました」となり、読み終えたかどうかには関心がないのです。

この написа́ть や прочита́ть のように、最後までやり遂げたことを示す動詞を「完了体動詞」といいます。それに対して、писа́ть や чита́ть のような動詞は「不完了体動詞」といいます。ロシア語の動詞では、完了体と不完了体のような「体」の区別が重要になってきます。

この区別を覚えるのにいい例文があります。Они́ реша́ли зада́чу, но не реши́ли.「彼らは課題を解いていたけれど、解けませんでした」。реша́ть は不完了体で реши́ть は完了体です。やるにはやったけど、結果が出せなかったことが、動詞の体のおかげではっきりしますね。

例文

21-01 Вчера́ о́н чита́л уче́бник.

21-02 Позавчера́ она́ чита́ла кни́гу.

21-03 Вы́ прочита́ли «Войну́ и ми́р»?

21-04 Я́ слу́шал му́зыку. / Я́ слу́шала му́зыку.

21-05 Ты́ смотре́л телеви́зор? / Ты́ смотре́ла телеви́зор?

21-06 Вы́ писа́ли письмо́ сего́дня?

21-07 Вы́ написа́ли письмо́ сего́дня?

21-08 Мы́ получа́ли ру́сские газе́ты.

21-09 Сего́дня Макси́м получи́л па́спорт.

21-10 Они́ реша́ли зада́чу, но́ не реши́ли.

和訳と解説

21-01 きのう彼は教科書を読んでいました。

21-02 おとといい彼女は本を読んでいました。

21-03 あなたは『戦争と平和』を読みあげましたか。

21-04 私は音楽を聴いていました。
＊男性か女性かで使い分けます。次の21-05も同じです。

21-05 君はテレビを見ていたの？

21-06 きょうあなたは手紙を書きましたか。

21-07 きょうあなたは手紙を書きあげましたか。

21-08 私たちはロシアの新聞を取っていました。
＊получáть が不完了体動詞なので「購読していた」という意味です。

21-09 きょうマクシムはパスポートを受け取りました。

21-10 彼らは課題を解いていたのですが、解けませんでした。

発展　体はペアなのか

　動詞の体について学習していると、たとえば писа́ть 不完 に対しては написа́ть 完、чита́ть 不完 に対しては прочита́ть 完 というように、まるでペアになっているように見えます。実際、動詞は体のペアで覚えるほうがよいと指導する教材もあります。

　しかしわたしは、必ずしもその必要はないと考えています。大切なのはどちらの体に属するのかということで、ペアとして意識することはありません。

　ペアとして考えると、いろいろ問題が生じます。形を見ると、писа́ть から написа́ть、чита́ть から прочита́ть が出来ているように見えます。つまり、動詞の前に何かをつけると完了体ができるみたいです。でも、реша́ть 不完 と реши́ть 完 や получа́ть 不完 と получи́ть 完 を比べると、先ほどとはまた違った関係になっています。無理して法則を見出そうとしても、決してうまくいきません。それよりは、意味の違いを正しく理解して、使いこなす方が重要なのです。

　体の区別は確かに難しいものです。といって、必要以上に恐れることはありません。ロシア語を中途半端にカジッた人ほど「不完了体と完了体の区別が難しくて」などといって、あなたを脅かそうとするかもしれませんが、そういうのは無視していいです。まずは基本をしっかりと押さえて、順を追って学習してください。

　ちなみに、第20課までに出てきた動詞は、すべて不完了体です。ですから区別に気を使うのは、この課以降でお願いします。

第22課
未来形と体

- 基 本　未来形の作り方
- 応用1　быть の未来形の作り方
- 応用2　完了体動詞の未来形の作り方
- 発 展　不完了体と完了体が同じ形の動詞

この課で学習する主な単語　CD●42

бу́ду	〔未来形を作る〕（→ быть）
до́ждь	雨
за́втра	あした
како́й	どのような
пого́да	天気
показа́ть	完 見せる
послеза́втра	あさって
свой	自分の
снег	雪
экза́мен	試験

基本 未来形の作り方

> 75 **Я бу́ду писа́ть письмо́.**
> 私は手紙を書きます。
>
> 76 **Ты́ бу́дешь писа́ть письмо́.**
> 君は手紙を書きます。

現在形、過去形と勉強を進めてきましたので、つぎは未来形です。英文法でも、この3つはセットみたいなものでした。「現在、過去、未来…」という歌もありましたが、覚えている人は少ないでしょう。

ロシア語の未来形について、писа́ть「書く」をもとにその形を見てみましょう。

я́ бу́ду писа́ть	мы́ бу́дем писа́ть
ты́ бу́дешь писа́ть	вы́ бу́дете писа́ть
о́н бу́дет писа́ть	они́ бу́дут писа́ть

どうでしょうか。長いですね。それもそのはず、未来形はこれまでと違って組み合わせになっているのです。писа́ть はいつでも同じ形、つまり不定形ですけど、その前に未来を示す、まるで英語の will のようなものがあり、それが я, ты… のように人称ごとに違った形になるのです。

この бу́ду, бу́дешь… の部分、どこかで見たことのある語尾ではありませんか。そう、ちょうど писа́ть の現在活用（я пишу́, ты́ пи́шешь, о́н пи́шет, мы́ пи́шем, вы́ пи́шете, они́ пи́шут）に似ていますね。

このように未来形は бу́ду, бу́дешь… の部分さえ覚えておけば、あとは不定形をつけるだけです。75 Я́ бу́ду писа́ть письмо́.「私は手紙を書きます」。76 Ты́ бу́дешь писа́ть письмо́.「君は手紙を書きます」。

いくらでもできます。簡単です。

　文を作ってみましょう。「あした私は働きます」はどうなりますか。「あした」は за́втра、「働く」はすでにご存じの рабо́тать で、これにいま覚えたばかりの未来を表す部分をつければ、За́втра я бу́ду рабо́тать. ができ上がります。

　日本語にも注意をしてください。英語などで未来形を学習すると、will には「～でしょう」という訳語を当てますが、それは未来というより推測です。天気予報でもないかぎり、「～でしょう」を使うと不自然になることさえあります。「わたしは働くでしょう」じゃなくて、「わたしは働きます」のほうが自然ではありませんか。

　もう少し練習しましょう。「あなたは何をするのですか？」はどうなりますか。「する」は де́лать でしたよね。Что́ вы́ бу́дете де́лать?

　では「私は本を読みます」はどうでしょうか。Я́ бу́ду чита́ть кни́гу. 未来形になっても、「本を」は кни́га のままではなくて кни́гу に変えることは、現在形と変わりません。

　бу́ду, бу́дешь… の部分がしっかり頭に入っていれば、難しいことは何もないのですが、1つだけ覚えておいてほしいことがあります。それは「бу́ду, бу́дешь… のあとに続けられるのは不完了体動詞だけ」ということです。不完了体動詞なら、писа́ть でも рабо́тать でも де́лать でも чита́ть でも слу́шать でも реша́ть でも получа́ть でも、なんでもいいんです。だけど написа́ть はダメ。прочита́ть も реши́ть も получи́ть も、とにかく完了体動詞はすべてダメなんです。このように、未来形では体の区別が形の上でもはっきりします。

　使える動詞が不完了体だけですから、その意味も慎重に取り扱いましょう。За́втра я бу́ду писа́ть письмо́. という文は、「あした手紙を書くという行為は必ずするつもりだ」という意味なので、書きあげるかどうかはなんともいえないのです。「あしたは手紙を書きあげちゃいます」については「応用2」で取り上げることにしましょう。

応用 1　быть の未来形の作り方

₇₇ **Зáвтра я́ бýду дóма.**
あした私は家にいます。

₇₈ **Зáвтра ты́ бýдешь дóма.**
あした君は家にいます。

「A は B である」というとき、現在形では何もいらなかったのに、過去形では бы́л, была́, бы́ли などが必要でした。では未来形はどうなるのでしょうか。

₇₇ Зáвтра я́ бýду дóма.「あした私は家にいます」。₇₈ Зáвтра ты́ бýдешь дóма.「あした君は家にいます」。なるほど、先ほど学習した бýду, бýдешь... などを使うのですね。

英語が得意な人はここで悩みます。「英語だったら will be ってなるはずだけど、ロシア語では be に当たるものがいらないのかな」

そうなんです。英語の be に相当する動詞 бы́ть は、бýду, бýдешь... や бы́л, была́, бы́ли に対する不定形なのですが、未来では бýду, бýдешь... の後にさらに бы́ть をつける必要はありません。

3人称の例を見ておきましょうか。Послезáвтра бýдут экзáмены.「あさっては試験があります」では экзáмены「試験」が複数形ですので、動詞も бýдут のように3人称複数形になっています。これで試験は1科目では済まないことが分かります。ああ、つらい。

бýду, бýдешь... などのうち、3人称の бýдет は天気を表す表現で大活躍をします。Зáвтра бýдет хорóшая погóда.「あしたはよい天気でしょう」、Зáвтра бýдет дóждь.「あしたは雨でしょう」、Зáвтра бýдет снéг.「あしたは雪でしょう」。なるほど、こういうときには「でしょう」という日本語がピッタリですね。

応用 2　完了体動詞の未来形の作り方

> 79　**Я напишу́ письмо́.**
> 私は手紙を書きあげます。

　この課の「基本」の最後で、бу́ду, бу́дешь… と結びつけられるのは不完了体動詞だけだと説明しました。それでは完了体動詞の未来形はどうやって作るのでしょうか。

　79 За́втра я напишу́ письмо́. は「あした私は手紙を書きあげます」という意味です。つまり、内容としては未来のことです。でも напишу́ という形は пишу́ によく似ていて、まるで現在形みたいです。

　このように、完了体動詞が現在形のような活用をすると、意味は未来になるのです。「～してしまう」ですから、未来完了ですね。

　同じように Я прочита́ю «А́нну Каре́нину». だったら、「わたしは『アンナ・カレーニナ』を読みあげてしまいます」です。長編小説を読み切るには強い意志が必要で、こんなふうに宣言したくもなります。

　活用は現在形みたいなところがポイントです。показа́ть「見せる」の活用表をご覧ください。

я　покажу́	мы́　пока́жем
ты́　пока́жешь	вы́　пока́жете
о́н　пока́жет	они́　пока́жут

　この показа́ть は完了体動詞です。ですからこの表の変化は、意味としては未来になります。О́н пока́жет сво́й до́м.「彼は自分の家を見せてくれます」。つまり、これから案内してくれるわけです。

　сво́й にも注意してください。сво́й は主語と同じ人や物を指します。ここで его́ を使って О́н пока́жет его́ до́м. とすると、「彼は（自分ではない別の）彼の家を見せてくれる」という意味になってしまいます。

例 文

22-01　Завтра я буду работать.

22-02　Что вы будете делать завтра?

22-03　Послезавтра будут экзамены.

22-04　Завтра будет хорошая погода.

22-05　Какая погода будет послезавтра?

22-06　Вчера был дождь, а сегодня будет снег.

22-07　Завтра я прочитаю «Анну Каренину».

22-08　Послезавтра он получит письмо.

22-09　Сейчас я покажу паспорт.

22-10　Послезавтра он покажет свой дом.

和訳と解説

22-01 あした私は働きます。

22-02 あなたはあした何をするのですか。

22-03 あさっては試験があります。

22-04 あしたはよい天気でしょう。

22-05 あさってはどんな天気でしょうか。

22-06 きのうは雨でしたが、きょうは雪になるでしょう。

22-07 あした私は『アンナ・カレーニナ』を読みあげます。

22-08 あさって彼は手紙を受け取る予定です。

22-09 いまパスポートをお見せします。
 　＊ сейчас には「いますぐ」「これから」という意味があるので、未来形とともに使うことができます。

22-10 あさって彼は自分の家を見せてくれるでしょう。

発展　不完了体と完了体が同じ形の動詞

　ロシア語の動詞では不完了体と完了体の違いがいかに重要か、おわかりいただけましたでしょうか。もちろん、前にもいいましたように、不必要に恐れることはないのですが、それでもやっぱり難しいですよね。

　大切なのは、どの動詞が不完了体で、どの動詞が完了体かを区別すること。напишу́ が現在なのか未来なのかは、написа́ть が完了体動詞であることを知っていなければ判断できません。

　ただしロシア語の動詞の中には、不完了体と完了体で同じ形をしているものがあります。数は限られますが、たとえば обеща́ть「約束する」は、不完了体動詞として扱うこともあれば、完了体動詞として扱うこともあります。О́н обеща́л. は「彼はいつも約束してくれていた」のか、それとも「彼は一回限り約束してくれた」のか、それは文脈によるわけです。

感嘆文

ロシア語の感嘆文には、とくに決まった形式があるわけではありません。感情を込めれば感嘆の表現になります。

　Прекра́сно!　すばらしい！

また како́й を使って表すこともできます。

　Како́й большо́й до́м!　　なんて大きな家なんでしょう！
　Кака́я хоро́шая пого́да!　なんていい天気なんでしょう！
　Како́е дорого́е кольцо́!　なんて高価な指輪なんでしょう！

第 23 課
名詞の前置格

- 基 本 名詞の単数前置格形の作り方
- 応用1 前置詞 в と前置詞 на
- 応用2 е 以外の語尾をもつ単数前置格形
- 発 展 前置詞 на と結びつく主な名詞

この課で学習する主な単語　CD 44

| библиоте́ка | 図書館 |
| в [+前] ～(の中) で |
| жи́ть [不完] 住む |
| заво́д 工場 |
| магази́н 店 |
| Москва́ モスクワ |
| на [+前] ～(の上) で |
| по́чта 郵便局 |
| рестора́н レストラン |
| Санкт-Петербу́рг サンクトペテルブルグ |

＊[+前] は前置格と結びつくことを表します。

基本 名詞の単数前置格形の作り方

> 80 **Я рабо́таю в магази́не.**
> 私は店で働いています。
>
> 81 **Я рабо́таю в библиоте́ке.**
> 図書館で働いています。

　これからしばらくは、格変化について学習していきます。まずは単数形からはじめ、複数形については第37課以降でまとめて学びます。

　動詞についてはこれまで集中的に勉強したので、現在も過去も未来も表現できるようになりました。「私は働いています」だったら Я рабо́таю. です。「私は働いていました」では、男性だったら Я рабо́тал. で、女性の場合は Я рабо́тала. でした。さらに「私は働きます」という未来だったら Я бу́ду рабо́тать. と、もう何でもいえちゃいます。

　しかし働くのなら、やっぱり場所を表現したいのではないでしょうか。お店で働いているのか、それともレストランなのか、そういうことを表すにはどうしたらよいのでしょうか。

　「私は店で働いています」は 80 Я рабо́таю в магази́не. となります。магази́н は「店」という意味です。その前にある短い単語 в は「〜で」という場所を示していて、このようなものを前置詞といいます。

　あれ、ちょっと待ってください。「店」は магази́н なのに、「店で」というときには в магази́не となり、в に加えて магази́н の最後に е がついている！

　なんと細かいところまで目を配っているのでしょう。すばらしい。そうなんです。ロシア語では前置詞を使ったら、そのあとに続く語が少し変化することがあります。「〜で」という意味の в を使ったら、магази́н の後には е をつけ加えることになっています。これが格変化です。

では「私はレストランで働いている」はどうなるでしょうか。先ほどと同じく、рестора́н「レストラン」の最後に e をつけ加えれば、Я рабо́таю в рестора́не. となります。作り方は同じ。

　このように e で終わっているところが特徴ですが、いつでもただ e をつけ加えればいいってモンでもないんです。

　たとえば「私は図書館で働いています」はどうなるでしょうか。「図書館」は библиоте́ка といい、はじめの部分は聖書を示す「バイブル」に似ています。これを使えば 81 Я рабо́таю в библиоте́ке. となって、やっぱり e で終わっているので、これまでと同じです。

　えっ、本当にそうでしょうか。

　библиоте́ка と в библиоте́ке をよく比べてみてください。ただ e をつけ加えているだけではありません。библиоте́ка からまず a を取り去って、それから e をつけ加えているのです。магази́н ではただ e をつけて в магази́не としているので、微妙に違うのです。

　格変化するのは一般的な名詞に限りません。地名だって格変化します。「私はモスクワで働いています」ならば、Я рабо́таю в Москве́. で、Москва́ は Москве́ になります。a で終わる語は a を取り去って e をつけることを確認してください。サンクトペテルブルグ Санкт-Петербу́рг のような長い地名でも、「私はサンクトペテルブルグで働いています」は Я рабо́таю в Санкт-Петербу́рге. となって、しくみは同じです。変えるのは最後だけであることを確認してください。それにしても、地名まで変化するなんて、英語などにはない発想ですよね。

　ひとつだけ注意を。「私は家で働いています」はどうなるでしょうか。「家」は до́м だから Я рабо́таю в до́ме. かな。う〜ん、それもありなんですが、それは「家で」というより「建物の中で」といった感じ。それより 1 語で「家で」が表せましたよね。Я рабо́таю до́ма. そう、この до́ма を使うと「自宅でやっています」というニュアンスになります。

　こういう例外もありますが、「ロシア語の名詞は前置詞といっしょに使うと何かが起きる」と覚えておきましょう。

応用 1　前置詞 в と前置詞 на

> **82** Я рабо́таю на заво́де.
> 私は工場で働いています。
>
> **83** Я рабо́таю на по́чте.
> 私は郵便局で働いています。

　前置詞 в と、後に続く名詞の最後に е がつくことを学習したので、勤め先の表現ができるようになりました。これさえ知っていれば、どこで働いていても胸を張っていえそうなものです。

　でも、まだ他にも大切な規則があります。

　たとえば「私は工場で働いています」はどうなるか。「工場」は заво́д というので、в と заво́де という形でまとまりそうですが、そうはいきません。正解は **82** Я рабо́таю на заво́де. です。

　この на って何？　実はこれも「～で」という意味の前置詞なんです。

　困ったことに、ロシア語には「～で」を表す前置詞が в と на の2種類あります。そのどちらを使うかは、名詞ごとに決まっているのです。

　もう1つ挙げましょう。**83** Я рабо́таю на по́чте.「私は郵便局で働いています」。по́чта「郵便局」にも на を使います。

　本来、в は「～の中で」、на は「～の上で」という意味で使い分け、「机」стол だったら в столе́ は「机の中で」、на столе́「机の上で」となり、これははっきりしています。ところが場所を表す名詞ではもう「中」とか「上」とか関係なく、名詞ごとに в か на が決まっているのです。

　どうやって区別したらいいのか？

　すみません、1つ1つ覚えるしかありません。

　ヒントとしては、в と на ではどちらかといえば на と結び付く名詞の方が少ないので、こちらを覚えるほうがお得です。この課の「発展」では、на と結び付く主な名詞を挙げておきました。

応用 2　e 以外の語尾をもつ単数前置格形

84　Я рабо́таю в Росси́и.
私はロシアで働いています。

　前置詞に в と на の区別があるなんて、場所の表現も油断がなりません。でも名詞の最後が e で終わるのは同じだから、まあ楽かな。

　ごめんなさい。実は e で終わらないこともあるんです。

　たとえば「私はロシアで働いています」という文で考えてみます。「ロシア」は Росси́я でした。前置詞はвを使います。でも Росси́я は в とともに使っても語尾が e になりません。 84 Я рабо́таю в Росси́и. なのです。このように ия で終わる名詞は、ии という語尾になります。

　ия で終わる名詞にはもう 1 つ、Япо́ния「日本」がありました。これも同様で、「私は日本で働いています」は Я рабо́таю в Япо́нии. です。

　このように ия で終わっていたら、注意してください。

　では問題です。「私は駅で働いています」はどうなるでしょうか。「駅」は ста́нция でした。ия で終わっていますから気をつけてくださいね。できましたか。

　答えは Я рабо́таю на ста́нции.

　あっ、前置詞は на を使っている。そう、ста́нция の場合は на なんです。

　まったく、油断も隙もあったモンじゃない。

例文

23-01　Я слу́шаю му́зыку в ко́мнате.

23-02　Он чита́ет кни́гу в библиоте́ке.

23-03　Она́ пи́шет письмо́ на по́чте.

23-04　Мои́ роди́тели рабо́тают на ста́нции.

23-05　Где вы живёте? — Я живу́ в Москве́.

23-06　Они́ отдыха́ют в Япо́нии.

23-07　Я хочу́ изуча́ть ру́сский язы́к в Росси́и.

23-08　Мы лю́бим рабо́тать в Санкт-Петербу́рге.

23-09　Вчера́ Пётр и О́льга у́жинали в рестора́не.

23-10　За́втра она́ бу́дет отдыха́ть до́ма.

和訳と解説

23-01　私は部屋で音楽を聴いています。

23-02　彼は図書館で本を読んでいます。

23-03　彼女は郵便局で手紙を書いています。

23-04　私の両親は駅で働いています。

23-05　「あなたはどこに住んでいるのですか」
　　　　「モスクワに住んでいます」

23-06　彼らは日本で休暇を取っています。

23-07　私はロシアでロシア語が勉強したいです。

23-08　私たちはサンクトペテルブルグで働くのが好きです。

23-09　きのうピョートルとオリガはレストランで夕食をとりました。

23-10　あした彼女は家で休みます。

発展　前置詞 на と結びつく主な名詞

＊на と結びつく主な名詞を挙げておきましょう。

заво́д	工場	на заво́де	工場で
по́чта	郵便局	на по́чте	郵便局で
конце́рт	コンサート	на конце́рте	コンサートで
у́лица	通り	на у́лице	通りで、外で
рабо́та	職場	на рабо́те	職場で
уро́к	授業	на уро́ке	授業で

＊方角を示す名詞はすべて на と結びつきます。

восто́к	東	на восто́ке	東で
за́пад	西	на за́паде	西で
се́вер	北	на се́вере	北で
юг	南	на ю́ге	南で

＊地名には次のようなものがあります。

Сахали́н	サハリン	на Сахали́не	サハリンで
Украи́на	ウクライナ	на Украи́не	ウクライナで
Кавка́з	コーカサス	на Кавка́зе	コーカサスで

＊ия で終わる語には注意してください。

ста́нция	駅	на ста́нции	駅で
фотогра́фия	写真	на фотогра́фии	写真で

第24課
形容詞の前置格

- **基　本**　形容詞の単数前置格形の作り方
- **応用1**　所有代名詞の単数前置格形の作り方
- **応用2**　指示代名詞の単数前置格形の作り方
- **発　展**　名詞の単数前置格形についてもう少し

この課で学習する主な単語　CD○46

бале́т	バレエ
больни́ца	病院
гла́вный	主要な
ду́мать　不完	考える
изве́стный	有名な（т は発音しません）
кинотеа́тр	映画館
о　+前	～について
теа́тр	劇場
университе́т	大学
шко́ла	学校

基本 形容詞の単数前置格形の作り方

> ⑧⑤ **Я рабо́таю в ста́ром магази́не.**
> 私は古い店で働いています。
>
> ⑧⑥ **Я рабо́таю в ста́рой библиоте́ке.**
> 私は古い図書館で働いています。

第23課では場所の表し方を学習しました。前置詞 в または на を使うのですが、そのとき後に続く名詞は前置格という形になります。前置格の特徴は最後が е で終わることでしたが、Росси́я のように ия で終わる名詞の前置格は ии でした。この課では同じく前置格について、形容詞、所有代名詞、指示代名詞のそれぞれ単数形を順番に学習していきます。

まず形容詞です。名詞の前置格は子音で終わる男性名詞でも、а で終わる女性名詞でも、同じように е という語尾でしたから、まあ楽でしたよね。ところが形容詞になると、そうはいきません。

第23課で出てきた文に形容詞 ста́рый「古い」を加えてみましょう。
⑧⑤ Я рабо́таю в ста́ром магази́не.「私は古い店で働いています」。
⑧⑥ Я рабо́таю в ста́рой библиоте́ке.「私は古い図書館で働いています」。

形容詞は магази́не の前では ста́ром、一方 библиоте́ке の前では ста́рой になっています。主格の形を思い浮かべてみましょう。「古い店」は ста́рый магази́н、「古い図書館」は ста́рая библиоте́ка ですね。形容詞に注目すると、次のようにまとめられます。

	主格の例	前置格の例	作り方
男性形	ста́рый	ста́ром	ый ⇨ ом
女性形	ста́рая	ста́рой	ая ⇨ ой
中性形	ста́рое	ста́ром	ое ⇨ ом

中性形の ста́рое の前置格は ста́ром で、男性形の前置格と同じです。このように形容詞（さらに所有代名詞や指示代名詞）の中性形は一部を除いて男性形と同じ変化になるので、とくに形が違わない限り、表には挙げないことにします。

　練習してみましょう。といっても、同じ名詞ばかりじゃつまらないので、新しいものを覚えつつ、さらに形を変えていきます。

　まず「私は古い大学で働いています」です。「大学」は университе́т といい、少々長いですが恐れることはありません。「古い大学」は ста́рый университе́т で、その前置格は ста́ром университе́те になります。つまり Я рабо́таю в ста́ром университе́те. が答えです。

　こんどは「私は古い病院で働いています」です。「病院」は больни́ца という а で終わる女性名詞。「古い病院」は ста́рая больни́ца、それが前置格ではどういう形になるかに気をつければ、Я рабо́таю в ста́рой больни́це. ができあがります。

　形容詞は 1 つとは限りません。「私は有名な古い病院で働いています」Я рабо́таю в изве́стной ста́рой больни́це. のように 2 つ並ぶことだってあります。その場合はそれぞれの語尾を変えることをお忘れなく。

　さて、形容詞の中には少しだけ違った語尾になるものがあります。

	主格の例	前置格の例	作り方
男性形	хоро́ший	хоро́шем	ий ⇨ ем
女性形	хоро́шая	хоро́шей	ая ⇨ ей

　о と е の違いだけなんですが、こういう細かい点まできちんとチェックしましょう。例文で確認しておきますか。Мы обе́дали в хоро́шем рестора́не.「私たちはよいレストランで昼食をとりました」。いいですねえ、昼からよいレストランとは…。

応用 ❶ 所有代名詞の単数前置格形の作り方

> 🎧46
> ❽⁷ **Он рабо́тает в моём магази́не.**
> 彼は私の店で働いています。
>
> ❽⁸ **Она́ рабо́тает в на́шей библиоте́ке.**
> 彼女は私たちの図書館で働いています。

続いて所有代名詞の前置格形です。その形は形容詞と似ていながらも微妙に違います。

「私の」	主格の例	前置格の例	作り方
男／中性形	мо́й/мо́ё	моём	й/ё ⇨ ём
女性形	моя́	мое́й	я ⇨ ей

男性形と中性形で同じ形になるのは、形容詞と同様です。

例を挙げましょう。❽⁷ Он рабо́тает в моём магази́не.「彼は私の店で働いています」。同様に「君の」では、тво́й と тво́ё は твоём に、また твоя́ は твое́й になります。сво́й「自分の」も同じ変化です。

「私たちの」	主格の例	前置格の例	作り方
男／中性形	на́ш/на́ше	на́шем	(е)м を加える
女性形	на́ша	на́шей	а ⇨ ей

したがって ❽⁸ Она́ рабо́тает в на́шей библиоте́ке.「彼女は私たちの図書館で働いています」のようになるわけです。同様に「あなた(たち)の」では、ва́ш と ва́ше は ва́шем に、また ва́ша は ва́шей になります。

一方、его́「彼の」、её「彼女の」、их「彼らの」は格変化をしません。

応用 ❷ 指示代名詞の単数前置格形の作り方

> ⑧⑨ **Я ду́маю об э́том ма́льчике.**
> 私はその男の子について考えています。

今度は指示代名詞です。しくみは同じなんですが、語尾が微妙に違うので少々面倒。よく見てください。

「この」	主格の例	前置格の例	作り方
男／中性形	э́тот/э́то	э́том	о(т) ⇨ ом
女性形	э́та	э́той	а ⇨ ой

これにしたがって「私はこの店で働いています」だったら **Я рабо́таю в э́том магази́не**.「私はこの郵便局で働いています」は **Я рабо́таю на э́той по́чте**. となることを確認してください。

ところで、前置格は в と на 以外の前置詞とも結びつきます。

前置詞 о は「〜について」という意味で、その後は前置格です。動詞 ду́мать「考える」といっしょに使って、次のような文が作れます。「私は女の子について考えています」**Я ду́маю о де́вочке**. さらに形容詞をつけ加えて「私はきれいな女の子について考えています」ならば **Я ду́маю о краси́вой де́вочке**. です。この本の担当者（女性）向けには「私はイケメンの男の子について考えています」**Я ду́маю о краси́вом ма́льчике**. のほうが覚えやすいでしょう。

この前置詞 о は э́том や э́той のような母音で始まる語の前では об に変わります。⑧⑨ **Я ду́маю об э́том ма́льчике**.「私はその男の子について考えています」。もちろん、母音で始まる名詞の前でも об です。**Я ду́маю об Ири́не**.「私はイリーナについて考えています」。

例文

24-01 Я́ рабо́таю в изве́стной шко́ле в Япо́нии.

24-02 Они́ рабо́тают на гла́вной по́чте в Москве́.

24-03 О́н обе́дал в хоро́шем ру́сском рестора́не.

24-04 Что́ вы́ де́лаете в моём до́ме?

24-05 Мы́ смотре́ли бале́т в Большо́м теа́тре.

24-06 Она́ изуча́ет ру́сский язы́к в на́шем университе́те.

24-07 Мо́й оте́ц смотре́л ста́рый япо́нский фи́льм в э́том кинотеа́тре.

24-08 Я́ ду́маю о Макси́ме.

24-09 Вы́ ду́маете об Ири́не?

24-10 Они́ ду́мают о но́вой дорого́й маши́не.

和訳と解説

24-01 私は日本にある有名な学校で働いています。

24-02 彼らはモスクワの中央郵便局で働いています。

24-03 彼はよいロシア料理店で昼食をとりました。

24-04 あなたは私の家で何をしているのですか。

24-05 私たちはボリショイ劇場でバレエを見ました。
＊「ボリショイ劇場」は固有名詞なので、はじめの1文字は大文字で書きます。

24-06 彼女は私たちの大学でロシア語を勉強しています。

24-07 私の父はこの映画館で古い日本映画を見ていました。

24-08 私はマクシムのことを考えています。

24-09 あなたはイリーナのことを考えているのですか。

24-10 彼らは新しくて高価な車について考えています。

名詞の単数前置格形についてもう少し

発展

　名詞の格を紹介するとき、とくにその使い方に注目したいので、形については主なものしか取り上げないで話を進めています。しかしロシア語の名詞には他にもいくつか形があることは、第19課「名詞の複数形についてもう少し」で触れました。
　単数前置格の場合、ほとんどがеとなりますが、и になるものもいくつかあります。ここにまとめておきましょう。

■ 語尾が e になる単数の前置格形

	語尾	主格の例	前置格の例
男性名詞	й	музе́й	музе́е
	ь	слова́рь	словаре́
女性名詞	я	семья́	семье́
中性名詞	е	мо́ре	мо́ре

■ 語尾が и になる単数の前置格形

	語尾	主格の例	前置格の例
女性名詞	ия	ста́нция	ста́нции
	ь	тетра́дь	тетра́ди
中性名詞	ие	зда́ние	зда́нии

　注意してほしいのは ия や ие で終わる名詞の前置格です。семья́「家族」や мо́ре「海」の前置格はそれぞれ семье́ や мо́ре で、最後が е となりますが（мо́ре は主格と同じ形）、ста́нция「駅」や зда́ние「建物」の前置格はそれぞれ ста́нции や зда́нии で、最後が и になっています。

第25課
再帰動詞

- 基　本　再帰動詞の現在形
- 応用1　主に3人称で使われる再帰動詞
- 応用2　再帰動詞の過去形
- 発　展　再帰動詞についてもう少し

この課で学習する主な単語　CD 48

ка́к	どのように
моско́вский	モスクワの
называ́ться　[不完]	～という名前だ
находи́ться　[不完]	～にある
райо́н	地区
роди́ться　[完]	生まれる
стара́ться　[不完]	努力する
страна́	国
у́лица	通り
учи́ться　[不完]	学ぶ

基本 再帰動詞の現在形

> 90 **Я учу́сь в университе́те.**
> 私は大学に在学しています。
>
> 91 **Где́ вы́ у́читесь?**
> あなたはどこに在学していますか。

ロシア語の動詞について、これまでずいぶん勉強してきました。時制では現在形、過去形、未来形、体については不完了体と完了体の区別があることは、すでにご存じのはずです。また辞書で引くときには不定形が大切で、最後が ть で終わるのが特徴でした。

ところが、形が少し違っている動詞もあります。たとえば стара́ться「努力する」です。

я стара́юсь	мы́ стара́емся
ты́ стара́ешься	вы́ стара́етесь
о́н стара́ется	они́ стара́ются

最後がどれも ся か сь です。こんな活用、見たことない。

でも、この ся か сь を取り去ってみたらどうでしょうか。その語尾は ю, ешь, ет, ем, ете, ют となり、чита́ть の現在活用と同じになります。このようにロシア語の動詞には、「2文字おまけ」がついているものがあり、これを「再帰動詞」といいます。

再帰動詞は本来、他動詞を自動詞に変える働きをします。「着せる」という意味の動詞が、ся のつくことによって「着る」に変わるのです（詳しくは192ページの「発展」を参照してください）。行動が自分に再び帰ってくるので「再帰」というわけです。しかしそれだけでなく、動詞の意味

を根本的に変えてしまうこともあり、またстара́ться のように ся のつかない形が存在しないものもあります。ですから「再帰」という用語にこだわる必要はありません。

もう1つ、учи́ться「学ぶ」を見ておきましょう。

я́ учу́сь	мы́ у́чимся
ты́ у́чишься	вы́ у́читесь
о́н у́чится	они́ у́чатся

これも ся か сь を取り除けば、слы́шать「聞こえる」の現在活用と変わりありません。

учи́ться は「〜に在学している」という意味で使えます。そのとき場所を示すのは、すでに学習した в/на + 前置格です。⑨⓪ Я учу́сь в университе́те.「私は大学に在学しています」。⑨① Где́ вы́ у́читесь?「あなたはどこに在学していますか」、これはつまり「どこの学校で勉強しているのですか」といった感じです。

では Вы́ у́читесь и́ли рабо́таете? というのはどんな意味でしょうか。「あなたは在学していますか、それとも働いていますか」と訳すと、ちょっとぎこちないですね。これは「あなたは学生さんですか、それとも社会人ですか」といった感じです。

それにしても、この最後の2文字は、いつ ся になって、いつ сь になるのでしょうか。それはその前の音に関係があります。子音だったら ся で、母音だったら сь なんです。

発音にも注意しましょう。ться も тся も、「ツァ」という発音になります。

ということで、一見新しそうですが、実はこれまでに勉強した活用の応用なのです。だから第1活用や第2活用がちゃんとできれば、ちっとも困りません。やっぱり、基本が大切なんですね。

応用 1　主に３人称で使われる再帰動詞

> 92 **Э́та гости́ница называ́ется «Москва́».**
> このホテルは『モスクワ』といいます。
>
> 93 **Большо́й теа́тр нахо́дится на э́той у́лице.**
> ボリショイ劇場はこの通りにあります。

　再帰動詞は他の動詞と同じように、現在形では３つの人称（１人称、２人称、３人称）×２つの数（単数と複数）で、計６通りの語尾があります。しかし中には、主として３人称で使われるものがあります。

　называ́ться は「〜という名前である」という意味です。これは地名や固有名詞などで使いますので、どうしても３人称が多くなります。92 Э́та гости́ница называ́ется «Москва́». 「このホテルは『モスクワ』といいます」といった具合。ロシアのホテル名には、都市名をつけたものがときどきあります。質問するときには ка́к 「どのように」を使いましょう。Ка́к называ́ется э́та гости́ница? 「このホテルは何という名前ですか」。

　находи́ться は「〜にある」という意味で、存在する場所を示します。93 Большо́й теа́тр нахо́дится на э́той у́лице. 「ボリショイ劇場はこの通りにあります」。質問ではもちろん где́ 「どこ」が使えます。Где́ нахо́дится Большо́й теа́тр? 「ボリショイ劇場はどこですか」

　もちろん Где́ Большо́й теа́тр? もちゃんとした文には違いありません。でも нахо́дится をつけ加えることによって、「どこに位置するのか」をはっきりさせることができるのです。

応用 ❷　再帰動詞の過去形

> **94** Я роди́лся в Росси́и. /
> Я родила́сь в Росси́и.
> 私はロシアで生まれました。

　再帰動詞も動詞ですから、時制は現在形だけではありません。
　未来形は不完了体なら бу́ду, бу́дешь, бу́дет, бу́дем, бу́дете, бу́дут と不定形を組み合わせればできます。でも Я бу́ду стара́ться.「私は努力します」って、なんか変な感じですね。努力するなら今しろよ。
　過去形は、やはり男性形、女性形、複数形の形があるのですが、最後につく2文字にまたまた注意が必要です。

男性	стара́лся
女性	стара́лась
複数	стара́лись

　ここでも ся は子音の後、сь は母音の後という規則が活きています。
　新しい動詞を覚えましょう。роди́ться「生まれる」という意味の完了体動詞で、主に過去形で使われます（そりゃそーだ）。

男性	роди́лся
女性	родила́сь
複数	родили́сь

　これを使えば自分の出生地が表現できます。Где́ вы́ роди́лись?「あなたはどこで生まれましたか」。答えとしては **94** Я роди́лся в Росси́и./ Я родила́сь в Росси́и.「私はロシアで生まれました」のようになり、男性がいうか女性がいうかで、形が違うことを確認してください。

例文

25-01 Мы́ у́чимся в университе́те «Ямато».

25-02 Её сы́н у́чится в на́шей шко́ле.

25-03 Вы́ у́читесь и́ли рабо́таете?

25-04 Я́ о́чень стара́юсь, но́ не могу́.

25-05 Где́ нахо́дится Большо́й теа́тр?

25-06 О́н нахо́дится в э́том райо́не.

25-07 Ка́к называ́ется э́та у́лица?

25-08 Она́ называ́ется «Моско́вская».

25-09 Где́ вы́ роди́лись?

25-10 Мы́ роди́лись в э́той стране́.

和訳と解説

25-01 私たちは「大和」大学で学んでいます。
＊これは架空の大学名ですが、このような名称は университе́т のあとに不変化で置きます。

25-02 彼女の息子は私たちの学校で学んでいます。

25-03 あなたは学生さんですか、社会人ですか。

25-04 私は非常に努力しているのですが、できません。

25-05 ボリショイ劇場はどこにありますか。

25-06 それはこの地区にあります。

25-07 この通りは何という名前ですか。

25-08 「モスクワ」通りといいます。

25-09 あなたはどこで生まれたのですか。

25-10 私たちはこの国で生まれました。

発展 **再帰動詞についてもう少し**

　ロシア語の文法書などを覗くと、ся のつく再帰動詞は「他動詞を自動詞にする」とか「受け身の意味になる」と説明されていることがあります。Мать одева́ет дочь.「母は娘に服を着せます」と Мать одева́ется.「母は服を着ます」という文を比べれば、одева́ть「着せる」に ся がついて одева́ться「着る」になっています。

　また Они́ стро́ят дом.「彼らは家を建てています」と Дом стро́ится.「家が建てられています」を比べれば、стро́ить「建てる」に ся がつくと стро́иться「建てられる」のように受動を表すことができます（受動の表現については第47課を参照してください）。

　しかし、どんな動詞にも ся がつけられるわけではありません。また боя́ться「恐れる」や смея́ться「笑う」のように、ся のついた形しか存在しない動詞もあります（下の一覧表を参照してください）。

　ですから学習の初歩では、それぞれの動詞の意味を把握し、形をしっかりと覚えていってください。

📌 **主な再帰動詞**（すべて不完了体で挙げます）
беспоко́иться「心配する」、возвраща́ться「帰る」、дви́гаться「動く」、ра́доваться「喜ぶ」、торопи́ться「急ぐ」、удивля́ться「驚く」。
　以下の動詞は ся がなくては用いられません。
боя́ться「恐れる」、наде́яться「期待する」、появля́ться「現れる」、смея́ться「笑う」、станови́ться「なる」

第26課
名詞の生格

- 基本　名詞の単数生格形の作り方
- 応用1　ка, га などで終わる名詞の単数生格形の作り方
- 応用2　否定生格
- 発展　名詞の単数生格形についてもう少し

この課で学習する主な単語

а́дрес	住所
го́род	町
знать [不完]	知っている
литерату́ра	文学
матема́тика	数学
но́мер	番号
пла́н	地図
телефо́н	電話
уро́к	授業
це́нтр	中心

基本 名詞の単数生格形の作り方

> 95 Э́то маши́на Макси́ма.
> これはマクシムの車です。
>
> 96 Э́то маши́на Ири́ны.
> これはイリーナの車です。

「〜の」といった所属や所有を示す格を「生格」といいます。英文法だったら「所有格」に当たりますが、ロシア語では生格というのが習慣です。一部のロシア語文法では「属格」という表現を使っていますが、一般的ではありません。

この生格も前置格と同様に、名詞に語尾を加えたり、あるいは一部を取り換えたりして作ります。例を見てみましょう。「これはマクシムの車です」は次のようになります。 95 Э́то маши́на Макси́ма.

この Макси́ма の部分が「マクシムの」を示しています。маши́на の後にあることに注意してください。英語だったら Maxim's car のように所有者を示す部分は前に置きますが、ロシア語では後です。

でも、ただ後に置いているだけではありませんね。そう、а という語尾がついて Макси́ма となっています。これが生格の語尾です。

ところが、ここから先がちょいと面倒です。前置格のときは一部を除いてほとんどの名詞が e という同じ語尾でしたが、生格は違います。

「これはイリーナの車です」は次のようになります。 96 Э́то маши́на Ири́ны. もちろん Ири́ны が「イリーナの」を示し、маши́на の後に置いていることは Макси́ма のときと同じです。しかし語尾が違います。「イリーナの」は Ири́на から а を取り去って ы をつけます。Макси́ма のときとは全然違うわけです。表にまとめるとこうなります。

	主格の例	生格の例	作り方
男性名詞	журна́л	журна́ла	а を加える
中性名詞	письмо́	письма́	о を а に変える
女性名詞	газе́та	газе́ты	а を ы に変える

中性名詞と女性名詞は、第18課で学習した複数形と同じです。同じだと、かえって混乱しそうになりますから注意してください。ただし中性名詞では単数生格の письма́ と複数主格の пи́сьма ではアクセントの位置が違います。

生格の形を覚えれば「〜の…」のような表現ができます。「…」はそのままで、「〜」の部分が生格となって後に置かれます。

少し練習してみましょう。「町の中心」はどうなるでしょうか。「町」は го́род で「中心」は це́нтр です。ということは、変化させて後に置くのは го́род のほうになります。а を加えることを忘れずに це́нтр го́рода ができ上がりましたか。

では「電話番号」はどうなりますか。「電話」は телефо́н で「番号」は но́мер。どちらを生格にするかはもうお分かりですね。答えは но́мер телефо́наです。

所有を示すときには、人を表す名詞の場合がたくさんあります。これまでに出てきた名詞を組み合わせてみましょう。といっても作り方は同じ。「息子のコンピュータ」なら компью́тер сы́на、「妻のカバン」だったら су́мка жены́ です。それぞれの語尾を確認してください。

では「私のコンピュータ」「私のカバン」はそれぞれどうなりますか。えっ、я の生格が分からないって？　ちょっとちょっと、そうではないでしょ。「私のコンピュータ」は мо́й компью́тер、「私のカバン」は моя́ су́мка、こういうときには所有代名詞を使うのでした。以前に学習した内容も忘れないでくださいね。

応用 1　ка, га などで終わる名詞の単数生格形の作り方

> 97 **Вчера́ бы́л уро́к му́зыки.**
> きのうは音楽の授業がありました。

　生格を作るときには、主格が子音で終わっているか、о で終わっているか、あるいは а で終わっているかによって、場合分けをする必要がありました。しかしそれだけではなく、もう少し規則があります。

　たとえば「音楽の授業」。「授業」は уро́к といいます。「音楽」は му́зыка で、これはすでに学習しました。「音楽の授業」ではこの му́зыка を生格にするのですが、形がこれまでと少し違います。уро́к му́зыки となるのです。97 Вчера́ бы́л уро́к му́зыки.「きのうは音楽の授業がありました」。

　つまり а で終わる名詞のうち、ка や га などで終わるものは、生格の語尾が ы ではなくて и になるのです。ほかにも ж, х, ч, ш, щ で終わるときに同じことが起こります。これはすべて 68 ページの正書法の規則によるもので、名詞の複数形の作り方でもそうでした。したがって уро́к「授業」＋ матема́тика「数学」では уро́к матема́тики「数学の授業」ですし、до́м「家」＋ кни́га「本」では до́м кни́ги「本の家」（そういう名前の書店があります）です。人名でも同じことで、тётя「おばさん」＋ О́льга「オリガ」ならば тётя О́льги「オリガのおばさん」になります。

　このように ы ではなくて и になるのは、女性名詞に限りません。Э́то маши́на де́душки.「これはおじいさんの車です」の例で分かるように、де́душка のような男性名詞でも、ка で終わっていればその生格は де́душки になります。

応用 2 　否定生格

> **98　Макси́ма не́т до́ма.**
> マクシムは家にいません。
>
> **99　Ири́ны не́т до́ма.**
> イリーナは家にいません。

　生格の用法は所属や所有だけではありません。

　Макси́м до́ма. は「マクシムは家にいます」でした。これを否定にして「マクシムは家にいません」とすると、**98** Макси́ма не́т до́ма. となります。この не́т は「～がない、いない」を示し、「いいえ」という場合の не́т とは違います。これを使うと、主語である Макси́м は Макси́ма のように生格に変わります。これを「否定生格」といいます。

　「～がない、いない」という意味の не́т は、過去形で не́ было（アクセントは не にあります）、未来形で не бу́дет という形になります。Вчера́ Макси́ма не́ было до́ма.「きのうマクシムは家にいませんでした」、За́втра Макси́ма не бу́дет до́ма.「あしたマクシムは家にいません」。

　Макси́м を Ири́на に変えて確認しておきましょう。**99** Ири́ны не́т до́ма.「イリーナは家にいません」、Вчера́ Ири́ны не́ было до́ма.「きのうイリーナは家にいませんでした」、За́втра Ири́ны не бу́дет до́ма.「あしたイリーナは家にいません」。

　否定を使った表現でも Макси́м не до́ма. はニュアンスが違います。こちらも「マクシムは家にいません」ですが、家にはいないけど、たとえば学校にいるといった状況で使うのです。つまり Макси́м не до́ма, а в шко́ле.「マクシムは家ではなく、学校にいます」といった感じです。

　否定生格は所有や所属とはまったく関係ないので、使いにくいかもしれません。しかし「～がない、いない」というのはよく使う表現なので必ず覚えてください。

例文

26-01　Это план го́рода.

26-02　Здесь центр Москвы́.

26-03　Позавчера́ был уро́к литерату́ры.

26-04　Послеза́втра бу́дет уро́к матема́тики.

26-05　Где нахо́дится Дом кни́ги?

26-06　Вы зна́ете мой но́мер телефо́на?

26-07　Я зна́ю а́дрес О́льги.

26-08　Мы живём в це́нтре Санкт-Петербу́рга.

26-09　Вчера́ Макси́ма и Ири́ны не́ было до́ма.

26-10　За́втра не бу́дет экза́мена.

和訳と解説

26-01　これは市街地図です。

26-02　ここはモスクワの中心です。

26-03　おとといは文学の授業がありました。

26-04　あさっては数学の授業があります。

26-05　「本の家」はどこですか。

26-06　私の電話番号をご存じですか。

26-07　私はオリガの住所を知っています。

26-08　私たちはサンクトペテルブルグの中心に住んでいます。

26-09　きのうマクシムとイリーナは家にいませんでした。

26-10　あしたは試験がありません。

発展 名詞の単数生格形についてもう少し

й で終わる男性名詞、я あるいは ия で終わる女性名詞、さらに e あるいは ие で終わる中性名詞の単数生格形の作り方は次の通りです。

	主格の例	生格の例	作り方
男性名詞	музе́й	музе́я	й を я に変える
女性名詞	семья́	семьи́	я を и に変える
	ста́нция	ста́нции	ия を ии に変える
中性名詞	мо́ре	мо́ря	e を я に変える
	зда́ние	зда́ния	ие を ия に変える

単数生格形の場合、я で終わる女性名詞と ия で終わる女性名詞、また e で終わる中性名詞と ие で終わる中性名詞は、単数前置格形の場合と違って語尾に区別がありません。しかし他の格では再び違ってくることもありますので、この先も常に музе́й「博物館」、семья́「家族」、ста́нция「駅」、мо́ре「海」、зда́ние「建物」この5つの名詞の格の形をチェックすることにします。

また ь で終わる名詞の単数生格は、次の通りです。

	主格の例	生格の例	作り方
男性名詞	слова́рь	словаря́	ь を я に変える
女性名詞	тетра́дь	тетра́ди	ь を и に変える

第27課
形容詞の生格

- **基　本**　形容詞の単数生格形の作り方
- **応用1**　所有代名詞の単数生格形の作り方
- **応用2**　指示代名詞の単数生格形の作り方
- **発　展**　生格と結びつく前置詞
　　　　для, около, от, после, напротив

この課で学習する主な単語　　CD 52

а́втор	著者
бра́т	兄・弟
исто́рия	歴史
карти́на	絵
мла́дший	年下の
рома́н	長編小説
сестра́	姉・妹
ста́рший	年上の
Толсто́й	トルストイ（名字）
Чайко́вский	チャイコフスキー（名字）

＊ста́рший や мла́дший を бра́т や сестра́ に結びつければ、「兄」「弟」「姉」「妹」をはっきりと表すことができますが、ロシア語ではとくにつけないのがふつうです。

基本 形容詞の単数生格形の作り方

100 Я чита́ю уче́бник ру́сского языка́.
私はロシア語の教科書を読んでいます。

101 Я чита́ю уче́бник ру́сской литерату́ры.
私はロシア文学の教科書を読んでいます。

すでに前置格を学んだときに経験したことですが、ロシア語では名詞が格変化するのと同様に、形容詞なども格変化します。しかも名詞と形容詞などでは、格を示す語尾が違っています。本当に面倒くさい。

今回は ру́сский「ロシアの」という形容詞を使って生格を勉強します。「私はロシア語の教科書を読んでいます」という文を考えましょう。「ロシア語」は主格で ру́сский язы́к でした。これを生格にします。まず язы́к は生格で языка́ となるのは規則どおりですが、アクセントが最後の а に移動するところが少しだけ例外的です。さらに形容詞も生格にすれば ру́сского языка́ となります。最後の го は「ヴァ」と発音します。この ру́сского が ру́сский の生格なのです。ということで、**100** Я чита́ю уче́бник ру́сского языка́. おお、ついに例文が100に達しました。

さて、それでは「私はロシア文学の教科書を読んでいます」はどうなるでしょうか。「ロシア文学」は ру́сская литерату́ра です。それを「ロシア文学の教科書」にするには、この ру́сская литерату́ра を生格にします。литерату́ра の生格は литерату́ры、形容詞も正しく生格にすれば уче́бник ру́сской литерату́ры ができ上がり。**101** Я чита́ю уче́бник ру́сской литерату́ры.

この変化のパターンを、第24課で学習した形容詞の前置格に揃えて

202

ста́рый でまとめると、次のようになります。

	主格の例	生格の例	作り方
男性形	ста́рый	ста́рого	ый ⇨ ого
女性形	ста́рая	ста́рой	ая ⇨ ой

中性形の ста́рое は、生格でも男性形と同じになるので、表には入れてありません。

この ста́рого も ру́сского と同じように発音に気をつけてください。最後の го では о にアクセントがありませんが、「ガ」ではなくて「ヴァ」です。まるで во と書いてあるように発音しますが、そうは書かないんですね。そういえば его「彼の」や сего́дня「きょう」など、г なのにまるで в のように発音する例は、ほかにもありました。

女性形の生格である ста́рой という形は、前置格でも同じでした。このように形容詞の女性形の格変化では、ときどき同じ形になることがあります。でもそれに続く名詞を見れば ста́рой библиоте́ки は生格、ста́рой библиоте́ке は前置格だと分かります。

ий で終わる形容詞 ма́ленький「小さい」や、ой で終わる большо́й「大きい」も、生格は ста́рый と同じ形になります。さらに名詞でも кий や ой で終わる名字は形容詞と同じ変化です。Достое́вский の生格は Достое́вского ですし、Толсто́й の生格は Толсто́го になります。

ただし、хоро́ший「よい」は少し違った変化をします。

	主格の例	生格の例	作り方
男性形	хоро́ший	хоро́шего	ий ⇨ его
女性形	хоро́шая	хоро́шей	ая ⇨ ей

ого ではなく его、また ой ではなくて ей という、なんとも微妙な差異なのですが、注意してください。

応用 ① 所有代名詞の単数生格形の作り方

102 **Э́то зо́нтик моего́ му́жа.**
これは私の夫のカサです。

103 **Э́то кольцо́ мое́й жены́.**
これは私の妻の指輪です。

所有代名詞の生格形は、形容詞の生格形とどこか似たところがあります。もちろん違いもありますが。

「私の」	主格の例	生格の例	作り方
男／中性形	мо́й/мое́	моего́	й/ё ⇨ его
女性形	моя́	мое́й	я ⇨ ей

同様に「君の」では、тво́й と твоё は твоего́ に、また твоя́ は твое́й になります。さらに свой「自分の」もまったく同じ変化タイプです。

例文を見ておきましょう。102 Э́то зо́нтик моего́ му́жа.「これは私の夫のカサです」。103 Э́то кольцо́ мое́й жены́.「これは私の妻の指輪です」。моего́ や мое́й があると、文も自然です。

「私たちの」	主格の例	生格の例	作り方
男／中性形	на́ш/на́ше	на́шего	(е)го を加える
女性形	на́ша	на́шей	а ⇨ ей

同様に「あなた（たち）の」では、ва́ш と ва́ше は ва́шего に、また ва́ша は ва́шей になります。Э́то центр на́шего го́рода.「これは私たちの町の中心です」なんて、あなたの町を訪れるロシア人に使ったら、ちょっとカッコいいですよね。

一方、его́「彼の」、её「彼女の」、их「彼らの」は常に同じ形です。

応用 2　指示代名詞の単数生格形の作り方

104 Вы́ зна́ете ма́ть э́того ма́льчика?
あなたはこの男の子の母親をご存じですか。

105 Вы́ зна́ете ма́ть э́той де́вочки?
あなたはこの女の子の母親をご存じですか。

指示代名詞の生格形にしても、その語尾はこれまでに学習した形容詞などによく似ています。

「この」	主格の例	生格の例	作り方
男／中性形	э́тот/э́то	э́того	о(т) ⇨ ого
女性形	э́та	э́той	а ⇨ ой

たとえば 104 Вы́ зна́ете ма́ть э́того ма́льчика?「あなたはこの男の子の母親をご存じですか」や、105 Вы́ зна́ете ма́ть э́той де́вочки?「あなたはこの女の子の母親をご存じですか」といった表現ができるようになります。

もう1つの否定生格

Я́ э́того не зна́л. という文は「私はそのことは知りませんでした」という意味です。この場合の э́того は、э́тот「この」ではなく э́то「これ」の生格形です。どうして生格形かといえば、目的語が否定されるときの否定生格だからです。ただし、このような否定生格は、現代ロシア語では一部の慣用的な表現を除いて使われなくなっています。

例文

27-01 Это словарь японского языка.

27-02 Вчера был урок японской литературы.

27-03 Завтра будет урок японской истории.

27-04 Кто автор этой книги?

27-05 Автор этого учебника очень известный.

27-06 Я читаю роман Толстого.

27-07 Мы слушаем музыку Чайковского.

27-08 Она рисует картину Московского университета.

27-09 Это телефон моего старшего брата.

27-10 Это машина моей младшей сестры.

和訳と解説

27-01　これは日本語の辞書です。

27-02　きのうは日本文学の授業がありました。

27-03　あしたは日本史の授業があります。
　　　＊исто́рия の単数生格形については 200 ページを参照してください。

27-04　この本の著者は誰ですか。

27-05　この教科書の著者はとても有名です。

27-06　私はトルストイの長編小説を読んでいます。

27-07　私たちはチャイコフスキーの音楽を聴いています。

27-08　彼女はモスクワ大学の絵を描いています。

27-09　これは私の兄の電話です。

27-10　これは私の妹の車です。

発展 生格と結びつく前置詞
для, около, от, после, напротив

これまでに学習した前置詞は、主に前置格と結びつくものでした。しかしロシア語の前置詞は前置格だけと結びつくのではないことは、第24課でも説明しました。ここでは生格と結びつく前置詞をいくつか紹介しましょう。

для「～のために」

Я рабо́таю для жены́ и сы́на.
「私は妻と息子のために働いています」

о́коло「～のすぐそばに」

О́коло на́шей шко́лы нахо́дится большо́й магази́н.
「私たちの学校のすぐそばに大きな店があります」

от「～から」

Э́то письмо́ от моего́ бра́та.
「これは私の兄からの手紙です」

по́сле「～のあとで」

По́сле уро́ка мы́ обе́даем.
「授業のあとで私たちは昼食をとります」

напро́тив「～の反対側に」

Напро́тив на́шего до́ма живёт дя́дя.
「私たちの家の反対側におじさんが住んでいます」

第28課
所有の表現

- 基 本　所有構文とは何か
- 応用1　所有構文の否定
- 応用2　病気の表現
- 発 展　есть を使わない場合

この課で学習する主な単語　CD 54

боле́ть	不完 痛い
вопро́с	質問
вре́мя	時間
голова́	頭
е́сть	ある、持っている
живо́т	おなか
зу́б	歯
нога́	足（複数：но́ги）
рука́	手（複数：ру́ки）
у +生	〜のところに

＊ +生 は生格と結びつくことを表します。

基本 所有構文とは何か

> ⓑ **У меня́ есть маши́на.**
> 私は車を持っています。
>
> ⓑ **У тебя́ есть маши́на.**
> 君は車を持っています。

たとえば英語だったら、「持っている」という意味を示す動詞 have は基本中の基本で、かなり早い段階で学習します。それなのにこのロシア語文法では「持っている」がまだ出てきません。辞書には「持っている」を表す動詞として име́ть が挙がっていますが、これはあまり使いません。

「私は車を持っています」は、⓫ У меня́ есть маши́на. といいます。おやおや、知っている単語は маши́на だけ。説明しましょう。

У は前置詞で「～のところに」を表します。меня́ は я が変化した形で、つまり у меня́ は「私のところに」になります。есть は動詞で「ある、いる」を意味し、現在形です。全体をまとめれば「私のところには車がある」で、これが「私は車を持っています」になるのです。

「私」以外のパターンも含めて、まとめると次のようになります。

У меня́ есть	私は持っている	У нас есть	私たちは持っている
У тебя́ есть	君は持っている	У вас есть	君たちは持っている
У него́ есть	彼は持っている	У них есть	彼らは持っている
У неё есть	彼女は持っている		

これまでの動詞の活用とはだいぶ違います。ていうか、動詞はいつも есть で同じ。たとえば「君は車を持っています」は ⓫ У тебя́ есть маши́на. となります。これが「持っている」を示す所有構文の特徴です。

せっかく慣れた я, ты, он... といったパターンと違うので、少し戸惑いますが、覚えてしまえば便利です。楽なこともあります。まず「車を」だから маши́на は маши́ну にしなければとか、そういう心配はありません。いつでも主格の маши́на です。また、複数の車を持っているときは У меня́ есть маши́ны. となり、動詞はやっぱり есть のままです。

日本語では「持っています」というと物だけにしか使えない気がしますが、есть は人のときにも使えます。У меня́ есть жена́. は「私には妻がいます」と訳すのが自然でしょう。「妻を持っている」なんて表現したら、うちのカミさんに口を利いてもらえなくなる。

このような所有を示す表現も、過去形になると１つでは済みません。「私は車を持っていました」は У меня́ была́ маши́на. ですが、「私はコンピュータを持っていました」は У меня́ был компью́тер. です。つまり持っている物が男性名詞なら был、女性名詞なら была́ を使うわけです。さらに中性名詞では бы́ло という形を使って У меня́ бы́ло кольцо́.「私は指輪を持っていました」、複数では бы́ли を使って У меня́ бы́ли де́ньги.「私はお金を持っていました」です。

未来形では物が単数のときは бу́дет、複数ならば бу́дут を使います。У меня́ бу́дет вре́мя.「私には時間があります」。За́втра у меня́ бу́дут де́ньги.「あした私にはお金があるでしょう」。本当かなあ。取らぬ狸の皮算用、なんてね。

この前置詞 у は生格と結びつきます。つまり меня́ は я の生格、тебя́ は ты の生格なのです。でも人称代名詞の格変化は、ちょっと面倒なので後回しにしましょう。у меня́, у тебя́ など、そのまま覚えてください。

前置詞 у の後は生格ということを知っていれば、表現はさらに広がります。У Макси́ма есть ша́пка.「マクシムは帽子を持っています」、У Ири́ны бы́ли часы́.「イリーナは時計を持っていました」、さらには У моего́ сы́на бу́дет экза́мен.「私の息子は試験があります」なんていうのもいえちゃいます。

応 用 １　所有構文の否定

> 🔊 108 **У меня́ не́т маши́ны.**
> 私は車を持っていません。

現代社会は物があふれています。でも、なんでもかんでも所有するわけにはいきません。手に入らないものだってありますからね。

「持っていません」を表すには、次のような構文を使います。

У меня́ не́т	私は持っていない	У на́с не́т	私たちは持っていない
У тебя́ не́т	君は持っていない	У ва́с не́т	君たちは持っていない
У него́ не́т	彼は持っていない	У ни́х не́т	彼らは持っていない
У неё не́т	彼女は持っていない		

つまり е́сть を не́т に代えるわけです。それなら簡単。

いいえ、それだけではありません。「持っていない」ということは否定です。そのときには「否定生格」を使うことになります。「私は車を持っていません」は 🔊 108 У меня́ не́т маши́ны. となり、маши́ны は複数に見えなくもありませんが、この場合は単数の生格形です。「私はコンピュータを持っていません」だったら У меня́ не́т компью́тера. です。

過去形にして「持っていませんでした」とするときには、動詞はすべて не́ было となり、бы́л や была́ といった区別はなくなります。У меня́ не́ было маши́ны.「私は車を持っていませんでした」、У меня́ не́ было компью́тера.「私はコンピュータを持っていませんでした」。アクセントが не́ было の не にあるところが、ちょっと変わっています。

未来形では動詞がすべて не бу́дет になります。У меня́ не бу́дет маши́ны.「私は車を持ちません」、У меня́ не бу́дет компью́тера.「私はコンピュータを持ちません」。そういう物を持たない人もいますよね。

応用 ❷ 病気の表現

> **109 У меня́ боли́т голова́.**
> 私は頭が痛いです。

　同じくУ меня́... を使った構文に、病気の表現があります。病気というより、正確には「痛いところ」でしょうか。

　109 У меня́ боли́т голова́.「私は頭が痛いです」では、所有の表現に比べて動詞が違います。боле́ть は「〜が痛い」という意味で、3人称単数では боли́т となります。これは голова́「頭」が単数なので、この形になのです。意味上の主語が変わっても、動詞は変わりません。У вас боли́т голова́?「あなたは頭が痛いのですか」。

　複数では боля́т を使います。でも голова́ を複数にしたら「ヤマタノオロチ」みたいですから、名詞を変えましょう。「歯」は зуб といいます。У меня́ боли́т зуб.「私は歯が痛いです（単数）」、У меня́ боля́т зу́бы.「私は歯が痛いです（複数）」。まあ、複数の歯が痛かったら、発音はかなり難しいでしょうけれど。

　前置詞 у の後に名詞や形容詞の生格を使えば、所有のときと同じように、表現がさらに広がります。У мое́й жены́ боли́т живо́т.「私の妻はお腹が痛いです」。

　関連した表現を1つ。痛いところを尋ねるときには Что у вас боли́т? といいます。日本語では「どこが痛いのですか」となりますが、ロシア語では具体的に指し示せるところでなければ、где よりも что を使って聞くことが多いです。

例 文

28-01 У меня́ е́сть вре́мя.

28-02 У ва́с е́сть вопро́сы?

28-03 У ни́х е́сть сы́н и до́чь.

28-04 У Макси́ма е́сть ша́пка.

28-05 У Ири́ны бы́ли часы́.

28-06 За́втра у моего́ сы́на бу́дет экза́мен.

28-07 У него́ о́чень боли́т голова́.

28-08 У мое́й жены́ боли́т живо́т.

28-09 Вчера́ у неё боле́л зу́б.

28-10 — Что́ у ва́с боли́т?
— У меня́ боля́т ру́ки и но́ги.

和訳と解説

28-01　私には時間があります。

28-02　あなたには質問がありますか。

28-03　彼らには息子と娘がいます。

28-04　マクシムは帽子を持っています。

28-05　イリーナは時計を持っていました。

28-06　あした私の息子には試験があります。

28-07　彼は頭がとても痛いです。

28-08　私の妻はおなかが痛いです。

28-09　きのう彼女は歯が痛みました。
　　　　＊боле́л は боле́ть の男性単数過去形で、зу́б に合わせています。

28-10　「どこが痛いのですか」「両手両足が痛いのです」

発展　есть を使わない場合

У меня́ есть ～ という構文パターンには、だいぶ慣れてきましたか。せっかく覚えたところ申し訳ないのですが、「持っている」という意味の表現でも、есть を使わない場合があります。

それは持っていることがすでに前提で話が進んでいる場合です。У меня́ ма́ленький сы́н. 「私には小さな息子がいます」というときには、話し手に息子がいることは聞き手がすでに知っているという前提で、その息子がまだ幼いというのが話のポイントです。もちろん、これができるのは現在形だけです。

そういえば昔ロシア人の友人宅へ遊びに行く前に電話したら、У меня́ вино́. 「ワインがあるよ」といわれました。飲みもの（とくにアルコール？）があるのは当たり前、ということでしょうか。

у нас や у вас と場所

у на́с や у ва́с は、とくに場所を示すときに на́ш や ва́ш などと同じ意味で使われることがあります。

у на́с в шко́ле「私たちの学校では」＝ в на́шей шко́ле

у ва́с на заво́де「あなたがたの工場では」＝ на ва́шем заво́де

у ва́с в стране́「あなたがたの国では」＝ в ва́шей стране́

у на́с в Япо́нии「私たちの日本では」＝ в на́шей Япо́нии

第29課
名詞の対格

- 基本 名詞の単数対格形の作り方
- 応用1 男性活動体名詞の単数対格形の作り方
- 応用2 複数対格形について
- 発展 名詞の単数対格形についてもう少し

この課で学習する主な単語　CD 56

вино́　ワイン

вода́　水

во́дка　ウォッカ

и́мя　名前

пи́ть　不完 飲む

свобо́дный　自由な、空いている

спра́шивать　不完 尋ねる

спроси́ть　完 尋ねる

статья́　論文、記事

фами́лия　名字

基本 名詞の単数対格形の作り方

110 **Я зна́ю Ири́ну.**
私はイリーナを知っています。

111 **Я зна́ю Ната́лию.**
私はナターリヤを知っています。

「〜を」のような目的を示す格を対格(たいかく)といいます。

「〜を」を表す表現は、すでに第10課で学習しました。そのとき注意しなければならなかったのが a で終わる名詞でした。Я чита́ю.「私は読みます」の目的になるとき、уче́бник「教科書」、письмо́「手紙」、журна́л「雑誌」はそのままでいいけれど、кни́га「本」や газе́та「新聞」のように a で終わる名詞は最後の a を y に変えなければならなかったのは、まさか忘れてはいませんよね。これは人でも同じで、たとえば 110 Я зна́ю Ири́ну. は「私はイリーナを知っています」のようになります。

復習も兼ねながら、単語を増やしましょう。動詞 пить「飲む」を使っていろいろな飲みものに挑戦です。活用は第16課を参照してください。Я пью пи́во.「私はビールを飲みます」、Ты пьёшь вино́.「君はワインを飲みます」、Он пьёт ко́фе.「彼はコーヒーを飲みます」、Мы пьём во́дку.「私たちはウォッカを飲みます」、Вы пьёте во́ду.「あなたは水を飲みます」、Что они́ пьют?「彼らは何を飲むのですか」。ああ、いろいろ飲めて幸せな気分。しかも注意するのは во́дка と вода́ だけ。

しかし油断は禁物。対格で語尾が変わるものが、実はもう1つあります。それは я で終わる女性名詞です。

「私は歴史を勉強しています」という文で考えてみます。「歴史」は исто́рия でした。「勉強する」の изуча́ть は大丈夫ですよね。答えは

Я изуча́ю исто́рию. で、я で終わる語は я を ю に変えて対格を作っています。

練習してみましょう。「私は論文を読んでいます」はどうなりますか。「論文」は статья́ です。答えは Я чита́ю статью́. 簡単ですね。

人名や地名だって、同じように変化します。「私はナターリヤを知っています」はどうなるでしょう。答えは ⑪ Я зна́ю Ната́лию. なんと、ナターリヤは「ナターリユ」になってしまいます。では「私はロシアをよく知っています」はどうでしょうか。Я хорошо́ зна́ю Росси́ю. こんなことがいえるように、言語以外もたくさん勉強してください。

とにかく、я で終わる名詞に出合ったら、а で終わる名詞と同じように注意を払うようにしましょう。

а や я で終わるのは女性名詞が多いですが、そうとも限りません。たとえば де́душка「おじいさん」のように、意味から考えて男性名詞であっても、対格では а は у に変えます。Я зна́ю де́душку.「私はおじいさんを知っています」。

ただし вре́мя「時間」は違います。я で終わる名詞の中でも、мя で終わるものは特別で、中性名詞として扱います。だから形容詞と結びつくときには свобо́дное вре́мя「自由な／空いている時間」のようになるのであって、свобо́дная という女性形と結びつくことはありません。

мя で終わる中性名詞は全部で10しかありません。その中には те́мя「頭頂部」や стре́мя「あぶみ」といっためったに使わないマニアックな語も含まれています。よく使うのは вре́мя の他にあと1つだけ、и́мя「名前」です。これは覚えておいてください。いずれにせよ中性名詞なのですから、я を ю に変えたりせず、そのままでいいのです。Вы зна́ете моё и́мя?「あなたは私の名前をご存じですか」

格変化は面倒なようですが、これさえしっかりしていれば、語順を変えることだってできます。Ири́на зна́ет Ната́лию. でも、Ната́лию зна́ет Ири́на. でも、その形からナターリヤが目的語であることが分かります。

応用 1　男性活動体名詞の単数対格形の作り方

> 112 **Я зна́ю Макси́ма.**
> 私はマクシムを知っています。

名詞の対格では気をつけることがもう1つあります。

たとえば「私はマクシムを知っています」というのは、112 Я зна́ю Макси́ма. となります。あれ、Макси́м は男性名詞だから主格と対格が同じ形のはずなのに、これってどうなってんの？

実は男性名詞の中でも、生物（主に人間）を表すものは、対格では主格と同じにはならず、生格と同じになるのです。そういえば Макси́ма というのは、生格を学習したときに見た形ですよね。

人名を表す語は、主語にも目的語にもなりえます。「ピョートルはマクシムを知っている」というとき、もし主格と対格が同じ形だったら、Пётр と Макси́м のどっちが主語でどっちが目的語だか、わからなくなってしまいます。それが主格と違う形を用いることによって、Пётр зна́ет Макси́ма. でも、Макси́ма зна́ет Пётр. でも、どんな語順だって主語はピョートルで、目的語がマクシムであることがはっきりします。

人名に限りません。「息子」сын の対格は сы́на ですし、「夫」муж の対格は му́жа であって、やっぱり生格と同じ形です。このような人間などの生物を指すものを活動体といいます。それに対して生物でないものは不活動体といいます。

注意してほしいのが оте́ц です。活動体ですから、対格は生格と同じ形になるのですが、その形は対格でも生格でも отца́ となり、оте́ц の е が消え、さらにアクセントが最後に移動します。また Пётр の場合は、対格も生格も Петра́ となります。Макси́м зна́ет Петра́.「マクシムはピョートルを知っている」。

応用 ❷ 複数対格形について

113 Они́ чита́ют статьи́.
彼らは論文を読んでいます。

　ここまでいろいろな格について勉強してきましたが、実は一部を除いて単数形だけで話を進めています。前置格や生格にも複数の形があるのですが、それはもう少し後で学習する予定です。

　ただし複数の主格だけは、すでに第18課で紹介しました。でも、本当のことをいえば、主格だけではなくて対格についてもさりげなく例を挙げていたのです。Ма́льчики и де́вочки чита́ют уче́бники.「男の子たちや女の子たちが教科書を読んでいます」や Я пишу́ слова́.「私は単語を書いています」では、уче́бники や слова́ は目的語ですから、実は対格です。だから本当は別に説明しなければいけないのですが、形が同じなのでちょっと使ってみました。

　実際、名詞の複数形では主格と対格がほとんど同じで、а や я で終わる名詞も、複数になれば主格＝対格なのです。だから **113 Они́ чита́ют статьи́.**「彼らは論文（複数）を読んでいます」になります。

　違ってくるのは活動体のときです。たとえば студе́нт「大学生（男性）」の複数形は студе́нты だと説明しましたが、これが使えるのは主格だけで、対格はまた違う形があります。

　単数のとき、活動体が問題となるのは男性名詞だけでしたが、複数では女性名詞もその対象となります。студе́нтка「大学生（女性）」の複数形が студе́нтки となるのは、やっぱり主格だけです。だったら、複数対格形はどういう形になるのか。それは複数生格形と同じになるんです。

　では、その複数生格形はどうやって作るのか？
　それはもう少し先で学習しましょう。一度には覚えきれませんからね。

例 文

29-01 Я́ зна́ю Петра́.

29-02 Вы́ зна́ете мо́й а́дрес и но́мер телефо́на?

29-03 О́н зна́ет а́втора э́той карти́ны.

29-04 Мы́ хоти́м пи́ть во́ду.

29-05 Она́ не пьёт во́дку, а пьёт вино́.

29-06 Ну́жно чита́ть статью́.

29-07 Студе́нты изуча́ют исто́рию.

29-08 Я́ спроси́л Ната́лию о пого́де.

29-09 Она́ спра́шивает моё и́мя и фами́лию.

29-10 У ва́с е́сть свобо́дное вре́мя?

和訳と解説

29-01 私はピョートルを知っています。
　　　＊Пётр の対格は Петра́ となり、ё が е に変わります。

29-02 あなたは私の住所と電話番号を知っていますか。

29-03 彼はこの絵の作者を知っています。

29-04 私たちは水を飲みたい。

29-05 彼女はウォッカは飲みませんが、ワインは飲みます。
　　　＊не 〜, а... は「〜ではなくて、…だ」を表します。

29-06 論文を読まなければなりません。

29-07 学生たちは歴史を勉強しています。

29-08 私はナターリヤに天気について尋ねました。

29-09 彼女は私の名前と名字を尋ねています。
　　　＊и́мя が中性名詞であることを確認してください。また、この моё は対格形ですが主格形と同じ形です。詳しくは次の課で学習します。

29-10 あなたは空いている時間がありますか。
　　　＊вре́мя が中性名詞であることを確認してください。

発展 名詞の単数対格形についてもう少し

名詞の単数対格形について、これまで紹介した以外のものを見ておきましょう。（不活）は不活動体、（活）は活動体です。

	主格の例	対格の例	作り方
男性名詞（不活）	музе́й	музе́й	同じ
（活）	геро́й	геро́я	й を я に変える
女性名詞	семья́	семью́	я を ю に変える
	ста́нция	ста́нцию	ия を ию に変える
中性名詞	мо́ре	мо́ре	同じ
	зда́ние	зда́ние	同じ

単数対格形では不活動体か活動体の区別が大切でしたので、геро́й を挙げておきます。「英雄／ヒーロー」という意味です。й で終わる男性名詞の単数生格形と同じになることを確認してください。

また ь で終わる名詞の対格は、次の通りです。

	主格の例	対格の例	作り方
男性名詞（不活）	слова́рь	слова́рь	同じ
（活）	учи́тель	учи́теля	ь を я に変える
女性名詞	тетра́дь	тетра́дь	同じ

ここでも活動体の男性名詞の例として учи́тель「教師」を挙げておきます。

мать「母」と дочь「娘」については、対格もそれぞれ мать と дочь で、主格と同じ形です。

第30課
形容詞の対格

- 基　本　形容詞の単数対格形の作り方
- 応用1　所有代名詞の単数対格形の作り方
- 応用2　指示代名詞の単数対格形の作り方
- 発　展　対格と結びつく前置詞 за

この課で学習する主な単語　CD 58

англи́йский	イギリスの
ви́деть 不完	見かける、会う
же́нщина	女性
купи́ть 完	買う
мужчи́на	男性（жч は [щ] のように発音します）
неме́цкий	ドイツの
покупа́ть 不完	買う
рабо́та	仕事、仕事場
семья́	家族
францу́зский	フランスの（з は発音しません）

基本 形容詞の単数対格形の作り方

114 Я зна́ю но́вую студе́нтку.
私は新入生を知っています。

115 Я зна́ю но́вого студе́нта.
私は新入生を知っています。

今度は形容詞の対格です。名詞の対格で主格とは違った形になるものには、а や я で終わる女性名詞と、活動体の男性名詞がありました。形容詞ではこれらに関わるものだけが変化をします。

表で確認しましょう。

	主格の例	対格の例	作り方
男性形	ста́рый	ста́рый (不活)	同じ
		ста́рого (活)	ый ⇨ ого
中性形	ста́рое	ста́рое	同じ
女性形	ста́рая	ста́рую	ая ⇨ ую

表は他と合わせて ста́рый で示しましたが、例では но́вый を使っていきます。たとえば「私は新入生を知っています」という文で、新入生が女性ならば、**114** Я зна́ю но́вую студе́нтку. となります。対格で形を変えるのは студе́нтку だけでなく、но́вая も но́вую です。ちなみに語尾だけに注目すれば、名詞では а が у となり я が ю になるところが、形容詞では ая が ую になるわけで、これは理にかなっていますね。

活動体の男性名詞も確認しておきましょう。先ほどの「私は新入生を知っています」という文で、こんどは新入生が男性ならば、**115** Я зна́ю но́вого студе́нта. となります。но́вый студе́нт が но́вого студе́нта となり、生格とまったく同じ形ですが、意味から考えても対格なんです。

ここでちょっと難しい問題。「年老いたおじいさん」ста́рый де́душка を対格にして、「私は年老いたおじいさんを知っています」とするときにはどうしたらいいのでしょうか。

まず де́душка の対格です。意味から考えれば活動体の男性名詞ですから、生格と同じ形になりそうですが、それは子音で終わる名詞の場合だけ。де́душка は a で終わっていますから a を y に変えて де́душку とします。

では ста́рый のほうはどうでしょうか。これは活動体の男性名詞と結びついていると考えます。ということは対格が ста́рого となり、まとめると Я зна́ю ста́рого де́душку. が正解なのです。考え方としては ста́рый と де́душка のそれぞれを変えるという発想になります。これはちょっと難しい。

このように気をつけなければいけないこともありますが、基本的には対格の形は楽な方です。変化させなくていいものだって、少なくありません。Я чита́ю ста́рый журна́л.「私は古い雑誌を読んでいます」や Я чита́ю ста́рое письмо́.「私は古い手紙を読んでいます」では、名詞だけでなく形容詞だって対格で変化させなくていいからです。

また第29課の「応用2」でも紹介しましたが、複数のときに主格と対格で形が違う名詞は、活動体の男性名詞と女性名詞に限られていました。形容詞も同様で、活動体の男性名詞や女性名詞に結びつくのでなければ、主格と同じ形になります。先ほどの例を複数にすると、Я чита́ю ста́рые журна́лы.「私は古い雑誌（複数）を読んでいます」や Я чита́ю ста́рые пи́сьма.「私は古い手紙（複数）を読んでいます」となるわけです。

ということで、この先は主格と同じ形のものに限り、形容詞のついた複数対格形も例文に使わせてください。これが使えれば、表現が広がるからです。

だって、文法事項に制限がある中で例文を作るのって、タイヘンなんですよ…。

応用 ❶ 所有代名詞の単数対格形の作り方

116 Вы́ зна́ете мою́ жену́?
あなたは私の妻をご存じですか。

117 Вы́ зна́ете моего́ му́жа?
あなたは私の夫をご存じですか。

所有代名詞の対格も、考え方は形容詞と同じです。結びつく名詞が女性名詞のときと、男性名詞の活動体のときに注意すればいいのです。

「私の」	主格の例	対格の例	作り方
男性形	мо́й	мо́й (不活)	同じ
		моего́ (活)	й ⇨ его
中性形	моё	моё	同じ
女性形	моя́	мою́	я ⇨ ю

したがって「あなたは私の妻をご存じですか」は **116 Вы́ зна́ете мою́ жену́?** で、「あなたは私の夫をご存じですか」は **117 Вы́ зна́ете моего́ му́жа?** です。同様に「君の」では тво́й が活動体と結びつく場合は твоего́ に、また твоя́ は твою́ になります。сво́й「自分の」も同じです。

「私たちの」	主格の例	対格の例	作り方
男性形	на́ш	на́ш (不活)	同じ
		на́шего (活)	его を加える
中性形	на́ше	на́ше	同じ
女性形	на́ша	на́шу	а ⇨ у

こちらも同様に「あなた（たち）の」では、ва́ш が活動体と結びつく場合は ва́шего に、また ва́ша は ва́шу になります。

一方、его́「彼の」、её「彼女の」、и́х「彼らの」は常に同じ形です。

応用 ❷　指示代名詞の単数対格形の作り方

> ⑱ **Мы́ зна́ем э́ту де́вочку.**
> 　私たちはこの女の子を知っています。
>
> ⑲ **Мы́ зна́ем э́того ма́льчика.**
> 　私たちはこの男の子を知っています。

もうすっかり慣れたでしょう。変化形ってワンパターンです。でも、ワンパターンだから覚えきれるんですよね。

「この」	主格の例	対格の例	作り方
男性形	э́тот	э́тот（不活）	同じ
		э́того（活）	т ⇨ ого
中性形	э́то	э́то	同じ
女性形	э́та	э́ту	а ⇨ у

文で確かめておきましょう。⑱ Мы́ зна́ем э́ту де́вочку.「私たちはこの女の子を知っています」。⑲ Мы́ зна́ем э́того ма́льчика.「私たちはこの男の子を知っています」。

これを応用すれば Я́ хорошо́ зна́ю э́ту краси́вую же́нщину.「私はこのきれいな女性をよく知っています」なんて文だって、すでに作れるわけです。ずいぶんいろんなことが表現できるようになりましたよね。

また疑問の指示代名詞は чей が活動体と結びつくときには чьего́ に、また чья は чью になります。Чью́ кни́гу вы́ чита́ете?「誰の本を読んでいるのですか」というように、所有者を尋ねることができるわけです。

例　文

30-01　Я изуча́ю англи́йскую литерату́ру.

30-02　Э́тот мужчи́на пьёт неме́цкое пи́во.

30-03　Ири́на чита́ет интере́сный рома́н.

30-04　Мы́ слу́шаем краси́вую му́зыку.

30-05　Я́ о́чень люблю́ свою́ семью́.

30-06　Она́ хорошо́ зна́ет моего́ мла́дшего бра́та.

30-07　Вчера́ я ви́дел э́ту же́нщину в го́роде.

30-08　На рабо́те она́ ви́дела молодо́го инжене́ра.

30-09　Я́ ча́сто покупа́ю ста́рые ко́льца в э́том магази́не.

30-10　Вчера́ она́ купи́ла но́вую францу́зскую маши́ну.

和訳と解説

30-01 私はイギリス文学を勉強しています。

30-02 この男性はドイツビールを飲んでいます。

30-03 イリーナは面白い長編小説を読んでいます。

30-04 私たちは美しい音楽を聴いています。

30-05 私は自分の家族が大好きです。

30-06 彼女は私の弟をよく知っています。

30-07 きのう私は町でこの女性を見かけました／この女性に会いました。　＊видеть には「見かける」と「会う」の両方の意味があります。

30-08 仕事場で彼女は若い技師を見かけました／に会いました。

30-09 私はこの店でよく古い指輪を買います。

30-10 きのう彼女は新しいフランス車を買いました。

発展　対格と結びつく前置詞 за

　対格は作り方がそれほど難しくないので、使いやすいです。さらに前置詞の知識があれば、表現はどんどん広がっていきます。

　やさしくて、しかも広く使えるのが前置詞 за です。これは「〜に対して」という意味で、「対して」だから「対格」ということで覚えやすい。

　なによりも感謝の気持ちを表す Спаси́бо.「ありがとう」の後で、具体的な内容を示せるのです。

　Спаси́бо за письмо́.「手紙をありがとう」、Спаси́бо за кни́гу.「本をありがとう」などは簡単ですね。抽象的なものでも構いません。Спаси́бо за по́мощь. の по́мощь は「援助」という意味ですが、「助けてくれてありがとう」としたほうが日本語として落ち着きます。他にも Спаси́бо за внима́ние. の внима́ние は「注意」なので「ご静聴ありがとうございます」といった感じ。幅広く使えるのが Спаси́бо за всё. で всё は「すべて」という意味なので、「いろいろありがとう」になります。

　感謝だけではありません。謝るときに使う Извини́те.「ごめんなさい」の後にこの за がいえれば表現が広がります。Извини́те за опозда́ние. の опозда́ние は「遅刻」です。「遅刻してすみません」なんて、使える表現ですよね。いや、あんまり使ってもらっちゃ困るか。

　за を使った慣用表現を１つ紹介しましょう。За здоро́вье! といいます。здоро́вье は「健康」で、「健康に対して」つまり「健康のために」、すなわち「乾杯！」という意味なのです。

　第30課までたどり着きました。この辺りで祝杯を上げましょうか。

例外的な語尾をもつ名詞の単数前置格形

単数前置格形の中には、場所を示す前置詞 в または на と結びつくとき、у または ю という語尾をもつ特殊な変化をするものがあります。そのとき、アクセントは語尾に移ります。

◇語尾が у になる主な名詞は次のとおりです。
бе́рег「岸」 ➡ на берегу́、бо́рт「船上」 ➡ на борту́、год「年」 ➡ в году́、ле́с「森」 ➡ в лесу́、лу́г「草原」 ➡ на лугу́、о́тпуск「休暇」 ➡ в отпуску́、по́л「床」 ➡ на полу́、по́рт「港」 ➡ в порту́、по́ст「部署」 ➡ на посту́、пру́д「池」 ➡ на пруду́、са́д「庭」 ➡ в саду́、ты́л「背後」 ➡ в тылу́、ча́с「時」 ➡ в часу́

◇地名にもあります。
До́н「ドン」 ➡ на Дону́、Кры́м「クリミア」 ➡ в Крыму́

◇中には母音が消えるものもあります。
ро́т「口」 ➡ во рту́、лёд「氷」 ➡ на льду́、у́гол「隅、角」 ➡ в углу́, на углу́

◇й で終わる男性名詞では、ю という語尾になります。
бо́й「闘い」 ➡ в бою́、кра́й「端」 ➡ на краю́

◇場所を示すときでなければ、е という語尾になります。
о ле́се「森について」、о са́де「庭について」

男性名詞の第2生格形

　男性名詞の不活動体単数生格形には、у あるいは ю という語尾をもつ、特殊な変化をするものがあります。主に物質を表す名詞が、分量などを表すときに使います。

　са́хар「砂糖」➡ кусо́к са́хару「角砂糖1つ」
　ча́й「茶」➡ стака́н ча́ю「茶1杯」

◇同じ語尾をもつ名詞には、以下のようなものがあります。
пе́рец「コショウ」、ри́с「米」、сне́г「雪」、сы́р「チーズ」

◇母音が消えるものもあります。
песо́к「砂」➡ го́рсть песку́「一握りの砂」

◇次のような慣用表現もあります。
вы́йти и́з дому「自宅を出る」

◇ただし、いつでもこの語尾を使うわけではありません。
цена́ са́хара「砂糖の値段」、за́пах ча́я「茶の香り」

第31課
移動の動詞

- 基　本　「行く」が1つではない
- 応用1　行先の表現
- 応用2　行先の副詞と場所の副詞
- 発　展　移動の動詞の過去形

この課で学習する主な単語　CD 60

в　[+対] ～へ

домо́й　家へ

е́здить　[不完] 行く（乗り物で通う）

е́хать　[不完] 行く（乗り物で向かう）

идти́　[不完] 行く（歩いて向かう）

куда́　どこへ

на　[+対] ～へ

сюда́　ここへ

туда́　そこへ

ходи́ть　[不完] 行く（歩いて通う）

＊[+対] は対格と結びつくことを表します。
＊前置詞 в と на が再び登場しますが、結びつく格が違います。

235

基本 「行く」が1つではない

120
― Вы́ идёте? あなたは行きますか。
― Да́, я́ иду́. はい、私は行きます。

面倒ですが、ロシア語では「行く」を表す動詞がいくつもあります。

まず идти́。この動詞は不定形なのに ть じゃなくて ти で終わっているところからして、一筋縄ではいかないクセモノです。変化形は次のようになります。

я́ иду́	мы́ идём
ты́ идёшь	вы́ идёте
о́н идёт	они́ иду́т

これは「今どこかへ向かっている最中だ」という意味で使うときの「行く」です。進むのは一定方向となります。

ということは、そうではない「行く」がありそうですね。そうなんです。ходи́ть も「行く」を表します。

я́ хожу́	мы́ хо́дим
ты́ хо́дишь	вы́ хо́дите
о́н хо́дит	они́ хо́дят

これは「～へ通っている」という意味の「行く」です。あるいは「歩きまわっている」というときにも使えます。つまり、方向が定まっていなかったり、くり返し向かったり、行ったり来たりするときの「行く」なのです。

でも、まだ終わりではありません。е́хать という動詞も「行く」です。

я éду	мы́ éдем
ты́ éдешь	вы́ éдете
он éдет	они́ éдут

　この éхать は「今どこかへ向かっている」という意味です。それだったら идти́ と同じですが、決定的な違いがあります。それは éхать が「乗り物で向かう」という意味だからです。ということで、ロシア語では歩いて行くか、それとも乗り物を使って行くかで違う動詞を使います。
　ということは、「乗り物を使って通っている」というのもありそうですね。そのとおり、それが éздить です。

я éзжу	мы́ éздим
ты́ éздишь	вы́ éздите
он éздит	они́ éздят

　全体について、不定形をもとに分類すると、次のようになります。

「行く」	向かう	通う
歩いて	идти́	ходи́ть
乗り物で	éхать	éздить

　「向かう」を表す動詞を「定動詞」、また「通う」を表す動詞を「不定動詞」といいます。方向が一定なのか、それとも不定なのかの違いに注目して、こういう名称になっているのでしょうね。この定動詞と不定動詞をまとめて「移動の動詞」といいます。
　例文を確認しましょう。120 ― Вы́ идёте?「あなたは行きますか」
　― Да, я иду́.「はい、私は行きます」。これは「歩いて向かっている」ことが確認できましたか。
　それにしても、この例文、なんだかとっても落ち着かない…。

応用 1　行先の表現

[121] **Я иду́ в шко́лу.**
私は学校へ向かっています。

[122] **Я хожу́ в шко́лу.**
私は学校へ通っています。

「行く」が話題だったら、いま向かっていようが、通っていようが、とにかく行先を表現したいですよね。「私は学校へ向かっている」というのは、[121] Я иду́ в шко́лу. となります。どれもすでに出てきた単語ばかりです。

注意してほしいのが в шко́лу です。第23課で前置格を学習したとき、в は前置格と結びつくと紹介しました。でも шко́лу という形は、どう見ても対格です。

実はロシア語の前置詞の中には、いくつかの格と結びつくものがあります。この в がまさにそれで、前置格と結びつくこともあれば、対格と結びつくこともあるのです。ただし意味が違います。前置格と結びつくと「～で」という場所を示すのに対して、対格と結びつくときには「～へ」という行先を示すのです。

これは「通っている」というときも同じです。[122] Я хожу́ в шко́лу.「私は学校へ通っています」でもやっぱり対格と結びついています。

場所を示す前置詞は в のほかに на もありました。これは行先の場合も同じです。「私は郵便局へ向かっています」は Я иду́ на по́чту. です。в と結びつくか、それとも на と結びつくかは、場所のときと同じになります。

このように、ロシア語では行先と場所をしっかり区別するのです。

応用 ❷　行先の副詞と場所の副詞

> ⑫ **Куда́ вы́ идёте?**
> あなたはどこへ行くのですか。

　行先と場所の区別は副詞でも必要です。

　「どこ」という意味の где はすでにご存じですね。Где́ вы́ рабо́таете?「あなたはどこで働いていますか」などという表現はすでにいえるはずです。でもこの場合の где は、正確には「どこで」という場所を尋ねることしかできません。

　一方、「あなたはどこへ向かっているところなんですか？」というときには ⑫ Куда́ вы́ идёте? といいます。куда́ は「どこへ」という行先を尋ねるときに使います。

　このような区別は「どこ」だけではありません。「ここ」や「そこ」にも同じような区別があります。

	行先 (〜へ)	場所 (〜で)
どこ	куда́	где́
ここ	сюда́	зде́сь
そこ	туда́	та́м
家・自宅	домо́й	до́ма

　面白いのは「家・自宅」ですね。「私は家で働いています」というときは Я́ рабо́таю до́ма. となりますが、「私は家に向かっているところです」つまり「私は家に帰るところです」の場合は Я́ иду́ домо́й. のように домо́й を使います。やはり、自分の家は特別なんですね。

例 文

31-01　Я́ иду́ в теа́тр.

31-02　Я́ хожу́ на заво́д.

31-03　Я́ е́ду в библиоте́ку.

31-04　Я́ е́зжу на рабо́ту.

31-05　Куда́ вы́ идёте? — Мы́ идём в кинотеа́тр.

31-06　Сюда́ идёт молодо́й мужчи́на.

31-07　Маши́ны е́дут туда́.

31-08　Ты́ идёшь домо́й?

31-09　Ка́ждый де́нь де́душка хо́дит в больни́цу.

31-10　Сего́дня идёт до́ждь.

和訳と解説

31-01 私は劇場へ向かっています。

31-02 私は工場へ通っています。

31-03 私は図書館へ向かっています。

31-04 私は仕事場へ通っています。

31-05 「どこへ行くのですか」「映画館へ行くところです」

31-06 こちらへ向かって若い男性が歩いてきます。

31-07 車がそこへ向かって行きます。

31-08 君は家に帰るの？
＊「家に行くの？」という意味ですが、このようにも訳せます。

31-09 毎日おじいさんは病院へ通っています。

31-10 きょうは雨が降っています。
＊идти は雨や雪が「降っている」という意味で天候の表現でも使います。

241

発展　移動の動詞の過去形

移動の動詞の過去形は以下のとおりです。

「行った」	идти́	ходи́ть	е́хать	е́здить
о́н	шёл	ходи́л	е́хал	е́здил
она́	шла́	ходи́ла	е́хала	е́здила
они́	шли́	ходи́ли	е́хали	е́здили

　その使い方には注意が必要です。идти́ や е́хать は向かっている最中でしたから、過去形で Óн шёл/е́хал в шко́лу. というのは「（そのとき）彼は学校に向かっているところだった」という過程を描写することになります。

　しかし、そういう表現は実際にはあまり使わないのではないでしょうか。多くの場合「行きました」というのは「行って、それから帰ってきました」という意味で使うはず。そういうときには Óн ходи́л/е́здил в шко́лу. となります。これだと「行って、帰ってくる」という意味になります。

　これとほとんど同じ内容が бы́ть の過去形を使って表せます。Óн бы́л в шко́ле. は「彼は学校にいました」ですが、「いた」ということは「行ってきた」わけなので、内容はほとんど同じです。こちらを使った方が、徒歩かそれとも乗り物かという選択がないので、簡単かもしれません。

　疑問文でも同じです。「どこへ行ったのですか」は Куда́ вы́ ходи́ли/е́здили? あるいは Где́ вы́ бы́ли? のように表します。

第32課
名詞の与格

- **基　本**　名詞の単数与格形の作り方
- **応用 1**　помогáть / помóчь と与格
- **応用 2**　мóжно などと与格
- **発　展**　名詞の単数与格形についてもう少し

この課で学習する主な単語　CD 62

давáть　[不完] 与える

дáть　[完] 与える

звонúть　[不完] 電話する

кóшка　ネコ

мя́со　肉

позвонúть　[完] 電話する

помогáть　[不完] 助ける

помóчь　[完] 助ける

ры́ба　魚

собáка　イヌ

基本 名詞の単数与格形の作り方

> 124 **Я́ звоню́ Макси́му.**
> 私はマクシムに電話しています。
>
> 125 **Я́ звоню́Ири́не.**
> 私はイリーナに電話しています。

この課で学習するのは与格です。与格は「〜に」という間接目的を示します。

不完了体動詞 звони́ть「電話する」を使って、その形を見ていましょう。「私はマクシムに電話しています」は 124 Я́ звоню́ Макси́му. となります。ポイントは Макси́му です。こんな形、見たことありません。子音で終わる男性名詞には、y をつけて与格を作ります。

注意してほしいのは、この y という語尾が、たとえば кни́гу の y とは違うことです。кни́га の a を y に変えて кни́гу となれば、「本を」という意味の対格でした。しかし Макси́м の y は与格を表しています。同じ y でも、どの語につくかで示す格も違うのです。日本語では「に」や「を」はどんな名詞とも結びついて意味も同じですが、ロシア語ではそうはいきません。

しかし子音で終わる男性名詞なら、y はいつでも与格です。Я́ звоню́ сы́ну.「私は息子に電話しています」の сы́ну も、やっぱり与格になっています。

では a で終わる女性名詞はどうでしょうか。y は対格語尾ですから、同じ語尾を使ったら意味が違ってしまいます。

「私はイリーナに電話しています」ならばこうなります。125 Я́ звоню́ Ири́не. この Ири́не が与格です。作り方は Ири́на から a を取り去って e をつけています。

おや、この作り方は前置格と同じですね。

そうなんです。女性名詞の場合、与格は前置格と同じ形になってしまいます。でも、前置格は前置詞と常にいっしょですから、Ири́не のような形がそのままであるはずがありません。

もう少し練習しましょう。不完了体動詞の дава́ть「あげる・与える」を使って、ペットにエサをあげましょう。その前に動詞の活用です。

я́ даю́	мы́ даём
ты́ даёшь	вы́ даёте
о́н даёт	они́ даю́т

「私はネコにミルクをあげます」というのはどうなるでしょうか。「ネコ」は ко́шка で、「ミルク」は молоко́ です。与格にするのはどちらか分かりますね。Я́ даю́ ко́шке молоко́. ко́шка は与格で ко́шке となり、молоко́ は対格で同じ形です。「イヌ」соба́ка に「肉」мя́со ではどうですか。Я́ даю́ соба́ке мя́со. ですね。

しかしワンちゃんに不完了体動詞でくり返しお肉をあげるのは、お値段も張りますし、コレステロールも高いかな。そこで完了体動詞 да́ть にして、あすは特別にお肉をあげることにしましょう。その前に、да́ть の活用はこちら。

я́ да́м	мы́ дади́м
ты́ да́шь	вы́ дади́те
о́н да́ст	они́ даду́т

完了体動詞が現在みたいな活用をすると、意味は未来になるのでした。そこで「あす私はイヌに肉をあげます」は За́втра я́ да́м соба́ке мя́со. となります。

このように、動詞によっては与格が対格といっしょに使われることもあります。

応用 1　помогать / помочь と与格

> **126** Я помога́ю Макси́му.
> 私はマクシムを助けています。
>
> **127** Я помога́юИри́не.
> 私はイリーナを助けています。

звони́ть にせよ дава́ть にせよ、日本語でも「～に電話する」「～に与える」なので、与格＝「～に」というように捉えれば分かりやすいでしょう。しかし、それでいつでもうまくいくとは限りません。

помога́ть は「助ける」という意味の不完了体動詞です。日本語から考えますと「～を助ける」なのですが、この動詞は助ける相手を与格で表します。**126** Я помога́ю Макси́му.「私はマクシムを助けています」、**127** Я помога́юИри́не.「私はイリーナを助けています」。助ける内容は в + 前置格や不定形で表せます。Я помога́ю Макси́му в рабо́те.「私はマクシムの仕事を助けています」、Я помога́ю Ири́не изуча́ть япо́нский язы́к.「私はイリーナが日本語を勉強するのを助けています」。

どうして与格なのか、それを追求してもあまり意味があるとは思えません。そもそも、ロシア語の格に日本語のテニヲハが完全に当てはまることはないのです。テニヲハは目安くらいに考えてください。

ちなみに「助ける」を表す完了体動詞 помо́чь は第20課で紹介した мочь「できる」に по を加えた活用になります。

я помогу́	мы помо́жем
ты помо́жешь	вы помо́жете
он помо́жет	они́ помо́гут

完了体動詞がこのように活用するとき、その表す意味は未来です。За́втра я помогу́ Макси́му.「あした私はマクシムを手伝います」。

応用 2　　можно などと与格

> **128　Макси́му ну́жно отдыха́ть.**
> マクシムは休まなければなりません。
>
> **129　Ири́не нельзя́ рабо́тать.**
> イリーナは働いてはいけません。

　第15課で不定形と結びつく мо́жно「〜してよい」、нельзя́「〜してはいけない」、ну́жно「〜しなければならない」の使い方を学習しました。このあとには、不定形を続けていろいろな表現ができます。

　мо́жно、нельзя́、ну́жно を使った文では、その意味上の主体が与格で表されます。

　たとえば「マクシムは休まなければなりません」ならば、**128** Макси́му ну́жно отдыха́ть. のように Макси́м は与格になります。これは на́до でも同じです。

　「イリーナは働いてはいけません」は **129** Ири́не нельзя́ рабо́тать. ですね。

　さらに「おばあさんはタバコを吸っていいのですか」でしたら Ба́бушке мо́жно кури́ть? です。

　でもこういうときには「私には」や「あなたには」といった表現がしたいですよね。そのためには人称代名詞の与格の形を覚えなければなりません。それについては第36課で勉強することにしましょう。

例 文

32-01 Я́ ка́ждый де́нь даю́ ко́шке ры́бу.

32-02 Ма́ть дала́ соба́ке мя́со.

32-03 О́н ча́сто звони́т жене́.

32-04 Вчера́ она́ позвони́ла му́жу.

32-05 Ири́на помога́ет отцу́ в рабо́те.

32-06 За́втра я́ помогу́ О́льге изуча́ть неме́цкий язы́к.

32-07 Она́ пи́шет сы́ну письмо́.

32-08 Ната́лия купи́ла ба́бушке я́йца.

32-09 Петру́ ну́жно отдыха́ть.

32-10 Де́душке нельзя́ кури́ть.

和訳と解説

32-01　私は毎日ネコに魚をあげます。

32-02　母はイヌに肉をあげました。

32-03　彼は妻によく電話します。

32-04　きのう彼女は夫に電話しました。

32-05　イリーナは父の仕事を手伝っています。
　　　　＊отéц の与格は отцý となり、e が消えます。

32-06　あした私はオリガがドイツ語を勉強するのを手伝います。

32-07　彼女は息子に手紙を書いています。

32-08　ナターリヤはおばあさんに卵を買ってあげました。

32-09　ピョートルは休まなければなりません。
　　　　＊Пётр の与格は Петрý となり、ё が e に変わります。

32-10　おじいさんはタバコを吸ってはいけません。

発展 名詞の単数与格形についてもう少し

й で終わる男性名詞、я あるいは ия で終わる女性名詞、さらに e あるいは ие で終わる中性名詞の単数与格形の作り方は次の通りです。

	主格の例	与格の例	作り方
男性名詞	музе́й	музе́ю	й を ю に変える
女性名詞	семья́	семье́	я を e に変える
	ста́нция	ста́нции	ия を ии に変える
中性名詞	мо́ре	мо́рю	e を ю に変える
	зда́ние	зда́нию	ие を ию に変える

単数与格形では、あらゆる形が主格とは違います。ия で終わる女性名詞は、与格形と生格形が同じ ии になることに注意してください。

また ь で終わる名詞の与格は、次の通りです。

	主格の例	与格の例	作り方
男性名詞	слова́рь	словарю́	ь を ю に変える
女性名詞	тетра́дь	тетра́ди	ь を и に変える

女性名詞はすべて単数前置格形と同じになります。

第33課
形容詞の与格

- **基 本** 形容詞の単数与格形の作り方
- **応用1** 所有代名詞の単数与格形の作り方
- **応用2** 指示代名詞の単数与格形の作り方
- **発 展** 与格と結びつく前置詞 к と по

この課で学習する主な単語　CD●64

актри́са	女優
дари́ть	不完 贈る
друг	友だち（男）
подари́ть	完 贈る
подру́га	友だち（女）
рассказа́ть	完 語る
расска́зывать	不完 語る
сыр	チーズ
хлеб	パン
цветы́	花（複数形）

251

基本 形容詞の単数与格形の作り方

130 **Я звоню́ япо́нскому студе́нту.**
私は日本人学生（男）に電話します。

131 **Я звоню́ япо́нской студе́нтке.**
私は日本人学生（女）に電話します。

これまで前置格、生格、対格と、新しい格を勉強するたびに、それに続く課では必ず形容詞、所有代名詞、指示代名詞の形が紹介されるのがパターンでした。今回も例外ではありません。単数与格形について、名詞以外の形を見ていきましょう。まず形容詞です。

	主格の例	与格の例	作り方
男性形	ста́рый	ста́рому	ый ⇨ ому
女性形	ста́рая	ста́рой	ая ⇨ ой

男性形はこれまでになかった新しい形です。例文で確認してましょう。形容詞は ста́рый ではなく япо́нский にします。**130** Я звоню́ япо́нскому студе́нту.「私は日本人学生（男性）に電話しています」。語末に y が並んで、まるで韻を踏んでいるようです。

女性形はどうでしょうか。これはすでに見たことのある形ですね。前置格と、さらに生格でも ой という語尾になりました。**131** Я звоню́ япо́нской студе́нтке.「私は日本人学生（女性）に電話しています」では、япо́нской студе́нтке が前置格と同じ形になっています。それでも、前置格が前置詞なしで使われることはないので、区別はつきます。

例によって、хоро́ший はちょっとだけ違った形になります。

	主格の例	与格の例	作り方
男性形	хоро́ший	хоро́шему	ий ⇨ ему
女性形	хоро́шая	хоро́шей	ая ⇨ ей

相変わらず微妙な違いですが、チェックしておきましょう。それにしても、хоро́шаяの場合も与格は前置格と同じ хоро́шей になるんですね。

どうやらロシア語の変化の難しさは、2種類あるようです。

1つは新しい語尾を次々と覚えなければならないこと。形容詞の男性形のように、主格は ста́рый、前置格は ста́ром、生格は ста́рого、対格は ста́рый/ста́рого、与格は ста́рому と、対格を除くすべてで独自の形があります。これを記憶するのは、なかなか負担です。

もう1つの難しさは、格はいろいろなのにその形が同じになっていること。形容詞の女性形では主格が ста́рая、前置格が ста́рой、生格が ста́рой、対格が ста́рую、与格が ста́рой と、主格と対格を除けばどれも ста́рой になってしまう。それはそれで混乱しそうです。

とはいえ、それを嘆いたところでロシア語の変化はどうしようもなく、たとえ大統領に手紙を書いてお願いしても、簡単に変えてはくれません。たくさんの文に触れながら、慣れていくしか手はないようです。

ここで問題です。次の ма́ленькой は何格でしょうか。

① Я слу́шаю му́зыку в ма́ленькой ко́мнате.「私は小さな部屋で音楽を聴いています」② Она́ подари́ла су́мку ма́ленькой сестре́.「彼女はカバンを小さな妹に贈りました」③ Э́то уче́бник ма́ленькой де́вочки.「これは小さな女の子の教科書です」

大丈夫ですか。①は前置格、②は与格、③は生格です。③は де́вочки という形が判断するヒントになりますが、他はそういきません。やはり構文パターンや単語の意味から判断する必要があります。

早く身につけたいという方は、例文を暗記してください。構文パターンに慣れることは文法理解の近道です。

では、急ぐのが苦手という方は？　まあ、文を繰り返して眺めてください。

応用 1　所有代名詞の単数与格形の作り方

132 **Я позвони́ла моему́ му́жу.**
私は夫に電話しました。

133 **Мы́ подари́ли цветы́ на́шей ба́бушке.**
私たちはおばあちゃんに花を贈りました。

　所有代名詞の変化も、形容詞と似ているところがあります。つまり、男性形は新しい形ですが、女性形は前置格や生格と同じなのです。

「私の」	主格の例	与格の例	作り方
男／中性形	мо́й/мое́	моему́	й/ё ⇨ ему
女性形	моя́	мое́й	я ⇨ ей

　同様に「君の」では тво́й と твое́ は твоему́ に、また твоя́ は твое́й になります。さらに сво́й「自分の」もまったく同じ変化タイプです。

「私たちの」	主格の例	与格の例	作り方
男／中性形	на́ш/на́ше	на́шему	(е)му を加える
女性形	на́ша	на́шей	а ⇨ ей

　同様に「あなた（たち）の」では、ва́ш と ва́ше は ва́шему に、また ва́ша は ва́шей になります。

　こういった形が使えれば、表現が広がります。**132** Я позвони́ла моему́ му́жу.「私は夫に電話しました」、**133** Мы́ подари́ли цветы́ на́шей ба́бушке.「私たちはおばあちゃんに花を贈りました」。日本語ではいちいち「私の」や「私たちの」をつけませんが、ロシア語ではこのほうが自然なのです。

応用 ❷ 指示代名詞の単数与格形の作り方

> 134 **Я помога́ю э́той де́вочке изуча́ть матема́тику.**
> 私はこの女の子が数学を勉強するのを手伝っています。

指示代名詞も同じパターンです。

「この」	主格の例	与格の例	作り方
男／中性形	э́тот/э́то	э́тому	о(т) ⇨ ому
女性形	э́та	э́той	а ⇨ ой

女性形はまたまた前置格や生格と同じになっています。

だから 134 **Я помога́ю э́той де́вочке изуча́ть матема́тику.**「私はこの女の子が数学を勉強するのを手伝っています」では э́той が与格ということになります。しかし **Я рабо́таю в э́той больни́це.**「私はこの病院で働いています」の э́той は前置格ですし、**Э́то маши́на э́той студе́нтки.**「これはこの学生の車です」の э́той は生格です。

手紙の宛名

名字、名前、父称 (→ 258ページ「父称」を参照) の順番で書き、すべてを与格にします。

Смирно́ву Макси́му Ива́новичу (⇐ Смирно́в Макси́м Ива́нович)

Ябо́рскому Петру́ Серге́евичу (⇐ Ябо́рский Пётр Серге́евич)

ただし а で終わる女性の名字は ой に替えます。

Смирно́вой Ири́не Ива́новне (⇐ Смирно́ва Ири́на Ива́новна)

Ябо́рской Ната́лии Серге́евне (⇐ Ябо́рская Ната́лия Серге́евна)

例 文

33-01 Бабушка даёт моей сестре хлеб и сыр.

33-02 Она дала молодому мальчику адрес.

33-03 Я каждый день звоню русскому другу.

33-04 Вчера он позвонил русской подруге.

33-05 Мой друг Сергей помогает японскому инженеру читать по-русски.

33-06 Максим помог моему дедушке в работе.

33-07 Каждый день он дарит своей жене цветы.

33-08 Я подарил красивой актрисе кольцо.

33-09 Родители рассказывают своему сыну о семье.

33-10 Наталия рассказала маленькой девочке о русском балете.

和訳と解説

33-01　おばあさんは私の姉にパンとチーズをくれます。

33-02　彼女は若い男の子に住所を渡しました。

33-03　私は毎日ロシアの友人に電話します。

33-04　きのう彼はロシアの友人に電話しました。

33-05　私の友だちのセルゲイは日本人技師がロシア語を読むのを手伝っています。　＊мо́й дру́г と Серге́й を並べて「私の友だちであるセルゲイ」のような表現ができます。

33-06　マクシムは私のおじいさんの仕事を手伝いました。
　＊помо́г は помо́чь の男性単数過去形です。

33-07　毎日彼は自分の妻に花を贈ります。

33-08　私は美しい女優に指輪を贈りました。

33-09　両親は自分の息子に家族について話します。

33-10　ナターリヤは小さな女の子にロシアバレエについて話しました。

発展 ## 与格と結びつく前置詞 к と по

　ここでは与格と結びつく前置詞を2つ紹介しましょう。
　前置詞 к は「～のほうへ、ところへ」という接近を示します。とくに「人のところへ」というときに使います。Я иду́ к врачу́.「私は医者のところに行きます」Он идёт к своему́ дру́гу.「彼は自分の友だちのところへ行きます」。
　前置詞 по にはいろいろな意味がありますが、ここでは関係を示す по を覚えましょう。друг по университе́ту といえば「大学の友だち」ですし、ба́бушка по отцу́ は「父方の祖母」という意味です。

父称

ロシア人の名前には、家族の名字と個人の名前の他に、「父称」というものがあります。父称は父親の名前から規則的に造られ、男性の父称と女性の父称では語尾が違います。

◆男性の父称

父親の名前に ович をつけます。Ива́н → Ива́нович

й で終わる名前では、й を取り去って евич をつけます。

Серге́й → Серге́евич

◆女性の父称

父親の名前に овна をつけます。Ива́н → Ива́новна

й で終わる名前では、й を取り去って евна をつけます。

Серге́й → Серге́евна

◆ていねいに呼びかけるときには「名前＋父称」を使います。

Макси́м Ива́нович!　　Ири́на Серге́евна!

第34課
名詞の造格

- 基 本　名詞の単数造格形の作り方
- 応用1　職業を表す造格
- 応用2　前置詞 с ＋ 造格
- 発 展　名詞の単数造格形についてもう少し

この課で学習する主な単語　CD 66

без　+生　〜なしで

ви́лка　フォーク

е́сть　不完　食べる

лимо́н　レモン

ло́жка　スプーン

но́ж　ナイフ

с　+造　〜といっしょに

са́хар　砂糖

су́п　スープ

ча́й　茶

＊ +造 は造格と結びつくことを表します。

基本 名詞の単数造格形の作り方

> 135 **Я ем мя́со ви́лкой и ножо́м.**
> 私はフォークとナイフを使って肉を食べます。
> CD② 66

　これまでに、主格、前置格、生格、対格、与格と、5つの格について学習してきました。今回はさらに新しい格が登場します。次々と新しい格が出てきて、いったい全部でいくつあるのかと嘆きたくなりますが、ご安心ください、これが最後の格です。

　この課で勉強するのは造格(ぞうかく)です。造格は手段や道具を示します。日本語訳では「〜で」という訳語を充てますが、場所ではありませんので注意してください。一部のロシア語文法では「具格」という表現を使っていますが、一般的ではありません。

　「私は肉を食べています」という文で考えていきましょう。「肉」は мя́со でした。「食べる」は есть で、У меня́ есть「私は持っている」の есть と同じ形ですが、それとは別です。活用は次のようになります。

я ем	мы еди́м
ты ешь	вы еди́те
он ест	они́ едя́т

　これを使えば「私は肉を食べています」は Я ем мя́со. となります。
　これに「フォークで」という手段を加えましょう。「フォーク」は ви́лка といいます。すると Я ем мя́со ви́лкой. となり、この ви́лкой が造格なのです。作り方は а で終わる女性名詞では、а を ой に変えます。これまでに出てきた格を示す語尾は1文字ばかりだったのに、こんどは2文字で少し長いです。

260

しかし実際のところ、肉をフォークだけで食べるのはタイヘンかもしれません。やはりナイフで切り分けながら食べたいですよね。そこで「ナイフで」という表現を加えて、「私は肉をフォークとナイフで食べます」にしてみましょう。「ナイフ」はロシア語で нóж といいます。すると 135 Я éм мя́со ви́лкой и ножóм. となり、ножóм もまた造格なのです。つまり、子音で終わる男性名詞では、ом を加えています。こちらもやっぱり2文字分。ここではアクセントが後ろの ом に移っています。

こんな感じで、道具を示すときに使う、なんともマニアックな格が造格なんです。英語だったら前置詞を使いますよね。

もう少し例を見てみましょう。Я éм сýп.「私はスープを食べます」をもとに考えていきます。ロシア語でスープは「食べる」ものであって、「飲む」ものではありません。「ボルシチ」бóрщ などは具だくさんなので、「食べる」という感じなのかもしれませんね。

さて、スープはカップでズズッといくこともありますが、音を立てるのは感心しませんし、さらに具だくさんではそれも難しい。そこで道具を使いましょう。やっぱりスプーンですよね。スプーンはロシア語で лóжка といいます。これを造格にするには ви́лка と同じようにすればいいのです。そこで「私はスープをスプーンで食べます」は Я éм сýп лóжкой. になります。

道具を示す造格は交通手段にも使えます。Онá éздит в магази́н маши́ной.「彼女は店に車で通っています」。ただし現代では、この маши́ной よりも на + 前置格を使う方が一般的です。Онá éздит в магази́н на маши́не.

このように、造格を使う場面は限られています。う〜ん、ではこの後の「応用」では、何を紹介しようかなあ…。

応用 ❶ 職業を表す造格

> ⑯ **Он рабóтает инженéром.**
> 彼は技師として働いています。
>
> ⑰ **Онá рабóтает актрúсой.**
> 彼女は女優として働いています。

　そうだ、造格と職業の話をしましょう。

　造格は職業の表現で活躍します。「〜として働いている」というときに「働く」という意味の動詞である рабóтать といっしょに使えるのです。⑯ Он рабóтает инженéром.「彼は技師として働いています」では、инженéром が造格になっていますね。⑰ Онá рабóтает актрúсой.「彼女は女優として働いています」でも同じです。

　少し違いますが、быть の未来形を使って「〜になる」という表現もできます。Он бýдет инженéром.「彼は技師になるでしょう」、Онá бýдет актрúсой.「彼女は女優になるでしょう」。

　もちろん、これを過去形にすれば「〜でした」の意味になります。Он был инженéром.「彼は技師でした」、Онá былá актрúсой.「彼女は女優でした」。ほとんど同じ内容が рабóтать の過去形でも表現できます。Он рабóтал инженéром.「彼は技師として働いていました」、Онá рабóтала актрúсой.「彼女は女優として働いていました」。

　こんな表現がいろいろ使えるためには、職業に関する表現を増やしたいですね。

応用 ❷　前置詞 c＋造格

> ⓭ **Они́ рабо́тают с Макси́мом.**
> 彼らはマクシムといっしょに働いています。

　それにしても、造格はそれだけで使う場面が限られています。ここで前置詞を1つ紹介しましょう。

　前置詞 с は造格と結びついて「〜といっしょに」という意味を表します。⓭ Они́ рабо́тают с Макси́мом.「彼らはマクシムといっしょに働いています」。

　これを使えば、飲み物では「〜を入れて」が表現できます。たとえば私は、コーヒーを飲むときは必ずミルクを入れたいので、こんなふうにいいます。Я пью ко́фе с молоко́м.「私はミルク入りのコーヒーを飲みます」。

　では「私はレモンティーが好きです」はどうなるでしょうか。「レモンティー」は「レモンを入れた紅茶」と解釈してください。「紅茶」は ча́й で、「レモン」は лимо́н です。すると Я люблю́ ча́й с лимо́ном. ができ上がります。

　さて私はコーヒーを飲むとき、ミルクは入れたいのですが、砂糖は入れたくありません。そのためには「〜を入れないで」という必要があります。それを表すのが前置詞 без「〜なしの」です。ただしこの без は造格ではなくて生格と結びつきます。だから Я хочу́ ко́фе без са́хара.「砂糖を入れないコーヒーがほしいです」となるわけです。ほかにも без лимо́на「レモンなしの」や без молока́「ミルクなしの」も覚えて、お好みのドリンクを注文してください。

例文

34-01　Я́ ем су́п ло́жкой.

34-02　О́н е́ст ры́бу ви́лкой и ножо́м.

34-03　Мо́й де́душка рабо́тает врачо́м.

34-04　Моя́ ма́ть рабо́тала актри́сой.

34-05　Я́ бу́ду перево́дчиком.

34-06　Мо́й бра́т живёт с жено́й и ко́шкой.

34-07　Мы́ у́чимся с Петро́м.

34-08　Ба́бушка лю́бит ча́й с лимо́ном.

34-09　Я́ хочу́ ко́фе с молоко́м, но́ без са́хара.

34-10　Ната́лия купи́ла хле́б с сы́ром.

和訳と解説

34-01　私はスープをスプーンで食べます。

34-02　彼は魚をフォークとナイフで食べます。

34-03　私のおじいさんは医者として働いています。

34-04　私の母は女優をしていました。

34-05　私は通訳になります。

34-06　私の兄は妻とネコと暮らしています。

34-07　私たちはピョートルといっしょに勉強しています。
　　　＊Пётр の造格は Петро́м となり、ё が е に変わります。

34-08　おばあさんはレモンティーが好きです。

34-09　私はミルクは入れて、でも砂糖は入れないコーヒーがほしいです。

34-10　ナターリヤはチーズをはさんだパンを買いました。
　　　＊хлеб с＋造格で「〜をはさんだパン」が表せます。

発展 名詞の単数造格形についてもう少し

й で終わる男性名詞、я あるいは ия で終わる女性名詞、さらに е あるいは ие で終わる中性名詞の単数造格形の作り方は次の通りです。

	主格の例	造格の例	作り方
男性名詞	музе́й	музе́ем	й を ем に変える
女性名詞	семья́	семьёй	я を ей/ёй に変える
	ста́нция	ста́нцией	ия を ией に変える
中性名詞	мо́ре	мо́рем	е を ем に変える
	зда́ние	зда́нием	ие を ием に変える

я あるいは ия で終わる女性名詞では、アクセントがあれば ёй、なければ ей という語尾になります。Ната́лия の造格形は、アクセントが語尾にないので Ната́лией です。

また ь で終わる名詞の造格は、次の通りです。

	主格の例	造格の例	作り方
男性名詞	слова́рь	словарём	ь を ем/ём に変える
女性名詞	тетра́дь	тетра́дью	ь を ью に変える

слова́рь の場合は、格変化するとアクセントが後に移動するので造格では ём という語尾になりますが、そうでなければ ем です。たとえば учи́тель だったら造格は учи́телем です。

このほか、а で終わる名詞でも ца, ча, ша, ща で終わる場合は注意してください。語尾が ой ではなく ей になります。учи́тельница の造格は учи́тельницей です。

第35課
形容詞の造格

- **基　本**　形容詞の単数造格形の作り方
- **応用1**　所有代名詞の単数造格形の作り方
- **応用2**　指示代名詞の単数造格形の作り方
- **発　展**　名字の格変化

この課で学習する主な単語　CD❷ 68

занима́ться	不完 勉強する
иностра́нный	外国の
интере́с	興味
каранда́ш	鉛筆
коро́ткий	短い
кра́сный	赤い
познако́миться	完 知り合う
разгова́ривать	不完 話をする
ру́чка	ペン
чёрный	黒い

基本 形容詞の単数造格形の作り方

139 **Я пишу́ чёрным карандашо́м.**
私は黒鉛筆で書きます。

140 **Я пишу́ чёрной ру́чкой.**
私は黒いボールペンで書きます。

つぎつぎと新しい形が出てきて、ロシア語学習は本当にタイヘンですが、あと少しの辛抱です。形を覚えるのは確かに楽ではありません。しかし格の語尾はすべてそろえること、つまり名詞と形容詞は同じ格に合わせることは、身についたのではないでしょうか。

今回は形容詞の造格です。その形は次のようになります。

	主格の例	造格の例	作り方
男性形	ста́рый	ста́рым	ый ⇨ ым
女性形	ста́рая	ста́рой	ая ⇨ ой

例文で確かめましょう。まず「私は鉛筆で書いています」はどうなりますか。「鉛筆」は каранда́ш です。答えは Я пишу́ карандашо́м. で、каранда́ш は造格で карандашо́м という形になっています。ここまでは前回の復習。

次は「鉛筆」を「黒鉛筆」にしましょう。「黒い」を示す形容詞は чёрный といい、「黒鉛筆」чёрный каранда́ш となります。そうすれば「私は黒鉛筆で書いています」は 139 Я пишу́ чёрным карандашо́м. となり、形容詞は чёрный から чёрным に変わります。

こんどは「黒鉛筆」を「黒ボールペン」に変えます。「ボールペン」は ру́чка といい、а で終わる女性名詞です。だったら「黒ボールペン」は чёрная ру́чка ですね。その結果「私は黒ボールペンで書いています」

は **140** Я пишу́ чёрной ру́чкой. になります。

　形容詞の形に注目すれば、男性形はまたまた新しい形が出てきましたが、女性形は前置格や生格や与格と同じです。単数形6つの格では、主格と対格を除いたすべての格で ой という語尾になっています。

　例によって、хоро́ший は造格でも個性的です。

	主格の例	造格の例	作り方
男性形	хоро́ший	хоро́шим	ий ⇨ им
女性形	хоро́шая	хоро́шей	ая ⇨ ей

　それ以外にも、形容詞の造格では男性形の一部でバリエーションがあります。

	主格の例	造格の例	作り方
男性形	ру́сский	ру́сским	ий ⇨ им

　ым でなくて им という語尾になるのは、к の後には ы ではなく и を書くという正書法の規則によるものです。例で確認しましょう。たとえば「私は短い鉛筆で書いています」で考えてみます。「短い」は коро́ткий といい、「短い鉛筆」は коро́ткий каранда́ш です。これを造格にすれば Я пишу́ коро́тким карандашо́м. という文ができ上がります。

　このように造格の語尾が ым ではなくて им になるのは、ий で終わる形容詞に限りません。たとえば большо́й も正書法の規則によってそうなります。「私は大きなナイフで肉を食べます」だったら Я ем мя́со больши́м ножо́м. です。

　…それにしても、これはちょっとヘンな例文ですね。少し難しいけど、自然で、しかもカッコいい例文を紹介しましょう。Я чита́ю э́ту кни́гу с больши́м интере́сом. 「私はこの本をたいへん興味深く読んでいます」。с больши́м интере́сом は「大きな興味とともに」ということで「たいへん興味深く」といった感じです。これ、使えそうでしょ？

応用 1　所有代名詞の単数造格形の作り方

> 🎵68
> **141　Вы́ пи́шете мои́м карандашо́м?**
> あなたは私の鉛筆で書いているのですか。

所有代名詞もパターンは同じ。男性／中性形は им になります。

「私の」	主格の例	造格の例	作り方
男／中性形	мо́й／мое́	мои́м	й／ё ⇨ им
女性形	моя́	мое́й	я ⇨ ей

同様に「君の」では、твой と твоё は твои́м に、また твоя́ は твое́й になります。さらに свой「自分の」も同じ変化タイプです。

例文を挙げておきましょう。**141　Вы́ пи́шете мои́м карандашо́м?**「あなたは私の鉛筆で書いているのですか」って、別に文句はないけれど、あとでちゃんと返してね。

「私たちの」	主格の例	造格の例	作り方
男性形	на́ш	на́шим	им を加える
中性形	на́ше	на́шим	е ⇨ им
女性形	на́ша	на́шей	а ⇨ ей

同様に「あなた（たち）の」では、ва́ш と ва́ше は ва́шим に、また ва́ша は ва́шей になります。

だから Она́ живёт с ва́шим сы́ном. だったら「彼女はあなたの息子さんといっしょに暮らしています」という意味であることは簡単に分かりますね。2人がどういう関係かは知りませんが…。

応用 ❷ 指示代名詞の単数造格形の作り方

> 142 **Макси́м разгова́ривает с э́той краси́вой де́вочкой.**
> マクシムはこのきれいな女の子と話しています。

相変わらず、指示代名詞も同じパターンです。

「この」	主格の例	造格の例	作り方
男／中性形	э́тот／э́то	э́тим	о(т) ⇨ им
女性形	э́та	э́той	а ⇨ ой

女性形はまたまた前置格や生格や与格と同じです。なんか「手抜き」という気もしますが、覚えやすいかもしれません。

それでは形容詞なども並べて、少し長めの文章にしてみましょうか。

142 Макси́м разгова́ривает с э́той краси́вой де́вочкой.「マクシムはこのきれいな女の子と話しています」。それじゃマクシムも嬉しいでしょう。

古い女性単数造格形

女性名詞や形容詞の女性形では、単数造格形で ою または ею という語尾もあります。

шко́лою（＝шко́лой）、О́льгою（＝О́льгой）、
ста́рою（＝ста́рой）
Ната́лиею（＝Ната́лией）、хоро́шею（＝хоро́шей）

ただし現在では、詩や民話などを除けばほとんど使われることがありません。

例 文

35-01 Я пишу́ коро́тким карандашо́м.

35-02 Нельзя́ писа́ть кра́сной ру́чкой.

35-03 Она́ ест суп ма́ленькой ло́жкой.

35-04 Мой сын бу́дет хоро́шим инжене́ром.

35-05 Я чита́ю э́ту кни́гу с больши́м интере́сом.

35-06 Они́ рабо́тают с мои́м ста́ршим бра́том.

35-07 Мы у́чимся с э́тим япо́нским студе́нтом.

35-08 Серге́й и Ната́лия разгова́ривали с э́той ста́рой ба́бушкой.

35-09 Я занима́юсь ру́сским языко́м ка́ждый день.

35-10 Вчера́ на у́лице я познако́мился с иностра́нной студе́нткой.

和訳と解説

35-01　私は短い鉛筆で書いています。

35-02　赤いペンで書いてはいけません。

35-03　彼女は小さなスプーンでスープを食べています。

35-04　私の息子はよい技師になるでしょう。

35-05　私はこの本をたいへん興味深く読んでいます。

35-06　彼らは私の兄と働いています。

35-07　私たちはこの日本人学生と勉強しています。

35-08　セルゲイとナターリヤはこの年老いたおばあさんと話していました。

35-09　私はロシア語を毎日勉強します。
　　　＊заниматься は造格と結びついて「〜を勉強する」になります。

35-10　きのう外で私は外国人学生と知り合いました。
　　　＊на улице は「通りで」のほかに「外で」という意味になります。

273

発展 名字の格変化

ここでは名字の格変化を紹介しましょう。

（男性）

主格	Ива́нов
生格	Ива́нова
与格	Ива́нову
対格	Ива́нова
造格	Ива́новым
前置格	Ива́нове

（女性）

主格	Ива́нова
生格	Ива́новой
与格	Ива́новой
対格	Ива́нову
造格	Ива́новой
前置格	Ива́новой

注意する点は2つです。まず、男性の名字では造格だけが ом ではなく ым で、まるで形容詞のような語尾になります。また女性の名字では、生格、与格、造格、前置格がすべて ой という語尾になります。これも形容詞と同じです。

形容詞の形をした名字は、形容詞と同じ変化になります。Толсто́й では Толсто́го, Толсто́му...、また Толста́я では Толсто́й, Толсто́й... のように変化します。

名字は「〜家の人々」という意味で複数形になります。Ива́новы「イワノフ家の人々」、Толсты́е「トルストイ家の人々」。名字の複数の格変化については、第37課〜第38課で学習する名詞や形容詞の格変化と同じになります。

そのほか、Шевче́нко のような ко で終わる名字は、男女の区別がなく、また格変化もしないのが原則です。ちなみに、このような ко で終わる名字はウクライナ系です。

第36課
人称代名詞の格変化

- 基　本　人称代名詞の格変化
- 応用１　人称代名詞が前置詞と結びつくとき
- 応用２　疑問代名詞 что と кто の格変化
- 発　展　再帰代名詞 себя

この課で学習する主な単語 CD○70

день рожде́ния		誕生日
жела́ть	不完	望む
звать	不完	呼ぶ
интересова́ть	不完	興味を持つ
нра́виться	不完	気に入る
поздравля́ть	不完	祝う
понима́ть	不完	理解する
слы́шать	不完	聞こえる
то́лько		～だけ
успе́х		成功

＊день рожде́ния は день「日」と рожде́ние「誕生」の生格から出来ていますが、ここではまとめて覚えてください。

基本 人称代名詞の格変化

143 Я зна́ю ва́с.
私はあなたを知っています。

144 Вы́ зна́ете меня́?
あなたは私をご存じですか。

すでにロシア語の格がすべて出揃いました。6つもあって多すぎますか。でもチェコ語やポーランド語は7つですし、インドの古典語サンスクリットには8つも格があります。文句をいってはいけませんね。

この先はこの6つの格の組み合わせに過ぎないのですが、今回はこれまで触れてこなかった代名詞の格を学びます。といっても使い方はこれまでと同じですから、それぞれの形を紹介するのがメインとなります。

まずは я「私」と ты「君」です。

	主格	生格	与格	対格	造格	前置格
私	я	меня́	мне́	меня́	мно́й	мне́
君	ты́	тебя́	тебе́	тебя́	тобо́й	тебе́

この2つの変化パターンは、主格を除けば非常に似ています。生格と対格、与格と前置格は、それぞれ同じ形です。生格と対格が同じというのは、活動体の特徴でした。

つぎは мы́「私たち」と вы́「君たち」です。

	主格	生格	与格	対格	造格	前置格
私たち	мы́	на́с	на́м	на́с	на́ми	на́с
君たち	вы́	ва́с	ва́м	ва́с	ва́ми	ва́с

こちらもたいへん似通っています。主格以外では、すべてが н と в の

違いだけです。

　使い方を確認しましょう。たとえば「私はイリーナを知っています」は Я зна́ю Ири́ну. で、この Ири́ну が Ири́на の対格でした。では「私はあなたのことを知っています」はどうでしょう。「私を」の部分に вы の対格を入れればいいのですから、簡単ですね。143 Я зна́ю вас. となります。「あなたは私をご存じですか」だったら 144 Вы зна́ете меня́? です。

　対格に限りません。こんな感じで、Он подари́л вам цветы́.「彼はあなたに花を贈りました」では与格が、Она́ бу́дет рабо́тать с ва́ми.「彼女はあなたと働くことになるでしょう」では造格が、Мы разгова́ривали о вас.「私たちはあなたについて話しました」では前置格が、それぞれ名詞と同じように使われています。

　では生格はどのように使うのでしょうか。生格は「〜の」という所有を示すのが基本でしたが、代名詞ではそれができません。「あなたの」というのは ваш, ва́ша, ва́ше などでしたね。では вас はいつ使えばいいのかといえば、生格といっしょに使われる前置詞の後で使います。Он позвони́л без вас.「彼はあなたの留守に電話をしてきました」では、前置詞 без「〜なしで、〜の留守に」が生格とともに使われます。

　3人称の「彼」「彼女」「彼ら」は以下のようになります。

	主格	生格	与格	対格	造格	前置格
彼	он	его́	ему́	его́	им	нём
彼女	она́	её	ей	её	ей	ней
彼ら	они́	их	им	их	и́ми	них

　3人称の代名詞には оно́ というのがありましたが、これは он とまったく同じ変化になります。

　生格と対格の形が「彼の」「彼女の」「彼らの」を表す所有代名詞と同じ形になっていますね。間違えないようにしてください。

応用 1　人称代名詞が前置詞と結びつくとき

> 145　**Он работает со мной.**
> 　　彼は私といっしょに働いています。
>
> 146　**Они говорят обо мне.**
> 　　彼らは私について話しています。
>
> 147　**Мы живём с ним.**
> 　　私たちは彼と住んでいます。

　人称代名詞が前置詞と結びつくときには、注意しなければならない点がいくつかあります。

　まず1人称単数の я です。与格、造格、前置格ではじめが мн となり、子音が2つ続きます。その影響で、前置詞の形が少し変わることがあります。前置詞 с は со мной「私といっしょに」のように со となります。145 Он работает со мной.「彼は私といっしょに働いています」また前置詞 о は обо мне「私について」のように обо となります。146 Они говорят обо мне.「彼らは私について話しています」。

　3人称の он, она, они は、格変化して前置詞と結びつくとき、はじめに必ず н の音が現れます。147 Мы живём с ним.「私たちは彼と住んでいます」となります。「彼女と」だったら с ней、「彼らと」なら с ними です。ほかにも без него / неё / них「彼／彼女／彼らなしで」、к нему / ней / ним「彼／彼女／彼らの所へ」、といった感じです。

　前置格は前置詞としか結びつかないので、当然ながらいつでも н のついた形しかありません。Мы разговаривали о них.「私たちは彼らについて話しました」となります。

　そういえば、所有を表す表現では У него есть「彼は持っている」У неё есть「彼女は持っている」У них есть「彼らは持っている」など、いつでも н で始まっています。у は生格と結びつく前置詞でしたね。

応用 2　疑問代名詞 что と кто の格変化

148　Чём вы́ пи́шете?
何を使って書いているのですか。

149　Кому́ вы́ звони́те?
誰に電話しているのですか。

что「何」と кто「誰」も格変化します。

主格	что́
生格	чего́
与格	чему́
対格	что́
造格	че́м
前置格	чём

主格	кто́
生格	кого́
与格	кому́
対格	кого́
造格	ке́м
前置格	ко́м

変化のパターンがよく似ていますが、はっきりと違うのが対格です。что́ の対格は主格と同じ形になっていますが、кто́ では対格が生格と同じ形です。「誰」というのも活動体と考えるのですね。

例文を見ておきましょう。**148 Чём вы́ пи́шете?**「何を使って書いているのですか」の че́м は造格です。**149 Кому́ вы́ звони́те?**「誰に電話しているのですか」の кому́ は「誰に」なので与格になっています。

мы́ с тобо́й

мы́ с тобо́й のような表現は、「私たちと君」となりそうですが、実際は「私と君」で、мы́ は「私」という意味で使われます。ほかにも мы́ с ни́м「私と彼」、мы́ с ва́ми「私とあなた（たち）」などとなります。

例 文

36-01　Вы́ понима́ете меня́?

36-02　Я́ мно́го слы́шал о ва́с.

36-03　Ка́к ва́с зову́т? — Меня́ зову́т Макси́м.

36-04　Вы́ помо́жете мне́?

36-05　О́льга ходи́ла в теа́тр с ни́м.

36-06　Пётр ду́мает то́лько о не́й.

36-07　Жела́ю ва́м успе́ха в рабо́те.

36-08　Поздравля́ю ва́с с днём рожде́ния.

36-09　Меня́ интересу́ет ру́сская исто́рия.

36-10　Мне́ нра́вится э́та кра́сная маши́на.

和訳と解説

36-01 私のいうことが分かりますか。

36-02 あなたのことはたくさん聞いております。

36-03 「お名前はなんとおっしゃいますか」「マクシムといいます」
(282ページ参照)

36-04 私を手伝っていただけますか。

36-05 オリガは彼と劇場に行ってきました。

36-06 ピョートルは彼女のことばかり考えています。

36-07 仕事でのご成功をお祈り申し上げます。
＊желáть「願う」は相手を与格、内容を生格で表します。

36-08 お誕生日おめでとう。
＊поздравля́ть「祝う」は対象を対格、内容をс＋造格で表します。
днём は день の造格です。

36-09 私はロシア史に興味があります。
＊интересовáть「興味がある」は主体を対格、対象を主格で表します。

36-10 私はこの赤い車が気に入っています。
＊нрáвиться「気に入る」は主体を与格、対象を主格で表します。

発展 再帰代名詞 себя

ロシア語には「自分」を示す代名詞があります。これを再帰代名詞といいます。再帰代名詞は他の代名詞と異なり、主格がありません。

	主格	生格	与格	対格	造格	前置格
自分	（なし）	себя	себе́	себя́	собо́й	себе́

変化パターンは ты の場合とまったく同じで、ただ т を с に変えるだけです。

その使い方ですが、再帰代名詞はいつでも主語と同じ人を指します。

Макси́м разгова́ривает то́лько о себе́.「マクシムは自分のことばかり話している」では себе́ は「マクシム」のことを指します。Ири́на разгова́ривает то́лько о себе́.「イリーナは自分のことばかり話している」だったら себе́ が「イリーナ」を示し、Вы разгова́риваете то́лько о себе́.「あなたは自分のことばかり話していますね」のときには себе́ は当然ながら「あなた」を意味するのです。

それにしても、自分のことばかり話している人がちょっと「ウザイ」と思われるのは、日本もロシアも変わらないかもしれませんよ。

動詞 звать の用法

звать「呼ぶ」は現在形3人称複数 зову́т にして、主体を対格にすれば「～という名前です」という表現になります。答えるとき、名前の部分は主格のままです。

Меня́ зову́т Пётр.「ピョートルといいます」(меня́ は я の対格)

Её зову́т Ири́на.「イリーナといいます」(её は она́ の対格)

第37課
名詞の複数形の格変化

- **基　本**　名詞の複数形の格変化
- **応用1**　難しいのは複数生格形
- **応用2**　複数名詞の格変化
- **発　展**　名詞の複数形の格変化について
　　　　　もう少し

この課で学習する主な単語　CD 72

всегда́	いつも
гора́	山
игра́ть　不完	する
кани́кулы	休暇（複数形）
конце́рт	演奏会
пе́ред　+造	前に
по́сле　+生	後に
провести́　完	過ごす
скри́пка	バイオリン
ша́хматы	チェス（複数形）

基本 名詞の複数形の格変化

150 Я пишу́ студе́нтам.
私は学生たちに手紙を書いています。

151 Я рабо́таю со студе́нтами.
私は学生たちと働いています。

格変化について、これまでに名詞を学び、形容詞なども習い、代名詞も覚えました。でも考えてみれば、名詞や形容詞などは単数形しか学習していません。ところが格変化には複数形もちゃんとあります。

名詞の複数形でこれまで学習したのは、主格と一部の対格だけでしたので、ここでこれをまとめて紹介します。男性名詞の代表が журна́л、女性名詞は газе́та、中性名詞は ме́сто です。

	журна́л	газе́та	ме́сто
主格	журна́лы	газе́ты	места́
生格	журна́лов	газе́т	мест
与格	журна́лам	газе́там	места́м
対格	журна́лы	газе́ты	места́
造格	журна́лами	газе́тами	места́ми
前置格	журна́лах	газе́тах	места́х

すでに勉強したことですが、中性名詞だけが主格と対格で а という独特な語尾をつけました。

この表を横に比べながらよく見てみると、与格、造格、前置格で、それぞれ同じ語尾になっています。こういうことはこれまであまりありませんでした。どうも、複数形の格変化のほうが、単数形よりも単純化されてい

るようです。

　男性名詞の複数生格形は ов という語尾になりますが、女性名詞と中性名詞では、その語尾がないことがポイントです。маши́на の複数生格形は маши́н、кни́га の複数生格形 кни́г となり、なんだか最後を書き忘れたみたいに見えますが、これが正しい形です。誤植ではありません。

　この表に挙がっている名詞は不活動体ですが、生き物を示す活動体では対格が生格と同じ形になります。студе́нт の複数生格形は студе́нтов、инжене́р では инжене́ров です。

　活動体の対格が生格と同じ形になるのは、単数の場合は男性名詞だけでしたが、複数では女性名詞もそうなります。актри́са の複数生格形は актри́с となり、же́нщина は же́нщин となるのです。これは単数形と大きく違うところです。

　実をいえば、複数生格形にはさらに複雑なことがあります。これについては「応用1」でさらに説明することにしましょう。

　使い方については、もう大丈夫ですよね。**150** Я пишу́ студе́нтам.「私は学生たちに手紙を書いています」では、Я пишу́ студе́нту.「私は学生に手紙を書いています」と違って、相手が複数であるときに使います。動詞 писа́ть はとくに目的語がなければ「手紙を書いている」という意味になります。

　151 Я рабо́таю со студе́нтами.「私は学生たちと働いています」でも同じことで、Я рабо́таю со студе́нтом.「私は学生と働いています」とは異なり、いっしょに働く学生が複数というわけです。студе́нт と結びつくときには前置詞 с が со と変わることに注意してください。それにしても、日本語ではそれほど強調しなくていい複数をきっちりと区別しなければいけないので、こういうのは少々面倒です。

　でも複数の格変化形が使えれば、表現の幅も広がります。たとえば「キノコ入りのスープ」は су́п с гриба́ми。やっぱり、キノコは複数入っていてほしいなと、キノコの大好きな私は考えるのでした。

応用 1　難しいのは複数生格形

> 152 **Здесь нет карандашей.**
> ここには鉛筆がありません。

　複数生格形はいろいろと複雑です。

　男性名詞の複数生格語尾は ов だと紹介しましたが、ж, ч, ш, щ などで終わる語では ей になります。карандаш の複数生格形は карандашей で、152 Здесь нет карандашей.「ここには鉛筆がありません」のように使います。同様に нож は ножей、врач は врачей です。

　また、語尾がなにもない女性名詞と中性名詞の複数生格形では、これまでになかった母音が出現することがあります。たとえば студентка の複数生格形は студенток となり、母音 о が終わりから2番目に突然現れます。まあ、そうしないと нтк と子音ばかりで終わって、発音しにくいですね。このような現象は中性名詞でも起こります。окно の複数生格形は окон です。

　現れる母音が о ではなくて е ということもあり、девочка の複数生格形は девочек となります。

　このような母音 е は記号 ь の代わりに現れることもあります。письмо の複数生格形は писем、кольцо では колец となるのです。こういうのは、慣れないうちは少し戸惑います。

　たとえ男性名詞でも、а で終わっていれば複数生格形は同じように語尾がなく、場合によっては о や е が現れます。мужчина の複数生格形は мужчин、また дедушка の複数生格形は дедушек です。

　ほかにも яйцо の複数生格形は яиц など、数え上げればキリがないので、このくらいにしておきましょう。

応用 ❷ 複数名詞の格変化

> 153 **У меня́ не́т очко́в.**
> 私はメガネを持っていません。
>
> 154 **У меня́ не́т де́нег.**
> 私はお金を持っていません。

複数形しかない名詞が格変化するときには、当然ながら複数の変化パターンにしたがうことになります。

очки́「メガネ」

主格	очки́
生格	очко́в
与格	очка́м
対格	очки́
造格	очка́ми
前置格	очка́х

де́ньги「お金」

主格	де́ньги
生格	де́нег
与格	деньга́м
対格	де́ньги
造格	деньга́ми
前置格	деньга́х

難しいのはやっぱり複数生格形です。たとえば「私はメガネを持っていません」は 153 У меня́ не́т очко́в. となりますが、「私はお金を持っていません」では 154 У меня́ не́т де́нег. です。

これまで ов がつくのが男性名詞、語尾がなくなるのが女性名詞と中性名詞というふうに覚えましたが、単数の形がないんですから、その判断もできません。часы́ の複数生格は часо́в だけど、кани́кулы「休暇」の場合は кани́кул というように、一つ一つ覚えなければなりません。

ほかにも、роди́тели の複数生格形は роди́телей、де́ти の複数生格形は дете́й と、ああ、本当にメンドウクサイ…。

例 文

37-01　Я́ помога́ю инжене́рам в рабо́те.

37-02　Макси́м разгова́ривает с де́вочками.

37-03　Ири́на всегда́ хо́дит в очка́х.

37-04　Вчера́ у меня́ не́ было де́нег.

37-05　О́н хорошо́ игра́ет в ша́хматы.

37-06　На конце́ртах о́н игра́ет на скри́пке.

37-07　Ка́к вы́ провели́ кани́кулы?

37-08　Мы́ отдыха́ли в гора́х.

37-09　О́н занима́ется то́лько пе́ред экза́менами.

37-10　По́сле уро́ков я́ рабо́таю в рестора́не.

和訳と解説

37-01 私は技師たちの仕事を手伝っています。

37-02 マクシムは女の子たちとお喋りしています。

37-03 イリーナはいつもメガネをかけています。
＊服装などを身につけているは в＋前置格で表現します。в очка́х は「メガネをかけている」という意味です。

37-04 きのう私はお金がありませんでした。

37-05 彼はチェスをするのがうまいです。
＊игра́ть в＋対格は、ゲームや球技などを「する」という意味です。

37-06 コンサートで彼はバイオリンを弾いています。

37-07 休暇はどのように過ごしましたか。

37-08 私たちは山でくつろぎました。

37-09 彼が勉強するのはテストの前だけです。

37-10 授業の後に私はレストランで働いています。

発展 名詞の複数形の格変化についてもう少し

й で終わる男性名詞、я あるいは ия で終わる女性名詞、e あるいは ие で終わる中性名詞の複数形の格変化は次の通りです。

	музе́й	семья́	ста́нция	мо́ре	зда́ние
主格	музе́и	се́мьи	ста́нции	моря́	зда́ния
生格	музе́ев	семе́й	ста́нций	море́й	зда́ний
与格	музе́ям	се́мьям	ста́нциям	моря́м	зда́ниям
対格	музе́и	се́мьи	ста́нции	моря́	зда́ния
造格	музе́ями	се́мьями	ста́нциями	моря́ми	зда́ниями
前置格	музе́ях	се́мьях	ста́нциях	моря́х	зда́ниях

こうやってみると、284 ページで紹介した журна́л, газе́та, ме́сто の複数与格、造格、前置格形がそれぞれ ам, ами, ах だったのに対して、こちらは ям, ями, ях で、その違いは а と я だけです。

また ь で終わる名詞の複数形の格変化は次の通りです。

	слова́рь	тетра́дь
主格	словари́	тетра́ди
生格	словаре́й	тетра́дей
与格	словаря́м	тетра́дям
対格	словари́	тетра́ди
造格	словаря́ми	тетра́дями
前置格	словаря́х	тетра́дях

第38課
形容詞の複数形の格変化

- **基 本** 形容詞の複数形の格変化
- **応用1** 所有代名詞の複数形の格変化
- **応用2** 指示代名詞の複数形の格変化
- **発 展** 形容詞の格変化についてもう少し

この課で学習する主な単語　CD◎74

для [+生]	～のため
другóй	ほかの
журналúст	ジャーナリスト
мéжду [+造]	～の間
óвощи	野菜（複数形）
свéжий	新鮮な
стоя́ть [不完]	立っている
тяжёлый	重い
фру́кты	果物（複数形）
широ́кий	広い

基本 形容詞の複数形の格変化

> 155 **Я пишу́ япо́нским студе́нтам.**
> 私は日本の学生たちに手紙を書いています。
>
> 156 **Я рабо́таю с япо́нскими студе́нтами.**
> 私は日本の学生たちと働いています。

　形容詞の複数形もやっぱり格変化します。ええと、誤解のないように確認しますが、形容詞自身が複数とか、そういうことではありません。主役はいつでも名詞です。その名詞が複数になれば、形容詞も合わせて複数形になり、さらに格もまたそれに合わせていくというわけです。たとえば名詞が複数与格なら、形容詞も複数与格形といった具合。

　今回は но́вый/но́вая/но́вое と ру́сский/ру́сская/ру́сское の２つの複数格変化パターンから始めましょう。

	но́вый/но́вая/но́вое	ру́сский/ру́сская/ру́сское
主格	но́вые	ру́сские
生格	но́вых	ру́сских
与格	но́вым	ру́сским
対格	но́вые/но́вых	ру́сские/ру́сских
造格	но́выми	ру́сскими
前置格	но́вых	ру́сских

　形容詞の複数形はどの格でも文法性の区別がなくなります。名詞のときもそうでしたが、複数はどうも単純化されていますね。

　но́вый/но́вая/но́вое と ру́сский/ру́сская/ру́сское の複数格変化

パターンの違いといえば、最後から２番目（造格形だけは最後から３番目）の文字でしょう。つまり、男性単数主格形が ый で終わる形容詞は、複数格変化形の最後から２番目の文字がыとなりますが、ий で終わる形容詞ではそれが и になるわけです。

　対格のところで но́вые/но́вых とか ру́сские/ру́сских となっているのは、不活動体名詞と結びつくか、それとも活動体名詞と結びつくかによって違ってくることを意味します。つまり「新しい雑誌を」でしたら но́вые журна́лы ですが、「新しい学生を」では но́вых студе́нтов になるわけです。

　その他の形容詞では、たとえば хоро́ший は ру́сский と同じ格変化パターンとなり、主格 хоро́шие, 生格 хоро́ших, 与格 хоро́шим, 対格 хоро́шие/хоро́ших, 造格 хоро́шими, 前置格 хоро́ших になります。

　難しいのは ой で終わる形容詞で、これはその ой の前の音によって変わってきます。молодо́й は молоды́е, молоды́х, молоды́м... というように но́вый と同じ変化パターンになりますが、большо́й だったら больши́е, больши́х, больши́м... というように ру́сский と同じように格変化するわけです。

　こういうことを文でごちゃごちゃ書くと、鬱陶しいかもしれません。でも表であっさり簡潔に示すと、なんだか難しそうに見えてしまう。教える方は困ってしまいます。大切なのは、メインとなる名詞に形容詞などがちゃんと形を合わせているかということ。これをチェックするところからはじめましょう。

　確認しておきます。**155** Я пишу́ япо́нским студе́нтам.「私は日本の学生たちに手紙を書いています」。**156** Я рабо́таю с япо́нскими студе́нтами.「私は日本の学生たちと働いています」。とくに **156** は「～ими ～ами」となって、なんだかリズミカルです。ちょっと口ずさんでみてはいかがでしょうか。

応用 1　所有代名詞の複数形の格変化

> 157　**Я пишу́ мои́м подру́гам.**
> 私は友だちに手紙を書いています。

所有代名詞でも、複数形の格変化では文法性の区別がありません。

	мой/моя́/моё	ваш/ва́ша/ва́ше
主格	мои́	ва́ши
生格	мои́х	ва́ших
与格	мои́м	ва́шим
対格	мои́/мои́х	ва́ши/ва́ших
造格	мои́ми	ва́шими
前置格	мои́х	ва́ших

　この мои́, мои́х, мои́м... と同じパターンで твои́, твои́х, твои́м... と変化し、また ва́ши, ва́ших, ва́шим... にしたがって на́ши, на́ших, на́шим と変わることは、もう大丈夫ですよね。157 Я пишу́ мои́м подру́гам.「私は友だちに手紙を書いています」では、подру́гам ですから複数の女性の「友だち」に宛てて書いていることになります。

　それに対して3人称の所有代名詞である его́「彼の」、её「彼女の」、их「彼らの」は、相変わらず変化しません。в на́ших ко́мнатах「私たちの部屋で」では наш が ко́мнатах に合わせて на́ших のように複数前置格形になっていますが、в его́/её/их ко́мнатах「彼／彼女／彼らの部屋で」では、そのような一致がありません。まるで空気が読めないかのように、いつでもマイペースな его́, её, их は、他の所有代名詞がすべて形を合わせる中で少々変わっていますから、注意してください。

応用 2　指示代名詞の複数形の格変化

> 158　**Я рабо́таю с э́тими студе́нтами.**
> 私はこの学生たちと働いています。

指示代名詞の複数の格変化も、所有代名詞に似ています。

	э́тот/э́та/э́то
主格	э́ти
生格	э́тих
与格	э́тим
対格	э́ти/э́тих
造格	э́тими
前置格	э́тих

158　Я рабо́таю с э́тими студе́нтами.「私はこの学生たちと働いています」のようになります。慣れてくれば、どれも同じような語尾。簡単です。
　気をつけてほしいのは、э́тот/э́та/э́то が複数形になったからといって「これら」とは限らないということです。複数形しかない名詞につけば э́ти часы́「この時計」のように訳すべきときもあります。それが格変化すれば э́тих часо́в, э́тим часа́м... などと変化していくのはもちろんです。

例 文

38-01　О́льга хо́дит с тяжёлыми су́мками.

38-02　В библиоте́ке не́ было но́вых кни́г.

38-03　Вчера́ Ири́на познако́милась с ру́сскими журнали́стами.

38-04　На широ́ких у́лицах стоя́т маши́ны.

38-05　О́н подари́л свои́м подру́гам цветы́.

38-06　Макси́м ви́дел неме́цких перево́дчиков.

38-07　Каки́е други́е языки́ вы́ зна́ете?

38-08　Она́ купи́ла све́жие о́вощи и фру́кты в э́том магази́не.

38-09　Э́то зада́ча для иностра́нных студе́нтов.

38-10　Ме́жду э́тими уро́ками учи́тель отдыха́ет.

和訳と解説

38-01 オリガは重たいカバンを持って歩いています。

38-02 図書館には新しい本がありませんでした。

38-03 きのうイリーナはロシアのジャーナリストたちと知り合いになりました。

38-04 広い通りに車がとまっています。
＊車などが「停車している」は стоя́ть「立っている」を使います。

38-05 彼は自分の友だちに花を贈りました。

38-06 マクシムはドイツの通訳たちに会いました。

38-07 ほかにどんな外国語を知っていますか。

38-08 彼女は新鮮な野菜と果物をこの店で買いました。

38-09 これは外国人学生のための課題です。
＊для は生格形と結びつきます。

38-10 これらの授業の間で先生は休みます。
＊ме́жду は造格形と結びつきます。

発展 形容詞の格変化についてもう少し

形容詞の格変化パターンについては、単数形・複数形ともに詳しく紹介してきましたが、1つだけ取り上げていないパターンに синий「青い」があります。

	男性形	女性形	中性形	複数形
主格	си́ний	си́няя	си́нее	си́ние
生格	си́него	си́ней	си́него	си́них
与格	си́нему	си́ней	си́нему	си́ним
対格	си́ний/си́него	си́нюю	си́нее	си́ние/си́них
造格	си́ним	си́ней	си́ним	си́ними
前置格	си́нем	си́ней	си́нем	си́них

хоро́ший や свéжий の格変化に似ているところもありますが、女性形の主格と対格が違います。яя とか юю のように、同じ文字が並んでいるのが特徴ですね。

чей「誰の」の格変化は次のようになります。

	男性形	女性形	中性形	複数形
主格	че́й	чья́	чьё	чьи́
生格	чьего́	чье́й	чьего́	чьи́х
与格	чьему́	чье́й	чьему́	чьи́м
対格	че́й/чьего́	чью́	чьё	чьи́/чьи́х
造格	чьи́м	чье́й	чьи́м	чьи́ми
前置格	чьём	чье́й	чьём	чьи́х

第39課
命令法

- 基 本　命令法の作り方
- 応用1　命令法の否定
- 応用2　「〜しましょう」の表現
- 発 展　命令法の作り方についてもう少し

この課で学習する主な単語　CD●76

бы́стро	はやく
вме́сте	いっしょに
внима́тельно	注意深く
гро́мко	大きな声で
дава́йте	〜しましょう
ме́дленно	ゆっくりと
немно́го	少し
переда́ть [完]	伝える
пе́ть [不完]	歌う
приве́т	あいさつ

基本 命令法の作り方

> **159 Читáйте грóмко.**
> 大きな声で読んでください。
>
> **160 Говорúте грóмко.**
> 大きな声で話してください。

「命令」というとなんだか威圧的な感じですが、「〜してください」という依頼の表現だと考えれば、日常でもよく使われることが想像できます。

命令法の作り方では、動詞の現在形1人称単数、つまり я のときの形が基本です。

читáть「読む」で見ていきましょう。я のときの形は читáю ですね。命令法はここから最後の1文字、この場合は ю を取り去って й をつけます。すると читáй ができ上がり、「読みなさい」という意味になるわけです。同様に слýшать「聴く」から слýшай「聴きなさい」、дéлать「する」から дéлай「しなさい」を作ることができます。簡単ですね。

このような例だけを見ると、不定形からでも作れそうな気がしますがちょっと違います。たとえば танцевáть「踊る」の命令法は танцýй です。я танцýю という形を思い出す必要があるわけです。

ところで、читáй, слýшай, дéлай, танцýй のような命令法は、ты の関係で使います。つまり親しい相手ならいいけれど、そうでなければちょっと乱暴に響いてしまう危険性があるのです。横柄な人間とは思われたくないですよね。でしたら、命令法の最後に те をつけましょう。こうすれば читáйте「読んでください」となって、ずっと穏やかです。命令法はこの те がついた形である слýшайте, дéлайте, танцýйте で覚えたほうがいいでしょう。**159 Читáйте грóмко.**「大きな声で読んでください」と те の形で紹介しています。

さて、命令法はいつでも同じように作れるわけではありません。ここで紹介した й をつける方法が使えるのは、その前が母音のときだけです。そうでなければ、別の作り方があります。

говори́ть「話す」で考えていきます。я のときは говорю́ となり、最後の ю を取り去ると最後は р という子音です。このときは й ではなくて и をつけます。すると говори́ という形が出来ますが、ここでもやっぱり те をつけて говори́те「話してください」という形で覚えてください。 ⑯ Говори́те гро́мко.「大きな声で話してください」。自信なさそうに小声で話していると、こんなふうにいわれてしまいます。

それにしても говори́те という形は見たことがありますね。そうなんです、現在形2人称複数、つまり вы́ говори́те のときとまったく同じ形になるのです。

だったら、このタイプの命令法ならいつでも現在形2人称複数と同じと考えていいかといえば、それはちょっと違います。

смотре́ть「見る」の命令法を見てみましょう。я смотрю́ から ю を取り去って и をつければ смотри́ となり、これに те をつければ смотри́те で、やっぱり現在形2人称複数と同じ形に見えます。

しかし微妙に違うんです。現在形2人称複数の вы́ смо́трите では、アクセントが о にありました。しかし命令法の смотри́те では и にあります。これがポイントです。同様に кури́ть「タバコを吸う」の命令法は кури́те となり、вы́ ку́рите と違ってアクセントは и です。

писа́ть「書く」の命令法には注意してください。я пишу́ から、ここでは ю ではなくて у を取り去って、пиши́те という形を作ります。

これが命令法の作り方の基本です。もっとも、命令法をよく使う動詞は決まっていますので、да́йте「ください」、иди́те「行ってください」、помоги́те「助けてください」、покажи́те「見せてください」などは、実用会話を目指すのであれば、そのまま覚えておくほうがいいかもしれません。

応用 1　命令法の否定

> **161　Не кури́те.**
> タバコを吸わないでください。
>
> **162　Не покупа́йте э́ту кни́гу.**
> この本を買わないでください。

　先ほど、кури́ть「タバコを吸う」の命令法は кури́те になると紹介しました。それにしても「タバコを吸ってください」という表現は、実際どれくらい使うのでしょうか。むしろ「タバコを吸わないでください」という場合の方が多いのではないでしょうか。

　否定の命令、つまり「～しないでください」というときには、その前に не を置きます。「タバコを吸わないでください」だったら 161 Не кури́те. です。簡単ですね。

　否定の命令法は不完了体動詞を使うのがふつうです。肯定の場合、「この本を買ってください」では Купи́те э́ту кни́гу. のように動詞が完了体ですが、「この本を買わないでください」では 162 Не покупа́йте э́ту кни́гу. となり、ここでは不完了体動詞です。

　そもそも、命令法と動詞の体の関係はいろいろ複雑です。基本的には1回限りの行動に対しては完了体動詞を使えばいいのですが、否定では不完了体になりますし、さらにいえば否定で完了体動詞の命令法を使うと「行為者が知らないうちにやってしまうかもしれない行為に対する警告」を表すなど、別のニュアンスが加わることがあります。

　でも、初級ではそこまでこだわることはありませんね。まずは「否定の命令法は不完了体動詞」と覚えてください。

応用 ❷ 「〜しましょう」の表現

163 **Идёмте туда́.**
そこへ行きましょう。

164 **Дава́йте пе́ть.**
歌いましょう。

　命令や依頼とは少し違いますが、「〜しましょう」という勧誘の表現も広い意味で命令法になります。
　作り方はいくつかありますが、簡単なのは現在形1人称複数の形を使う方法です。Идём туда́. は「そこへ行こう」という意味になります。しかしこれは ты に対する誘いなので、ていねいに表現するにはやはり те をつけて **163** Идёмте туда́.「そこへ行きましょう」とします。
　また дава́й あるいはていねいに дава́йте を使って、これと不完了体動詞の不定形を組み合わせるというのもあります。**164** Дава́йте пе́ть.「歌いましょう」といった感じです。このように何かを誘われたことに対して「そうしましょう」と答えるときには Дава́йте. といいます。これもまた、いろいろ使えそうですね。ロシア人から Дава́йте говори́ть по-ру́сски.「ロシア語で話しましょう」といわれたら、Дава́йте.「そうしましょう」と答えましょう。遠慮は無用です。
　この дава́й あるいは дава́йте は、未来形の1人称複数形といっしょに使うこともできます。「歌いましょう」だったら Дава́йте бу́дем пе́ть. となるわけです。あるいは完了体動詞 спе́ть の未来形を使えば Дава́йте споём. というのもできます。でも、あまりに多くのバリエーションを一度に紹介すると混乱してしまいますから、まずは不完了体動詞の不定形といっしょに使うことから覚えてください。

303

例 文

39-01　Читáйте мéдленно.

39-02　Не говорúте бы́стро.

39-03　Идúте сюдá.

39-04　Слýшайте внимáтельно.

39-05　Не курúте в моéй кóмнате.

39-06　Расскажúте немнóго о вáшей рабóте.

39-07　Пишúте чёрной рýчкой.

39-08　Передáйте привéт вáшему мýжу.

39-09　Идёмте в кинотеáтр.

39-10　Давáйте вмéсте танцевáть.

和訳と解説

39-01 ゆっくり読んでください。

39-02 はやく話さないでください。

39-03 こちらに来てください。

39-04 注意深く聴いてください。

39-05 私の部屋でタバコを吸わないでください。

39-06 あなたの仕事について少し話してください。

39-07 黒いペンで書いてください。

39-08 あなたのご主人によろしくお伝えください。

39-09 映画館へ行きましょう。

39-10 いっしょに踊りましょう。

命令法の作り方についてもう少し 【発展】

　実をいえば、命令法の作り方はこれだけではありません。

　たとえば познако́миться「知り合う」の命令法は познако́мьтесь となります。й でも и でもなく、м のあとに ь という記号が書かれています。しかしこういうパターンまで説明するとなったら、かなり複雑になってしまいますので、ここでは「このまま覚えてね」といって逃げることにします。

　それにしても「知り合う」の命令法ってなに？「知り合ってください」なんて表現を使うことがあるの？

　いえいえ、そうではなくてこれは「ご紹介します」というような感じなんです。Познако́мьтесь, пожа́луйста, э́то мо́й бра́т Макси́м.「ご紹介します、これが私の弟のマクシムです」なら、使いますよね。

　そのほかにも、命令法は不規則なものがたくさんあります。спа́ть「眠る」は現在形1人称単数で я сплю́ なのに、命令法は спи́те で л がどこかに消えてしまっています。пи́ть「飲む」なんて、命令法は пе́йте となるので、これでは「歌う」と混乱しそうですね。ロシア人から飲み物を勧められたのに、いきなり歌い出したらビックリされることでしょう。

　やはり命令法は作り方の原則は理解しておいて、そのほかによく使うものはそのまま覚えたほうがよさそうです。

第40課
比較級と最上級

- 基　本　　比較級の作り方
- 応用1　　「～よりも」の表現
- 応用2　　最上級の作り方
- 発　展　　比較級と最上級の作り方について
　　　　　　もう少し

この課で学習する主な単語　CD⚪︎78

всé　みんな

всё　ぜんぶ

гора́здо　ずっと

лёгкий　軽い、やさしい（гは[x]のように発音します）

ма́ло　少なく

плохо́й　悪い

са́мый　もっとも

ти́хо　静かに

тру́дный　難しい

чём　～より

基本 比較級の作り方

> 165 **Э́тот рома́н интере́снее.**
> この小説の方が面白いです。
>
> 166 **Говори́те ти́ше.**
> もっと静かに話してください。

比較級は、物や人を比べてその間に差があるときに用います。

比較級が作れるのは形容詞と副詞です。つまり「この車はあの車より速い」というときの「速い」は形容詞の比較級ですが、「もっと速く走ってください」というときの「速く」は副詞の比較級というわけです。ただしロシア語の場合は、比較級になると形容詞も副詞も同じ形になってしまいますので、この先は形容詞を中心に取り上げることにして、対応する副詞があればカッコの中に入れて示します。

比較級が作れるのは性質を表す形容詞や副詞に限られます。だから ру́сский や япо́нский からは作れません。「よりロシアの」とか「もっと日本の」といわれても困るわけです。

比較級は語尾が ее になるのが特徴です。интере́сный（интере́сно）「おもしろい」の比較級は интере́снее、краси́вый（краси́во）「美しい」の比較級は краси́вее となります。165 Э́тот рома́н интере́снее. 「この小説のほうが面白いです」。なかには све́жий「新鮮な」の比較級 свеже́е のように、アクセントの位置が変わるものがあって、そこは注意が必要です。

このほかに、語尾が е 1文字分だけという比較級もあります。こちらもよく使われるのですが、そのときに子音が変わったり、母音が消えたり、ちょっと想像のつかない形になってしまいます。これは難しい法則を導き出すより、主なものを覚えたほうがよさそうです。

この本にこれまで出てきた形容詞や副詞を中心に、語尾 e を持つ比較級が作られるものには、たとえば次のようなものがあります。дорого́й (до́рого)「高い」⇨ доро́же、дешёвый (дёшево)「安い」⇨ деше́вле、коро́ткий (ко́ротко)「短い」⇨ коро́че、лёгкий (легко́)「軽い、やさしい」⇨ ле́гче、широ́кий (широко́)「広い」⇨ ши́ре、ти́хий (ти́хо)「静かな」⇨ ти́ше、гро́мкий (гро́мко)「大きな声の」⇨ гро́мче、молодо́й「若い」⇨ моло́же、ста́рый「古い」⇨ ста́рше。うーん、ここから何か法則を見つけるのはタイヘンそうですね。

例文を挙げておきましょうか。⓻⓺⓺ Говори́те ти́ше.「もっと静かに話してください」では、副詞の比較級の例です。ロシアの教会などで大きな声を出しますと、こんなふうにいわれてしまいますからご注意ください。

比較級でとくによく使われるものには、большо́й「大きい」の比較級である бо́льше「より大きい」と、ма́ленький「小さい」の比較級 ме́ньше「より小さい」があります。この бо́льше は、副詞 мно́го「たくさん」の比較級として「より多く」という意味にもなります。同じように、ме́ньше は副詞 ма́ло「少なく」の比較級「より少なく」としても用いられます。

さらに、完全なる不規則タイプとして хоро́ший (хорошо́)「よい」の比較級 лу́чше があります。また плохо́й (пло́хо)「悪い」の比較級は ху́же です。この2つは本当によく使われます。そういえば、英語でも good や well の比較級は better でしたし、bad の比較級は worse でした。やっぱりよく使われるものは、不規則になりがちなんですね。

このような比較級を強調するものとして、гора́здо「ずっと」というのがあります。「とても多い」では о́чень мно́го のように о́чень を使って強調しましたが、これが比較級になると гора́здо бо́льше「ずっと多い」のように用いるわけです。これも合わせて覚えましょう。

応用 ❶ 「～よりも」の表現

> ⒄ **Пётр моло́же, чем Макси́м.**
> ピョートルはマクシムより若いです。
>
> ⒅ **Пётр моло́же Макси́ма.**
> （同上）

　比べて差があるときに用いるのが比較級でしたから、その比べる対象を示すためには「～よりも」という表現が必要になってきます。これには方法が２つあります。

　１つは接続詞 **чем** を使う方法です。「ピョートルはマクシムより若い」は ⒄ Пётр моло́же, чем Макси́м. となります。чем は что の造格形とまったく同じ形をしていますので、混乱しないようにしてください。比較の対象を示す чем は、その前にコンマを打ちます。

　もう１つの方法としては、比べる対象を生格にして表します。⒅ Пётр моло́же Макси́ма. のようになるわけです。意味は同じです。

　「私よりも」や「君よりも」など、人称代名詞を使うことだってもちろんできます。**Я ста́рше тебя́.**「私は君より年上です」。また所有代名詞を使って **Моя́ ко́мната бо́льше ва́шей.**「私の部屋はあなたのよりも大きい」といった文も作れます。そのためには生格形に慣れておきましょう。

　格変化しないものを比べるときには чем を使うしかないのは当然です。**Сего́дня пого́да лу́чше, чем вчера́.**「きょうはきのうより天気がいい」では сего́дня や вчера́ が副詞なので、生格にすることができませんから、必ず чем を使います。

応用 ❷ 最上級の作り方

> **169** Э́то са́мая дорога́я су́мка в э́том магази́не.
> これはこの店でもっとも高いカバンです。

　最上級は、3つ以上の物や人を比べて、ある性質をいちばん持っているときに用います。

　ロシア語の最上級は比較級に比べてずっと簡単です。形容詞ではその前に са́мый「もっとも」をつけます。**169** Э́то са́мая дорога́я су́мка в э́том магази́не.「これはこの店でもっとも高いカバンです」。

　この са́мый はほかの形容詞に合わせて、文法性や数や格が変化します。Она́ купи́ла са́мую дорогу́ю су́мку в э́том магази́не.「彼女はこの店でもっとも高いカバンを買いました」。つまり、形容詞と同じ要領です。

　ほかの方法もあります。物を比べるときには、比較級のあとに всё「すべての物」の生格である всего́ を使って、最上級を表すことができます。Э́то бо́льше всего́. は、すべての物と比べてみて大きいということなので、「これはもっとも大きい」となります。

　また人を比べるときには все「すべての人」の生格である всех を用います。Она́ моло́же всех. は、すべての人と比べてみて若いという意味なので「彼女はもっとも若い」となるわけです。

　そういえば、英語にも「比較級 + than any other + 名詞の単数形」で「ほかのどの〜よりも」というのが表せましたよね。やっぱりロシア語と英語は遠い親戚の言語だから、どこか似ているところがあるのかなあ。あ、覚えていない。これは失礼いたしました。

例 文

40-01 Росси́я бо́льше, чем Япо́ния. / Росси́я бо́льше Япо́нии.

40-02 Моя́ су́мка гора́здо ле́гче, чем ва́ша.

40-03 Сего́дня пого́да ху́же, чем вчера́.

40-04 Что трудне́е, францу́зский язы́к и́ли неме́цкий?

40-05 Он говори́т по-ру́сски лу́чше меня́.

40-06 Ти́ше! Ба́бушка спит.

40-07 Наш го́род — са́мый краси́вый в стране́.

40-08 Она́ купи́ла са́мую дорогу́ю су́мку в э́том магази́не.

40-09 Она́ говори́т ме́ньше всех.

40-10 Э́то мне нра́вится бо́льше всего́.

和訳と解説

40-01 ロシアは日本より大きい。

40-02 私のカバンはあなたのよりもずっと軽い。

40-03 きょうはきのうより天気が悪い。

40-04 フランス語とドイツ語ではどちらが難しいですか。

40-05 彼は私より上手にロシア語を話します。

40-06 もっと静かに！おばあさんが寝ています。

40-07 私たちの町は国中でもっとも美しいです。

40-08 彼女はこの店でもっとも高いカバンを買いました。

40-09 彼女は誰よりも口数が少ない。

40-10 私はこれが何よりも気に入りました。

発展　比較級と最上級の作り方についてもう少し

　比較級には他の表し方もあります。бо́лее という不変化の語を形容詞や副詞の前に置くのです。Моя́ ба́бушка бо́лее ста́рая, чем ва́ша.「私のおばあさんはあなたの（おばあさん）よりも年を取っています」のように使います。これは Моя́ ба́бушка ста́рше, чем ва́ша. あるいは Моя́ ба́бушка ста́рше ва́шей. と同じです。この бо́лее を使う場合には、対象を示せるのは чем だけで、生格は使えません。

　また最上級にも ейший という語尾を使うことがあります。краси́вый「美しい」の最上級は краси́вейший となり、文法性や数や格によって変化をします。ただし、ほかにも айший という語尾もあり、こちらはさらに子音が変わったり母音が消えたりと面倒な変化に気をつけなければなりません。ただし、これを使うと文章語っぽくなるので、初級段階では са́мый をつける最上級を覚えれば充分です。

наи のつく最上級

　最上級の一部には、はじめに наи がつくものがあります。しかし使われるのは наибо́льший「最大の」、наилу́чший「最良の」、наиме́ньший「最小の」ぐらいに限られています。

　また наибо́лее という副詞は、形容詞や副詞について「もっとも」「いちばん」という意味を表します。наибо́лее лёгкий вопро́с「いちばんやさしい問題」。

移動の動詞についてもう少し

第31課で紹介した идти́ － ходи́ть、е́хать － е́здить の他に、移動の動詞には次のようなものがあります。

	定動詞	不定動詞
「走る」	бежа́ть	бе́гать
「乗り物で運ぶ」	везти́	вози́ть
「導く」	вести́	води́ть
「泳ぐ」	плыть	пла́вать
「飛ぶ」	лете́ть	лета́ть
「持って運ぶ」	нести́	носи́ть
「はう」	ползти́	по́лзать

定動詞はどこかへ「向かう」を表し、また不定動詞は「通う」を表すのは、идти́ － ходи́ть、е́хать － е́здить と同じです。везти́ － вози́ть、нести́ － носи́ть のように、「運ぶ」に対しても乗り物を使うかどうかで区別していることに注意してください。なお移動の動詞は、定動詞も不定動詞もすべて不完了体です。

それにしても везти́ と вести́ はまったく同じ発音になってしまうのですから、混乱しそうです。もちろん活用が違うわけで、везти́ は я везу́, ты везёшь... となるのに対して、вести́ は я веду́, ты ведёшь... ですから区別がつきます。…いや、これもけっこう似ているかな。

接頭辞のついた移動の動詞

　ロシア語には接頭辞といわれる短い前綴りがあります。接頭辞はもとの単語に対してさまざまなニュアンスを加えます。
　移動の動詞の場合、定動詞に接頭辞をつけると完了体動詞、不定動詞に接頭辞をつけると不完了体動詞になります。
　たとえば接頭辞 при は到着や接近を表します。

　　　прилете́ть 完　прилета́ть 不完 「飛んで来る」
　　　принести́ 完　приноси́ть 不完 「運んで来る」

＊2つの動詞に注意してください。まず идти́ は接頭辞がつくとき йти という形になります。

　　　прийти́ 完　приходи́ть 不完 「(歩いて) やって来る」

また е́здить は接頭辞がつくと езжать という形になります。

　　　прие́хать 完　приезжа́ть 不完 「(乗り物で) やって来る」

　移動の動詞は他にもさまざま接頭辞がついて、いろいろなニュアンスを表すことができます。主な接頭辞を漢字1文字で表してみましょう。

　　в/во 　：中　войти́ 完　входи́ть 不完　「(歩いて) 入る」
　　вы 　　：外　вы́йти 完　выходи́ть 不完　「(歩いて) 出る」
　　от/ото：離　отойти́ 完　отходи́ть 不完　「(歩いて) 離れる」
　　пере 　：越　перейти́ 完　переходи́ть 不完「(歩いて) 渡る」
　　про 　 ：貫　пройти́ 完　проходи́ть 不完　「(歩いて) 通る」

第3部
ロシア語の構文を捉える

第3部では、ロシア語の構文を中心に学習していきます。

　第2部までは、変化を覚えることに焦点を絞って勉強するため、短く単純な文ばかりを紹介しました。しかし実際のロシア語には、長くて複雑な文や特殊な構文がたくさんあります。これに慣れなければ、ロシア語を読むことができるようにはなりません。

　この先に取り上げる項目は、すでに中級に限りなく近づいているレベルです。内容も難しくなってきますが、あと10課分だけですから、なんとか頑張って読み進めてください。

　あと少しでゴールです。

第41課
無人称文、不定形文、不定人称文

- 基本 無人称文
- 応用1 不定形文
- 応用2 不定人称文
- 発 展 普遍人称文

この課で学習する主な単語 CD❷ 80

жа́рко	暑い
интере́сно	面白い
легко́	やさしい（г は [x] のように発音します）
постро́ить 完	建設する
прохла́дно	涼しい
стро́ить 不完	建設する
тепло́	暖かい
тру́дно	難しい
хо́лодно	寒い
хоте́ться 不完	〜したい気がする

基本 無人称文

> **170 Мне хо́лодно.**
> 私は寒いです。
>
> **171 Мне хо́чется спа́ть.**
> 私は眠たいです。

ロシア語で文を作るときには、たいてい主語と述語が必要でした。その主語は、名詞や代名詞の主格で表されることが多かったですが、そうではないパターンもあります。

たとえば第28課で学習した所有の表現。У меня́ есть...「私は持っています」のような構文で表され、「私は」の部分は я ではなく、у меня́ のようにちょっと変わった形で表しました。主格が示すのは持ち物です。

それから第15課で学習した мо́жно, нельзя́, ну́жно。もし、これらを使った文で主語を表したいときには、与格形を用います。つまり Макси́му нельзя́ кури́ть.「マクシムはタバコを吸ってはいけません」とか、Мне ну́жно рабо́тать.「私は働かなくてはなりません」といった具合。

このような述語は、実は他にもあります。

たとえば気温を表す語。хо́лодно「寒い」、жа́рко「暑い」、прохла́дно「涼しい」、тепло́「暖かい」などでも、主語は与格で表します。**170 Мне хо́лодно.**「私は寒い」。あるいは Вам не жа́рко?「あなたは暑くありませんか」。こういうときには、я や вы を使ってはいけません。

これらに共通する特徴は、нельзя́ を除けば最後がどれも о で終わっていることです。このようなものを述語副詞といいます。述語副詞を使った文の特徴は、主語が与格で表されることです。これを無人称文といいます。

述語副詞は形容詞から作ることができます。第40課で学習した тру́дный「難しい」は、ый を取り去って о をつければ、тру́дно とい

う述語副詞が出来上がります。Вáм трýдно изучáть рýсский язы́к?「あなたにはロシア語を勉強するのが難しいですか」。

ほかにも、интерéсный「面白い」からは интерéсно、лёгкий「やさしい」からは легкó という述語副詞が作れます。

今回学習している気温を表す述語副詞にも、対応する形容詞があります。хóлодно ⇨ холо́дный 形、жáрко ⇨ жáркий 形、прохлáдно ⇨ прохлáдный 形、теплó ⇨ тёплый 形。アクセントの位置や母音が変わることがありますので、注意してください。

無人称文では、過去形は бы́ло、未来形は бýдет を使って表します。Вчерá бы́ло хóлодно.「きのうは寒かったです」、Зáвтра бýдет теплó.「あすは暖かいでしょう」。

このような構文になるのは、述語副詞だけではありません。たとえば動詞 хотéться「～したい気がする」は無人称文を作ります。このような動詞を無人称動詞といいます。171 Мнé хóчется спáть.「私は眠たいです」は、自分の気持ちに反して目が閉じそうな様子です。それに対して Я хочý спáть.「私は眠いです」はもっと積極的で、自分の意思でベッドに向かうといった感じでしょうか。意味が非常に近いので、その差を説明するのは難しいのですが、構文が違うことははっきりしています。過去形では хотéлось という中性形になります。Мнé хотéлось купи́ть нóвую маши́ну.「私は新しい車がほしいと思ったのでした」。

詳しい文法書を読めば、無人称文にはもっといろいろな種類があると書かれています。たとえば自然現象を表し、3人称でしか使われない無人称動詞を使った文などです。でも Темнéет.「暗くなってきています」や Рассвелó.「夜が明けました」のような文は、あまり汎用性もなく、初級段階では少々使いにくいかもしれません。まずは主として о で終わる述語副詞と、хотéться を覚えてください。

応用 ❶ 不定形文

> 172 **Чтó мнé дéлать?**
> 私はどうしたらいいのだろうか。

　主語を与格形で表す文は、無人称文だけではありません。
　「疑問詞＋不定形」は義務や必要を表します。Чтó дéлать? は「何をしなければならないのか／どうしたらいいのか」という意味で、困り果てて自問自答しているような感じが表現できるのです。Чтó вы́ дéлаете?「あなたは何をしているのですか」と比べれば、明らかに意味が違いますね。
　ほかにも Кудá идти́?「どこへ行く必要があるのか」、Гдé учи́ться?「どこで勉強したらいいのか」など、意外と使えそうな表現がたくさんあります。
　このような構文で主語を示すときには、無人称文と同じように与格形を使います。172 Чтó мнé дéлать?「私はどうしたらいいのだろうか」、あるいは Кудá нáм идти́?「私たちはどこへ行く必要があるのでしょうか」。
　すでに第15課で紹介しましたが、不定形だけで命令を示すこともできます。たとえば Молчáть!「黙れ！」。先日も、ロシア語でサスペンスドラマを見ていたら、このような不定形による命令がしょっちゅう使われていました。渋い刑事が使うとカッコいいのですが、これはかなりキツイ印象を与えますので、みなさんは使わない方がいいでしょう。

応用 ❷　不定人称文

> 🎧 **В на́шем го́роде стро́ят больни́цу.**
> 私たちの町では病院を建設しています。

　В на́шем го́роде стро́ят больни́цу.「私たちの町では病院を建設しています」という文があります。この文で主語は誰なんでしょうか。病院を建設するのは、大工さん、市長さん、それともその病院の院長先生？動詞は стро́ят なので３人称複数形ですが、誰が主語なのかはハッキリしません。まあ、ふつうはそういうことにあまりコダワリませんので、どうでもいいですよね。無理していえば「人々」でしょうか。

　このように、はっきりとした主語がなく、不特定の人々によっておこなわれる行為を表す文を、不定人称文といいます。

　不定人称文の動詞は、現在形および未来形では３人称複数形を用います。В на́шем го́роде бу́дут стро́ить но́вую шко́лу.「私たちの町では新しい学校を建設する予定です」。

　過去形では複数形になります。В на́шем го́роде постро́или теа́тр.「私たちの町では劇場を建設しました」つまり、いつでも они́ のときの形なんですが、その они́ を表すことはありません。

　そういえば Меня́ зову́т Ири́на.「私の名前はイリーナといいます」といった文がありました。зову́т は звать の現在形３人称複数。もともとは「人々は私のことをイリーナと呼ぶ」という意味で、これもまた不定人称文なんですね。

　不定人称文を日本語に訳すときには「れる・られる」を使って受身のように表現するとうまくいく場合があります。「劇場が建設されました」といった感じです。

例 文

41-01　Вáм не жáрко?

41-02　Вчерá бы́ло прохлáдно.

41-03　У нáс в гóроде всегдá теплó.

41-04　Интерéсно изучáть рýсский язы́к?

41-05　Вáм легкó говори́ть по-англи́йски?

41-06　Мнé óчень трýдно игрáть на скри́пке.

41-07　Кудá нáм идти́?

41-08　Мнé хóчется пи́ть.

41-09　На нáшей ýлице постóили кинотеáтр.

41-10　В газéтах мнóго пи́шут об э́той актри́се.

和訳と解説

41-01　あなたは暑くありませんか。

41-02　きのうは涼しかったです。

41-03　私たちの町はいつでも暖かいです。

41-04　ロシア語を勉強するのは面白いですか。

41-05　あなたには英語で話すのがやさしいですか。

41-06　私にはバイオリンを弾くのがとても難しいです。

41-07　私たちはどこへ行く必要があるのでしょうか。

41-08　私はのどが渇きました。

41-09　私たちの通りには映画館が建設されました。

41-10　新聞にはその女優についてたくさん書かれています。

発展 普遍人称文

普遍人称文では動詞が現在形2人称単数、つまり ты のときの形を使いますが、ты そのものは表しません。Ти́ше е́дешь, да́льше бу́дешь.「より静かに行けば、より遠くへ行ける」(да́льше は「より遠く」という意味で、далеко́ の比較級) という文では、е́дешь と бу́дешь が ты のときの形をしています。とはいえ、「君が」という意味ではありません。これは「一般的に誰でも」という普遍性を示しているのです。

普遍人称文は、ことわざなどで用いられる少し特殊な構文です。初級ではそれほど必要ありません。

でも「より静かに行けば、より遠くへ行ける」つまり「急がば回れ」ということわざは、外国語学習者の心にも響きますね。

その他の述語副詞

この課で紹介した以外の述語副詞を以下に挙げます。( ) 内は対応する形容詞です。

бо́льно (больно́й)「痛い」、ве́село (весёлый)「楽しい」、гру́стно (гру́стный)「悲しい」(т は発音しません)、оби́дно (оби́дный)「腹立たしい」、прия́тно (прия́тный)「嬉しい」、ску́чно (ску́чный)「退屈だ」(ч は [ш] のように発音します)、смешно́ (смешно́й)「おかしい、笑える」、сты́дно (сты́дный)「恥ずかしい」

また жаль「残念だ」も述語副詞ですが、これには対応する形容詞がありません。

第42課
複文と接続詞

- **基　本**　複文とは何か
- **応用1**　接続詞 что
- **応用2**　接続詞 чтобы
- **発　展**　並立複文

この課で学習する主な単語　CD❷ 82

биле́т	切符、チケット
когда́	いつ
ли	か
потому́ что	なぜならば
почему́	どうして
сказа́ть 完	いう
ско́ро	もうすぐ
стать 完	なる
что	ということ（アクセントなし）
что́бы	すること、するように

327

基本 複文とは何か

> ⑭ **Я́ не зна́ю, где́ она́ живёт.**
> 私は彼女がどこに住んでいるか知りません。
>
> ⑮ **Я́ не зна́ю, живёт ли она́ в Москве́.**
> 私は彼女がモスクワに住んでいるかどうか知りません。

　これまで学習してきた文は、主語が主格だったり与格だったり、あるいは述語が動詞だったり副詞だったりと、いろいろありました。でも主語がひとまとまり（Макси́м и Ири́на みたいな主語もありますから「まとまり」としておきます）で、述語もひとまとまり（живу́т и рабо́тают もまとまりと考えましょう）ということは、ほとんど共通しています（一部の例外については「発展」を参照）。このような文を単文といいます。

　この課で学ぶのは複文です。複文には主語と述語のペアが２つ以上あります。いくつかの文を組み合わせたと考えることもできます。

　たとえば日本語でも、「私は知りません」という文と「彼女はどこに住んでいますか」という文を組み合わせれば、「私は彼女がどこに住んでいるのか知りません」という間接的な疑問文ができますね。ロシア語でも同じで、Я́ не зна́ю. と Где́ она́ живёт? という２つの単文を組み合わせると、⑭ Я́ не зна́ю, где́ она́ живёт.「私は彼女がどこに住んでいるのか知りません」という１つの複文ができあがります。このとき前半の Я́ не зна́ю, を主節、後半の где́ она́ живёт を従属節といいます。

　もう１つ作ってみましょう。こんどは Вы́ зна́ете?「あなたは知っていますか」という疑問文と、Ка́к её зову́т?「彼女の名前は何といいますか」を組み合わせて複文にするとしたら、どうしたらいいでしょうか。答えは Вы́ зна́ете, ка́к её зову́т?「あなたは彼女の名前が何というか知っていますか」となります。

間接的な疑問を表す複文を作るのは、比較的簡単です。従属節が где や как といった疑問詞のある疑問文の場合には、2つの文をただ並べるだけ。ただし書くときには、従属節のはじめは小文字になり、節と節の間はコンマで区切ります。

　最後が「.」か「?」は、はじめの文によります。Я не знáю. は最後が「.」なので、Я не знáю, где онá живёт. も最後が「.」となりますが、Вы́ знáете? では最後が「?」なので、Вы́ знáете, кáк её зовýт? も最後が「?」となるわけです。

　ここで疑問詞を2つ紹介しましょう。когдá は「いつ」という意味です。Когдá бýдет экзáмен?「いつ試験がありますか」。これを Вы́ знáете? と結びつければ、Вы́ знáете, когдá бýдет экзáмен?「あなたは試験がいつあるか知っていますか」となりますね。

　もう1つは почемý「どうして」です。Почемý óн не рабóтает?「どうして彼は働かないのですか」と Вы́ знáете? を組み合わせれば、Вы́ знáете, почемý óн не рабóтает?「あなたはどうして彼が働かないのか知っていますか」となります。答えるときですが、почемý と質問されたら потомý что「なぜならば」を使います。Дá, знáю. Потомý что у негó бoли́т головá.「ええ、知っています。彼は頭が痛いからです」。

　疑問詞のない疑問文の場合には ли「かどうか」を用いて結びつけます。Я не знáю.「私は知りません」と Онá живёт в Москвé?「彼女はモスクワに住んでいますか」を結び付けるときは、**175** Я не знáю, живёт ли онá в Москвé.「私は彼女がモスクワに住んでいるかどうか知りません」となります。語順が少し変わっていますが、コンマのあとはポイントとなる語、この場合は живёт をはじめに持ってきて、その直後に ли をつけているのが特徴です。

応用 1　接続詞 что

> 176 **Я зна́ю, что она́ живёт в Москве́.**
> 私は彼女がモスクワに住んでいることを知っています。

　疑問文ではなく、平叙文を従属節にするときには、接続詞 что「～ということ」を使います。Я зна́ю.「私は知っています」と Она́ живёт в Москве́.「彼女はモスクワに住んでいます」を結び付ければ、176 Я зна́ю, что она́ живёт в Москве́.「私は彼女がモスクワに住んでいることを知っています」となります。

　このときの что は「何」を表す疑問詞ではありません。声に出すときには強調することなく、軽く発音し、アクセントもつけません。

　もちろん、疑問詞の что が間接的な疑問を示すこともあります。Я зна́ю, что́ э́то.「私はこれが何であるか知っています」では что́ をはっきりと発音してください。

　こういうときによく使う動詞を紹介しましょう。сказа́ть は「いう」という意味の完了体動詞です。Он сказа́л, что...「～と彼はいいました」Она́ сказа́ла, что...「～と彼女はいいました」といった感じで使います。

　これを使って「彼はあした雨だろうといいました」はどうなるでしょうか。「あしたは雨でしょう」は За́втра бу́дет до́ждь. です。答えは Он сказа́л, что за́втра бу́дет до́ждь. そう、そのままでいいんです。

　あれ、こういうとき、英語みたいに「時制の一致」ってないの？

　おお、英語をよくご存じですね。えっ、忘れている方もいらっしゃる？心配ご無用、ロシア語では時制の一致がないので、無理して思い出すことはありません。主節が過去で、従属節が未来でも、何の問題もないのです。

応用 ❷　接続詞 чтобы

> 🔘 177　**Я хочу́, что́бы вы́ помогли́ Макси́му в рабо́те.**
> 私はあなたがマクシムの仕事を手伝ってくれることを望んでいます。

　従属節を導く接続詞をもう1つ紹介しましょう。что́бы は主に「〜すること」あるいは「するように」を表します。注意してほしいのは что́бы を使うと従属節の動詞が実際の時制と関係なく、いつでも過去形になることです。

　177 Я хочу́, что́бы вы́ помогли́ Макси́му в рабо́те.「私はあなたがマクシムの仕事を手伝ってくれることを望んでいます」では、помогли́ が過去形になっていますが、実際には未来のことを表しています。これは主節の時制が過去形でも同じことです。Я хоте́л, что́бы вы́ помогли́ Макси́му в рабо́те.「私はあなたがマクシムの仕事を手伝ってくれることを望んでいました」。

　主節には動詞ではなく、述語副詞を使うこともできます。Ну́жно, что́бы моя́ до́чь прочита́ла э́тот уче́бник.「私の娘はこの教科書を読みあげることが必要です」。ここでも прочита́ла は過去形になっていますが、実際の内容は未来です。

　что と что́бы は構文のパターンが違うので混乱しないはずですが、ときには気をつけなければならないときもあります。

　Ири́на сказа́ла, что о́н рабо́тал мно́го. は「イリーナは彼がたくさん働いたといった」ですが、Ири́на сказа́ла, что́бы о́н рабо́тал мно́го. は「イリーナは彼にたくさん働くようにいった」です。微妙な違いに注意しましょう。

例文

42-01 Она́ не зна́ет, когда́ у меня́ де́нь рожде́ния.

42-02 Вы́ зна́ете, почему́ он не рабо́тает?

42-03 Я́ зна́ю, что ско́ро бу́дет экза́мен.

42-04 Говоря́т, что за́втра бу́дет о́чень хо́лодно.

42-05 Я́ ду́маю, что англи́йский язы́к о́чень тру́дный.

42-06 Я́ хочу́, что́бы вы́ ста́ли врачо́м.

42-07 Ну́жно, что́бы моя́ до́чь прочита́ла э́тот уче́бник.

42-08 Спроси́те, не́т ли у ни́х биле́тов в теа́тр.

42-09 Ири́на сказа́ла, что о́н рабо́тал мно́го.

42-10 Ири́на сказа́ла, что́бы о́н рабо́тал мно́го.

和訳と解説

42-01 彼女は私の誕生日がいつか知りません。

42-02 あなたは彼がどうして働かないのか知っていますか。

42-03 私はまもなく試験があることを知っています。

42-04 あしたはとても寒いそうです。
＊Говорят は「〜だそうです」という意味の不定人称文を作ります。

42-05 私は英語がとても難しいと思います。

42-06 私はあなたが医者になってほしいのです。
＊стать は造格と結びついて「〜になる」を表します。

42-07 私の娘がこの教科書を読みあげることが必要です。

42-08 彼らが劇場のチケットを持っていないかどうか尋ねてみてください。

42-09 イリーナは彼がたくさん働いたといいました。

42-10 イリーナは彼にたくさん働くようにいいました。

発展　並立複文

　第41課までに紹介したのはほとんどが単文でしたが、例外として次のような文がいくつかありました。Эти я́йца ма́ленькие, но́ хоро́шие.（第19課）、Вчера́ был дождь, а сего́дня бу́дет снег.（第22課）。

　このような接続詞 и「そして」、a「一方」、но「しかし」などによって結びつけられる複文を「並立複文」といいます。

　ここであらためてその用法を確認しましょう。и は「並列」を表します。Пого́да была́ плоха́я, и мы́ смотре́ли телеви́зор до́ма.「天気が悪かったので、私たちは家でテレビを見ていました」。a は「対比」です。Я инжене́р, а он врач.「私は技師で、一方彼は医者です」。そして но は逆接を示します。У меня́ боли́т голова́, но мне ну́жно рабо́тать.「私は頭が痛いのですが、働かなければなりません」。

　並立複文の特徴は、2つの文がお互いに影響を与えることなく、ただ接続詞によって結びつけられていることです。したがって、主節とか従属節という関係ではありません。

　それより、この3つの接続詞の微妙な意味の違いを理解してください。

　В ко́мнате ти́хо, и она́ хорошо́ спит.
「部屋の中は静かなので、彼女はよく眠っている」

　В ко́мнате ти́хо, но она́ не спит.
「部屋の中は静かなのに、彼女は眠れない」

　В ко́мнате ти́хо, а на у́лице разгова́ривают де́ти.
「部屋の中は静かだけど、外では子どもたちがお喋りをしている」

　英文法では、このような文を「重文」といいます。しかしロシア語ではこれも複文に含めることが習慣となっています。

第43課
関係詞

- 基 本　関係代名詞 который
- 応用1　который が前置詞を伴うとき
- 応用2　関係代名詞 что と кто
- 発 展　関係副詞

この課で学習する主な単語　CD◎84

зда́ние	建物
кото́рый	である
кто́	～する人
лю́ди	人々
нау́ка	科学
пра́вда	真実
режиссёр	監督
сиде́ть [不完]	座っている
то́т, те́, то́	（先行詞）
что́	するもの

基本 関係代名詞 который

178 Ма́льчик, кото́рый стои́т та́м, мо́й сы́н.
あそこに立っている男の子は私の息子です。

179 Де́вочка, кото́рая стои́т та́м, моя́ до́чь.
あそこに立っている女の子は私の娘です。

　関係代名詞はポイントとなる名詞を説明するため、2つの節を結び付ける役割をします。日本語で「男の子はあそこに立っています」と「(その)男の子は私の息子です」を結び付ければ「あそこに立っている男の子は私の息子です」となりますが、そういうときにロシア語では関係代名詞 кото́рый を使うのです。こういうものは、英語にもありましたね。

　Ма́льчик стои́т та́м.「男の子はあそこに立っています」と Ма́льчик — мо́й сы́н.「(その)男の子は私の息子です」を組み合わせて「あそこに立っている男の子は私の息子です」にすると、次のようになります。**178** Ма́льчик, кото́рый стои́т та́м, мо́й сы́н. この文では、ポイントとなる名詞（これを先行詞といいます）である ма́льчик が кото́рый によって結び付けられているのです。

　ところで、この кото́рый はどう見ても но́вый などの形容詞によく似ています。実際に関係代名詞は名前こそ「代名詞」ですが、形容詞のような区別があるのです。Ма́льчик, кото́рый стои́т та́м, мо́й сы́н. では先行詞の ма́льчик が男性名詞なので、関係代名詞も кото́рый を使っていました。しかし先行詞が女性名詞になると **179** Де́вочка, кото́рая стои́т та́м, моя́ до́чь.「あそこに立っている女の子は私の娘です」のように、関係代名詞は кото́рая という形になります。

形容詞と同じように関係代名詞にも男性形 кото́рый、女性形 кото́рая、中性形 кото́рое、複数形 кото́рые の４つの形があるのです。おやおや。
　それだけではありません。この４つは主格の形でしたよね。しかし形容詞はさらに格変化をし、6 つの格にしたがってそれぞれの形がありました。同様に、関係代名詞 кото́рый にも格変化した形があります。

	男性形	女性形	中性形	複数形
主格	кото́рый	кото́рая	кото́рое	кото́рые
生格	кото́рого	кото́рой	кото́рого	кото́рых
与格	кото́рому	кото́рой	кото́рому	кото́рым
対格	кото́рый/кото́рого	кото́рую	кото́рое	кото́рые/кото́рых
造格	кото́рым	кото́рой	кото́рым	кото́рыми
前置格	кото́ром	кото́рой	кото́ром	кото́рых

　こういう表は見るだけでウンザリですが、大切なのは使い方です。
　たとえば Вы́ ви́дели ма́льчика вчера́.「あなたはきのう男の子に会いました」と Ма́льчик — мо́й сы́н.「(その) 男の子は私の息子です」を組み合わせて「あなたがきのう会った男の子は私の息子です」という文にすると、次のようになります。Ма́льчик, кото́рого вы́ ви́дели вчера́, мо́й сы́н. この кото́рого という形を詳しく見ていきましょう。文法性は男性で、数は単数です。これは ма́льчик が男性名詞の単数形だからです。では格はどうでしょうか。кото́рого は男性単数の生格か対格の形ですが、ここでは対格です。Вы́ ви́дели ма́льчика вчера́. のときの ма́льчика が ви́дели の目的になっているからです。このように、文法性と数はポイントとなる名詞に合わせますが、格は関係代名詞を含む従属節の中の役割にしたがいます。もし「あなたがきのう会った女の子は私の娘です」だったら、Де́вочка, кото́рую вы́ ви́дели вчера́, моя́ до́чь. となり、кото́рую は女性単数対格形なのです。
　ああ、関係代名詞までもがこんなに変化するなんて……。

応用 1 　который が前置詞を伴うとき

> 180 　Э́то мо́й дру́г, с кото́рым я́ учи́лся в шко́ле.
> これは学校でいっしょに勉強した友だちです。

　形容詞と同じように性・数・格変化をする関係代名詞は、前置詞とも結び付きます。もちろん、そのときは前置詞が求める格に合わせなければなりません。

　Э́то мо́й дру́г.「これは私の友だちです」と Я́ учи́лся с мои́м дру́гом в шко́ле.「私は（その）友だちといっしょに学校で勉強していました」を組み合わせるのにはどうしたらいいでしょうか。ポイントとなるのは「私の友だち」です。そこで Я́ учи́лся с мои́м дру́гом в шко́ле. から с мои́м дру́гом の部分を、関係代名詞を使った с кото́рым に変えて、文のはじめにおきます。これを Э́то мо́й дру́г. と結びつければ、180 Э́то мо́й дру́г, с кото́рым я́ учи́лся в шко́ле.「これはいっしょに学校で勉強した友だちです」となります。

　では、Я́ чита́л кни́гу.「私は本を読みました」と Вы́ расска́зывали о кни́ге.「あなたは（その）本について話していました」を組み合わせるときはどうでしょうか。先ほどと同じように、Вы́ расска́зывали о кни́ге. から о кни́ге の部分を、関係代名詞を使った о кото́рой にすれば、Я́ чита́л кни́гу, о кото́рой вы́ расска́зывали.「私はあなたが話していた本を読みました」となります。この場合は主節の先行詞が кни́гу のように対格になっていますが、従属節を作るときには関係ありません。

　いずれにせよ、前置詞は関係代名詞といっしょです。決して離さないでください。

応用 ❷　関係代名詞 что と кто

> ⑱ **То́, что́ о́н сказа́л, бы́ло интере́сно.**
> 彼のいったことは面白かった。
>
> ⑱ **Я́ то́т, кто́ зна́ет пра́вду.**
> 私は真実を知っている人間です。

関係代名詞は кото́рый だけではありません。

これまでもたくさん登場し、すっかりおなじみになった что́ には、関係代名詞としての用法もあります。ただし、そのときには何か先行詞、たとえば「コト・モノ」を表す то́ などが必要です。⑱ **То́, что́ о́н сказа́л, бы́ло интере́сно.**「彼のいったことは面白かった」。ほかにも всё「すべて」が先行詞になることもあります。**Всё, что́ о́н говори́т, не интере́сно.**「彼のいっていることはすべて面白くない」。

コトやモノの場合は что́ でしたが、人のときは кто́ を使います。先行詞は単数では то́т、複数では те́ です。⑱ **Я́ то́т, кто́ зна́ет пра́вду.**「私は真実を知っている人間です」。あるいは **Те́, кто́ зна́ет ру́сский язы́к, с интере́сом чита́ют э́ту кни́гу.**「ロシア語を知っている人はこの本を興味深く読んでいます」。ただし従属節の кто́ は男性単数扱いです。

しかし、これは使い方がなかなか難しく、さらに то́ や то́т といった先行詞も格変化しますから、使いこなすのはタイヘンです。そこで、まずは次の例文だけを覚えることにしましょう。

Кто́ не рабо́тает, то́т не е́ст.「働かざる者、食うべからず」
どこもキビシイですね。

例 文

43-01 Люди, которые стоят там, мои родители.

43-02 Мальчик, которого вы видели вчера, мой сын.

43-03 Девочка, которую вы видели вчера, моя дочь.

43-04 Это известный режиссёр, жена которого работает актрисой.

43-05 Мой друг, с которым я учился вместе в университете, занимается наукой.

43-06 Мы купили картину, о которой вы нам рассказывали.

43-07 Здание, в котором они живут, уже старое.

43-08 Всё, что он говорит, не интересно.

43-09 Те, кто знает русский язык, с интересом читают эту статью.

43-10 Кто не работает, тот не ест.

和訳と解説

43-01 あそこに立っている人たちは私の両親です。

43-02 あなたがきのう会った男の子は私の息子です。

43-03 あなたがきのう会った女の子は私の娘です。

43-04 これは妻が女優をしている、有名な監督です。

43-05 大学でいっしょに学んだ私の友人は、研究職に就いています。
＊занима́ться нау́кой は「科学に従事する」という意味です。

43-06 私たちはあなたが話していた絵を買いました。

43-07 彼らが住んでいる建物はすでに古いです。

43-08 彼のいっていることはすべて面白くない。

43-09 ロシア語を知っている人はこの記事を興味深く読んでいます。

43-10 働かざる者、食うべからず。

関係副詞 （発展）

関係詞には関係代名詞のほかに、関係副詞もあります。

Кóмната, где óн сидит, óчень мáленькая.「彼が座っている部屋はとても小さい」は、Кóмната óчень мáленькая.「部屋はとても小さい」と Óн сидит в кóмнате.「彼は（その）部屋に座っている」を組み合わせたものです。この в кóмнате がとくに場所を示しているので、関係副詞 где を使うことができます。もちろん関係代名詞を使っても表現できます。Кóмната, в котóрой óн сидит, óчень мáленькая.

関係副詞には、他にも куда́, откýда, когдá, почемý などがあります。

мя で終わる中性名詞の格変化

	単数形	複数形
主格	и́мя	именá
生格	и́мени	имён
与格	и́мени	именáм
対格	и́мя	именá
造格	и́менем	именáми
前置格	и́мени	именáх

мя で終わる中性名詞は брéмя「重荷」、врéмя「時間」、вы́мя「動物の乳房」、знáмя「旗」、и́мя「名前」、плáмя「炎」、плéмя「種族」、сéмя「種」、стрéмя「あぶみ」、тéмя「頭頂部」の10しかありません。

このうち брéмя、вы́мя、плáмя、тéмя には複数形がなく、また сéмя の複数生格形は семя́н、стрéмя の複数生格形は стремя́н になります。

第44課
否定代名詞と不定代名詞

- 基本　否定代名詞 ничто と никто
- 応用1　不定代名詞 что-нибудь と кто-нибудь
- 応用2　不定代名詞 что-то と кто-то
- 発展　否定副詞と不定副詞

この課で学習する主な単語　CD 86

две́рь	女	ドア
забы́ть	完	忘れる
кто́-нибудь		誰か
кто́-то		誰か
никто́		誰も
ничто́		何も
стуча́ть	不完	たたく、ノックする
та́к		そのように
что́-нибудь		何か
что́-то		何か

基本 否定代名詞 ничто と никто

> **183 Никто́ не зна́ет.**
> 誰も知りません。

　今回のテーマは否定代名詞です。否定代名詞は疑問代名詞の前に ни をつけます。たとえば что́「何」からは ничто́「何も」ができます。また кто́「誰」だったら никто́「誰も」です。英語だったら nothing や nobody に相当します。

　とはいえ、なんでもかんでも英語と同じように理解するのは間違いの元。この否定代名詞もそうです。ロシア語の否定代名詞は述語も否定の形になります。**183** Никто́ не зна́ет.「誰も知りません」といった具合で、не を忘れてはいけません。英語だったら Nobody knows. で、否定代名詞を使ったらそれ以上は否定の必要がありません。ここが違う。

　さらにロシア語では、この否定代名詞が格変化してしまうので、始末に悪いです。たとえば Никому́ не говори́те об э́том.「このことは誰にもいわないでください」では、никто́ が никому́ のように与格になっています。

　否定代名詞は否定ですから、否定生格になることが多いです。「マクシムは家にいませんでした」では Макси́ма не́ было до́ма. のように生格を使いました。同じように「誰も家にいませんでした」では、Никого́ не́ было до́ма. のように никто́ を生格にして никого́ とします。

　モノの場合は ничто́ です。Ничего́ не́ было до́ма.「何も家にはありませんでした」のように、生格形 ничего́ を使います。

　ничего́ は ничто́ という形よりもはるかによく使われます。Я ничего́ не зна́ю.「私は何も知りません」。Вы ничего́ не забы́ли?「あなたは何も忘れていませんか＝忘れ物はありませんか」では、答え方に注意して

344

ください。忘れ物がなければ Нét. と答えます。日本語式発想で Дá. と答えないようにしてください。それでは忘れ物があるのに平然としていることになってしまいます。実際、わたしもうっかり Дá. と答えてしまって、ロシア人に大笑いされたことがあります。若き日の過ちです。

　否定代名詞ではもう1つ気をつけることがあります。それは前置詞といっしょに使うときには、ни の部分と ктó や чтó が格変化した部分が分離してしまうことです。Óн не дýмает об э́том. 「彼はこのことについて考えていない」に対して、「彼は何も考えていない」はこうなります。Óн не дýмает ни о чём. 語順を変えて Óн ни о чём не дýмает. とすることもあります。前置格はいつでも前置詞といっしょですから、否定代名詞の前置格は常に分離していますが、他の格でも前置詞といっしょならば分かれます。Ни у когó нé было маши́н. 「誰も車を持っていなかった」。

　ничтó と никтó の格変化をまとめると、次のようになります。

主格	ничтó
生格	ничегó
与格	ничемý
対格	ничегó ни ... чтó
造格	ничéм
前置格	ни ... чём

主格	никтó
生格	никогó
与格	никомý
対格	никогó
造格	никéм
前置格	ни ... кóм

　注意が必要なのは ничтó の対格です。前置詞がないときには ничегó ですが、前置詞といっしょに用いられるときは、ни と чтó を分離して、その間に前置詞を置きます。

　やはり英語と比べれば、気を遣わなければならないことが少し多めにありますね。

応用 1 　不定代名詞 что - нибудь と кто - нибудь

> 184 **Ктó-нибудь бýдет зáвтра?**
> あすは誰か来ますか。

　疑問代名詞のあとに -нибудь をつけると、はっきりしない人やモノを表す不定代名詞になります。что「何」からは чтó-нибудь「何か」ができます。また кто「誰」だったら ктó-нибудь「誰か」です。что や кто と нибудь の間には、必ずハイフンを書きます。

　たとえば Ктó бýдет зáвтра? は「あすは誰が来ますか」ですが、これに -нибудь をつければ 184 Ктó-нибудь бýдет зáвтра?「あすは誰か来ますか」という意味になります。来る人がいるかどうか、はっきりしないので聞いているわけです。-нибудь があるかどうかで、意味がだいぶ違います。日本語だって、「誰が」と「誰か」では意味が違いますよね。

　чтó-нибудь の例も見ておきましょう。Говори́те чтó-нибудь по-рýсски.「何かロシア語で話してください」。こういうことをいわれるのが、いちばん困るんです。見世物じゃないんだから。

　この чтó-нибудь や ктó-нибудь も格変化をします。Передáйте э́то комý-нибудь.「誰かにこれを渡してください」。この комý-нибудь は与格形です。

　ただし、前置詞といっしょになっても否定代名詞のように分離するわけではありません。Я хочý разговáривать с кéм-нибудь об э́том.「私はこのことについて誰かと話をしたい」。

　「誰か」「何か」は使えると便利なのですが、実は -нибудь の他にも、よく似た表現があるのです。それについては次の「応用 2」で説明します。

応用 ② 不定代名詞 что-то と кто-то

> **185** **Кто́-то был здесь.**
> 誰かここにいました。

　はっきりしない人やモノを示す不定代名詞にはもう1つ、疑問代名詞に -то をつけるタイプがあります。つまり что́ からは что́-то が、また кто́ からは кто́-то ができるわけです。このときも что́ や кто́ と то の間にはハイフンを忘れないでください。

　что́-то や кто́-то に訳語をつければ、それぞれ「何か」「誰か」になります。**185** Кто́-то был здесь.「誰かここにいました」。

　しかしこれでは что́-нибудь や кто́-нибудь と変わりません。いったいどこが違うのでしょうか。文法書などには、-нибудь のほうは話者自身にも不定であるのに対して、-то は一定だが明確にいえない場合に使うとあります。しかし、これでは少々分かりにくい。

　こういうときは例文で覚えましょう。

　— Кто́-нибудь звони́л без меня́?
　　「私の留守に誰か電話してきましたか」

　— Да, кто́-то звони́л.
　　「はい、誰か電話してきました」

　はじめの文では、質問している人は留守だったので、そもそも電話があったかどうかさえ知りません。つまり話者自身にとってもよく分からない「誰か」、そんな人がいるかどうかさえ定かでない「誰か」が кто́-нибудь です。

　それに対して、答えの方では確かに誰かから電話があったようです。でも、留守番していた人はその名前を覚えていない。いたことははっきりしているけど、明確にいえないときには кто́-то のほうになります。

例　文

44-01　Никто́ не сказа́л та́к.

44-02　Никому́ не говори́те об э́том.

44-03　В зда́нии никого́ не́ было.

44-04　Вы́ ничего́ не забы́ли?

44-05　О́н ни о чём не ду́мает.

44-06　Говори́те что́-нибудь по-англи́йски.

44-07　Переда́йте э́то кому́-нибудь.

44-08　Она́ сказа́ла что́-то, но́ я не слы́шал.

44-09　Кто́-то стучи́т в две́рь.

44-10　— Кто́-нибудь звони́л без меня́?
　　　 — Да́, кто́-то звони́л.

和訳と解説

44-01 誰もそうはいいませんでした。

44-02 誰にもこのことはいわないでください。

44-03 建物の中には誰もいませんでした。

44-04 忘れ物はありませんか。

44-05 彼は何も考えていません。

44-06 何か英語で話してください。

44-07 これを誰かに渡してください。

44-08 彼女は何かいったけど、私は聞こえませんでした。

44-09 誰かがドアをノックしています。

44-10 「私の留守に誰か電話してきましたか」
「はい、誰か電話してきました」

発展 否定副詞と不定副詞

　否定代名詞についた ни は、疑問を表す副詞に付いて否定副詞を作ります。

　нигде́ は「どこにも」です。Макси́ма нигде́ не́ было.「マクシムはどこにもいませんでした」。

　また никогда́ は「どんなときも〜ない」から「決して」「いちども」という意味になります。Я никогда́ не́ был в Москве́.「私はいちどもモスクワへ行ったことがありません」

　さらに不定代名詞についた -нибудь や -то も、疑問を表す副詞について不定副詞を作ります。

　где́-нибудь と где́-то は、訳せばどちらも「どこか」ですが、その使い分けは кто́-нибудь と кто́-то のときと同じです。Где́-нибудь вы́ ви́дели Макси́ма сего́дня?「きょうどこかでマクシムを見かけましたか」、Да́, где́-то я ви́дел его́.「はい、どこかで彼を見かけました」。

　когда́-нибудь と когда́-то は、どちらも「いつか」「かつて」になりますが、когда́-нибудь は「いちどでも」、когда́-то は「あるとき」というニュアンスで区別ができます。Когда́-нибудь вы́ чита́ли э́ту кни́гу?「かつてこの本を読んだことがありますか」、Да́, когда́-то я чита́л её.「はい、かつて読んだことがあります」。

　いつ何をしたかをいつでもはっきり覚えていれば、-нибудь や -то のつく不定代名詞や不定副詞はいらないんですが、実際にはそうもいきませんよね。いや〜私も最近、物忘れがひどくて…。

第45課
仮定法

- 基　本　仮定法の助詞 бы
- 応用1　если を使わないとき
- 応用2　ていねいな表現としての仮定法
- 発　展　接続詞 хотя

この課で学習する主な単語　CD 88

бы　（仮定法の助詞）

éсли　もし

оши́бка　間違い

поговори́ть　完　ちょっと話す

по́мощь　女　援助、手助け

потеря́ть　完　なくす

сдать　完　合格する

сде́лать　完　する

тако́й　そのような

те́ннис　テニス

基本 仮定法の助詞 бы

(186) **Éсли пого́да бу́дет хоро́шая, мы́ бу́дем игра́ть в те́ннис.**
もし天気がよければ、私たちはテニスをします。

(187) **Éсли бы пого́да была́ хоро́шая, мы́ игра́ли бы в те́ннис.**
もし天気がよかったら、私たちはテニスをするのになあ。

　仮定法とは「仮の話」をするときに使います。ここで登場するのは「もし」という意味の接続詞 éсли です。しかし、éсли があればいつでも仮定法というわけではありません。

　éсли が使われている文を見てみましょう。(186) Éсли пого́да бу́дет хоро́шая, мы́ бу́дем игра́ть в те́ннис.「もし天気がよければ、私たちはテニスをします」。「もし」を使った「仮の話」ですね。でも、これは仮定法ではありません。

　もう1つ、Éсли хоти́те, я покажу́ вáм карти́ну.「もしお望みでしたら、あなたに絵をお見せします」。これも、「あなたが望めば」ということで「仮の話」です。しかしこれも違います。

　このような文は、単なる条件を示しているのにすぎません。

　仮定法のポイントは「実現しないこと」です。実際には起こらないことを想定し、さらにそれが起こったとしたらこんな結果になるのになあという、想像の世界なのです。

　たとえば (187) Éсли бы пого́да была́ хоро́шая, мы́ игра́ли бы в те́ннис. では仮定法が使われています。「もし天気がよかったら、私たちはテニスをするのになあ」という意味で、この「〜のになあ」といった感じが、仮定法には不可欠です。実際には天気が悪かったからテニスは無理、

それをぼやいているような表現なのです。なんだか潔くない表現ですが、人間はこんなことをいってみたくなるものなんですね。

仮定法には2つの特徴があります。

まず、主節と従属節（если が含まれているほうが従属節です）の両方に助詞 бы をつけます。бы の位置はいろいろな可能性がありますが、節のはじめだけには置かないでください。

それから動詞は過去形にします。形は過去形ですが、内容は過去とは限りません。あすは絶対に雨が降ると分かっていれば Е́сли бы за́втра была́ хоро́шая пого́да, мы́ игра́ли бы в те́ннис.「もしあした天気がよければ、テニスをするのになあ」という文も可能です。過去形というのは形式だけです。

例文を通して、仮定法に慣れていきましょう。Е́сли бы у меня́ бы́ли де́ньги, я́ купи́л бы но́вую маши́ну.「もし私がお金を持っていたら、新車を買うのになあ」。ということは、実際にはお金がないわけです。

Е́сли бы у меня́ бы́ло вре́мя, я́ изуча́л бы ру́сский язы́к.「もし時間があれば、ロシア語を勉強するのになあ」。つまり、実際には時間がないということが窺えます。

仮定法は決して難しくありません。「お金があれば」「時間があれば」というぼやきは、誰でもつぶやくものですし、日常でもよく使われますよね。Е́сли бы у меня́ бы́ли де́ньги... とか、Е́сли бы у меня́ бы́ло вре́мя... ではじまる文の続きを作ってくださいといえば、人によって実にさまざまな文ができるので、なかなか面白いです。ただし、単なる条件を示す文とだけは、はっきりと区別してください。

応用 ① если を使わないとき

> 188 **Без ва́шей по́мощи я не стал бы врачо́м.**
> あなたの手助けがなかったら、私は医者になっていなかったでしょう。

仮定法ではときに éсли を使わないことがあります。

188 Без ва́шей по́мощи я не стал бы врачо́м.「あなたの手助けがなかったら、私は医者になっていなかったでしょう」、つまり、あなたに助けてもらったので、おかげさまで無事に医者になれましたということになります。この Без ва́шей по́мощи は、動詞を含まない句にすぎないので、éсли を使うことができません。それでも内容から考えて、条件を示していることには違いありませんし、主節のほうが「過去形+бы」でお約束を守っていますから、れっきとした仮定法になっているわけです。この Без ва́шей по́мощи もなかなか便利で、私はよく使います。この本のチェックとCD収録をお願いした藤枝・グトワ・エカテリーナさんに Без ва́шей по́мощи я не написа́л бы э́тот учебник.「あなたの手助けがなかったら、私はこの教科書を書きあげられなかったでしょう」といって、感謝の気持ちを示しています。

句すらないこともあります。Что́ бы она́ сказа́ла?「彼女だったら何ていうだろうか」では「もしこれが彼女だとしたら」のような説明は不必要ですね。これで充分に分かります。

同じように Я бы не сде́лал таку́ю оши́бку. は「私だったらそういう失敗はしないな」ということです。まあ、「言うは易し」ですよね。

応用 2　ていねいな表現としての仮定法

> 189　**Я хотéла бы купи́ть э́то кольцо́.**
> この指輪を買いたいのですが。

　仮定法を使って、ていねいな表現を作ることもできます。

　もっともよく使われるのが Я хотéл бы または Я хотéла бы 「〜したいのですが」という表現です。形が過去形ですから、男性と女性では動詞の語尾が違ってきます。そのあとに動詞の不定形が続くことは Я хочý のときと同じです。

　Я хотéл бы / Я хотéла бы は遠回しにお願いをしている感じです。

　189　Я хотéла бы купи́ть э́то кольцо́.「この指輪を買いたいのですが」といえば、店員は喜んでケースから指輪を出して見せてくれるでしょう。

　あるいは Я хотéл бы позвони́ть женé.「私は家内に電話したいのですが」といえば、相手は電話を貸してくれるか、あるいは公衆電話の場所を教えてくれるはずです。Я хотéл бы спроси́ть вас об э́том.「あなたにこのことを伺いたいのですが」なんていう表現もできます。

　このように、Я хотéл бы / Я хотéла бы を使った方が、Я хочý よりもずっと婉曲な表現になります。

　さらにていねいな感じになるのが、無人称動詞 хотéться を仮定法で使うときです。Мне хотéлось бы という形になり、そのあとに動詞の不定形を続けます。Мне хотéлось бы поговори́ть с ва́ми.「あなたとちょっとお話したいのですが」なんて、とてもエレガントでしょ。

例文

45-01　Е́сли хоти́те, я покажу́ ва́м карти́ну.

45-02　Е́сли бы у меня́ бы́ли де́ньги, я купи́л бы но́вую маши́ну.

45-03　Е́сли бы у меня́ бы́ло свобо́дное вре́мя, я изуча́л бы францу́зский язы́к.

45-04　Е́сли бы я не пи́л вино́ та́к мно́го, я бы не потеря́л часы́.

45-05　Без мое́й по́мощи о́н не сда́л бы экза́мен.

45-06　Что́ бы она́ сказа́ла?

45-07　Я́ бы не сде́лал таку́ю оши́бку.

45-08　Я́ хоте́л бы танцева́ть с ва́ми.

45-09　Я́ хоте́ла бы ко́фе с молоко́м.

45-10　Мне́ хоте́лось бы поговори́ть с ва́ми.

和訳と解説

45-01 もしお望みでしたら、あなたに絵をお見せします。
＊これは仮定法ではなく、単なる条件を示しています。

45-02 もし私にお金があったら、新車を買うのになあ。

45-03 もし私にひまな時間があったら、フランス語を勉強するのになあ。

45-04 もしあんなにたくさんワインを飲まなければ、時計をなくさなかったのに。

45-05 私の助けがなかったら、彼は試験に合格していなかっただろう。

45-06 彼女だったらなんていうでしょうか。

45-07 私だったらそういう失敗はしないな。

45-08 私はあなたと踊りたいのですが。

45-09 私はミルク入りのコーヒーがほしいのですが。

45-10 あなたとちょっとお話したいのですが。

357

発展 接続詞 хотя́

éсли と似たものに、接続詞 хотя́「〜だけど」があります。

Хотя́ шёл до́ждь, мы́ игра́ли в те́ннис.「雨が降っていたけど、私たちはテニスをしました」。ずいぶん根性が入っています。

О́н уже́ хорошо́ говори́т по-ру́сски, хотя́ о́н неда́вно на́чал изуча́ть ру́сский язы́к.「彼はすでにロシア語を上手に話している、最近はじめたばかりなのに」。こうありたいものです。

この хотя́ を、仮定法を作る助詞 бы といっしょに使うと、「たとえ〜であろうとも」という意味になります。Хотя́ бы она́ и сказа́ла та́к, я не мо́г бы сде́лать э́то.「たとえ彼女がそういったとしても、私はこれをすることができない」。こんな感じで、譲歩を表現することができるのです。

不規則名詞 ма́ть と до́чь の格変化

ма́ть「母」と до́чь「娘」はどちらも不規則な変化をします。

	単数形	複数形
主格	ма́ть	ма́тери
生格	ма́тери	матере́й
与格	ма́тери	матеря́м
対格	ма́ть	матере́й
造格	ма́терью	матеря́ми
前置格	ма́тери	матеря́х

до́чь も同様に、до́чь, до́чери, до́чери... となります。アクセントの位置も ма́ть の変化形と同じです。

第46課
受動分詞

- **基　本**　受動過去分詞
- **応用1**　тый になる受動過去分詞
- **応用2**　受動分詞構文のいい換え
- **発　展**　受動現在分詞

この課で学習する主な単語　CD 90

взя́ть　完 借りる

закры́ть　完 閉める

клю́ч　鍵

ле́кция　講義

неда́вно　最近

откры́ть　完 開ける

перевести́　完 翻訳する

профе́ссор　教授

разби́ть　完 割る

совсе́м не　まったく～ない

基本 受動過去分詞

> (190) **Статья́, напи́санная Макси́мом, была́ тру́дная.**
> マクシムによって書かれた論文は難しかった。
>
> (191) **Статью́, напи́санную Макси́мом, я прочита́л.**
> マクシムによって書かれた論文を私は読みあげた。

　この課のテーマは受動分詞です。受動分詞は動詞から作られ、「〜される」を表す受動現在分詞と、「〜された」を表す受動過去分詞の2種類があります。このうちとくによく使われるのは受動過去分詞なので、今回はこれを中心に学習していきます。

　受動過去分詞は、主に完了体動詞から作られます。作り方は過去形を基準に л を取り去って нный をつけます。написа́ть だったら過去形は написа́л なので、この л を取り去り нный をつければ напи́санный 「書かれた」ができあがります。このときアクセントの位置が а から и に移っています。細かいことですが、指摘しておきましょう。同じように прочита́ть だったら прочи́танный 「読まれた」になります。

　この語尾、なんか見たことがありますね。そうです、形容詞です。受動分詞は形容詞と同じ形をしており、文法書によっては「形動詞」という用語を使っている場合もあります。動詞から作るけど、形は形容詞だから、そういう名称になるわけです。

　でも形容詞だったら、過去とか現在があるのが奇妙です。実をいえば受動分詞に時制があるわけではありません。ただその意味から、「〜された」は過去、「〜される」は現在と読んでいるのにすぎません。

　受動過去分詞は、形容詞と同じように文法性や数の区別があります。

написа́ть の受動過去分詞の場合、男性形は напи́санный、女性形は напи́санная、中性形は напи́санное、複数形は напи́санные になります。なかなかタイヘンですね。でも、それだけではありません。さらに格変化もあるのです。

напи́санный は「書かれた」という意味ですから、напи́санная статья́ だったら「書かれた論文」となります。でもそういうときは、だれによって書かれたのかを表したいですよね。その場合には造格を使います。「マクシムによって書かれた論文」は напи́санная Макси́мом статья́ です。Макси́мом の位置に注意してください。これが「私によって書かれた論文」だったら напи́санная мно́й статья́ になります。

受動過去分詞は、名詞の後に置いて次のような文を作ることもできます。

⑩ Статья́, напи́санная Макси́мом, была́ тру́дная.「マクシムによって書かれた論文は難しかった」。

さらに受動過去分詞は、説明する名詞に合わせて格変化もします。

⑪ Статью́, напи́санную Макси́мом, я прочита́л.「マクシムによって書かれた論文を私は読みあげた」では、напи́санную は статью́ に合わせて女性単数対格形になっています。こういうところは、本当に形容詞みたい。

それにしても、「マクシムによって書かれた本」なんて、ずいぶん厳めしいというか、硬い表現ですよね。実際、こういうときに受動過去分詞を使うと、ずいぶん硬い印象を与えます。では、ふつうはどういうのか。それについては「応用2」で紹介しましょう。

応用 ❶ тый になる受動過去分詞

> ⑲ Стака́н, разби́тый ма́льчиком, бы́л о́чень дорого́й.
> 男の子によって割られたコップはとても高かった。

　一部の受動過去分詞は、нный ではなく тый という語尾をつけます。この тый という語尾をつけるほうが少ないのですが、よく使われるものがいくつかあります。

　たとえば откры́ть「開く」。過去形の откры́л から л を取り去るところまでは同じですが、つける語尾は тый なので откры́тый「開かれた」になります。откры́тое окно́「開かれた窓」のように使います。закры́ть「閉じる」も同じです。закры́тое окно́「閉じられた窓」。

　また разби́ть「割る」の受動過去分詞も тый という語尾によって作られ、разби́тый「割られた」となります。разби́тое окно́「割られた窓」。だれが割ったのか「責任者」をはっきりさせるときには、もちろん造格です。разби́тое сы́ном окно́「息子によって割られた窓」。

　例文を見ておきましょう。⑲ Стака́н, разби́тый ма́льчиком, бы́л о́чень дорого́й.「男の子によって割られたコップはとても高かった」。

　これはもう、叱られる覚悟を決めるしかないようです。

応用 ❷ 受動分詞構文のいい換え

　受動分詞を使った文は、とても硬い印象を与えます。しかし同じ内容が、関係代名詞 кото́рый を用いて表現することもできますので、話しことばではこちらのほうが使われます。

Статья́, напи́санная Макси́мом, была́ тру́дная.
「マクシムによって書かれた論文は難しかった」
　➡ Статья́, кото́рую написа́л Макси́м, была́ тру́дная.

Статью́, напи́санную Макси́мом, я́ прочита́л.
「マクシムによって書かれた論文を私は読みあげた」
　➡ Статью́, кото́рую написа́л Макси́м, я́ прочита́л.

　こうやって比べてみると、受動過去分詞は２つの文で格が違いますが、関係代名詞 кото́рый を使った文ではどちらも同じ кото́рую になっています。これは従属節の中で関係代名詞の果たす役割が、どちらも女性単数対格形だからです。
　語尾が тый となる受動過去分詞でも同じです。

Стака́н, разби́тый ма́льчиком, бы́л о́чень дорого́й.
「男の子によって割られたコップはとても高かった」
　➡ Стака́н, кото́рый разби́л ма́льчик, бы́л о́чень дорого́й.

　ということで、関係代名詞の使い方をちゃんと身につけておく必要がありますね。

例文

46-01 Ле́кция, прочи́танная э́тим профе́ссором, совсе́м не интере́сная.

46-02 Рома́ны, переведённые с иностра́нных языко́в, тру́дно чита́ть.

46-03 Решённая де́вочкой зада́ча была́ лёгкая.

46-04 Сде́ланная О́льгой оши́бка была́ больша́я.

46-05 Э́то рестора́н, откры́тый неда́вно на на́шей у́лице.

46-06 Разби́тое мои́м сы́ном яйцо́ бы́ло све́жее.

46-07 Мне́ нра́вится ку́пленный вчера́ га́лстук.

46-08 Мы́ живём в до́ме, постро́енном неда́вно в це́нтре го́рода.

46-09 В закры́том на клю́ч магази́не никого́ не́ было.

46-10 Она́ потеря́ла кни́гу, взя́тую в библиоте́ке.

和訳と解説

46-01 この教授がおこなった講義はまったく面白くありません。

46-02 外国語から訳された長編小説は読みにくい。

46-03 女の子が解いた問題はやさしかった。

46-04 オリガがやってしまった間違いは大きかった。

46-05 これは最近私たちの通りに開店したレストランです。

46-06 私の息子が割ってしまった卵は新鮮でした。

46-07 私はきのう買ったネクタイが気に入っています。

46-08 私たちは町の中心に最近建てられた家に住んでいます。

46-09 鍵のかかった店には誰もいませんでした。

46-10 彼女は図書館で借りた本をなくしてしまった。

発展 受動現在分詞

受動分詞にはもう1つ、現在があります。

受動現在分詞は不完了体動詞から作られ、現在形1人称複数を基準に ый をつけ加えます。изуча́ть「勉強・研究する」だったら現在形1人称複数は изуча́ем なので、これ ый をつけ加えれば изуча́емый ができあがります。изуча́емая те́ма「研究されているテーマ」。

しかしこの受動現在分詞は、めったに使われることがありません。その理由は、受動の表現で現在形を示すときに再帰動詞を用いるからなのですが、詳しいことは次の課で説明します。

受動現在分詞では1つだけ、люби́мый「愛される」を覚えておけばいいでしょう。люби́мая актри́са「愛されている女優」⇨「好きな女優」のように使います。辞書によっては、この люби́мый を形容詞としているものもあります。

順序数詞（0〜100） すべて形容詞変化です。

0	нолево́й	10	деся́тый	20	двадца́тый
1	пе́рвый	11	оди́ннадцатый	30	тридца́тый
2	второ́й	12	двена́дцатый	40	сороково́й
3	тре́тий	13	трина́дцатый	50	пятидеся́тый
4	четвёртый	14	четы́рнадцатый	60	шестидеся́тый
5	пя́тый	15	пятна́дцатый	70	семидеся́тый
6	шесто́й	16	шестна́дцатый	80	восьмидеся́тый
7	седьмо́й	17	семна́дцатый	90	девяно́стый
8	восьмо́й	18	восемна́дцатый	100	со́тый
9	девя́тый	19	девятна́дцатый		

第47課
受動の表現

- 基本 受動分詞と受動の表現
- 応用1 再帰動詞と受動の表現
- 応用2 不定人称文と受動の表現
- 発展 形容詞の短語尾形

この課で学習する主な単語　CD 92

зако́нчить	完	終える
зо́лото		金
из	+生	から
нарисова́ть	完	描く
основа́ть	完	創設する
прода́ть	完	売る
самолёт		飛行機
стро́иться	不完	建設される
худо́жник		画家
чита́ться	不完	読まれる

基本 受動分詞と受動の表現

> 193 **Э́та кни́га напи́сана изве́стным профе́ссором.**
> この本は有名な教授によって書かれました。
>
> 194 **Э́тот уче́бник написа́н изве́стным профе́ссором.**
> この教科書は有名な教授によって書かれました。

　英文法を勉強するとき、受動の表現は１つの山場です。「ジョンはメアリーを愛している」を「メアリーはジョンによって愛されている」と受動態に変える練習は、みなさんも経験があるのではないでしょうか。

　しかし不思議なことに、ロシア語文法を学習していても、受動というテーマに出合うことがまずありません。その理由は、表し方がいろいろあって、全体をまとめて説明するのがとても難しいからです。しかしこの本では、あえてこのテーマを取り上げてみましょう。

　そもそも受動って何でしょうか。日本語だったら「れる・られる」で表現されるのが受動です。それをロシア語で表すにはどうしたらいいのでしょうか。

　「有名な教授がこの本を書きました」は Изве́стный профе́ссор написа́л э́ту кни́гу. です。これを受動にして「この本は有名な教授によって書かれました」に変えると、193 **Э́та кни́га напи́сана изве́стным профе́ссором.** となります。ポイントは напи́сана で、これは受動過去分詞の短語尾形と呼ばれるものです。

　短語尾形とは何でしょうか。受動過去分詞は、形容詞と同じように文法性・数・格によってさまざまな形がありました。たとえば主格だけでも напи́санный 男、напи́санная 女、напи́санное 中、напи́санные

368

複 と4つの形になります。ただしこれは、名詞を説明するときの形です。そうではなく、述語になるときにはまた別の形があり、この напи́санный の場合は напи́сан 男、напи́сана 女、напи́сано 中、напи́саны 複 となります。どれも語尾が微妙に短くなっていますね。そこでこのような形を短語尾形というのです。

　語尾が短くても、主語の性と数に合わせることは形容詞と同じです。
194 Э́тот уче́бник напи́сан изве́стным профе́ссором.「この教科書は有名な教授によって書かれました」では、主語の уче́бник に合わせて напи́сан と男性形になっています。ほかにも Э́то письмо́ напи́сано изве́стным профе́ссором.「この手紙は有名な教授によって書かれました」では中性形です。

　短語尾形の作り方は、男性形で最後の2文字、その他では最後の1文字を取ります。закры́тый の場合は закры́т 男、закры́та 女、закры́то 中、закры́ты 複 です。ただし нный という語尾の受動過去分詞では、先ほどの напи́сан のように н を1つ減らします。

　時制について、現在形では何もつけずにそのままですが、過去形は был, была́, бы́ло, бы́ли, 未来形は бу́ду, бу́дешь... と組み合わせて表します。とはいえ、受動分詞そのものがすでに過去形なのに、それにさらに был をつけるというのは分かりにくい。その違いを説明しましょう。

　例文で考えていきます。「窓はきのう割られた」は Окно́ разби́то вчера́. と Окно́ бы́ло разби́то вчера́. の2つが考えられます。разби́то は разби́ть「割る」の受動過去分詞の短語尾形で、окно́ に合わせて中性形です。このうち Окно́ разби́то вчера́. は割られた状態が今も続いていることを示しています。割れ目から風がスースー入ってくる場面を想像してください。それに対して Окно́ бы́ло разби́то вчера́. は、割られたのがきのうであることに注目しています。窓の現状については、いまでも割られたままなのか、それとも新しいガラスが入ったのか、そういうことには言及していないのです。これが違いです。

　このように受動過去分詞短語尾形を使うのが、受動を示す1つの方法です。

応用 ① 再帰動詞と受動の表現

> ⑮ **В нáшем гóроде стрóится нóвая больнúца.**
> 私たちの町では新しい病院が建設されています。

　受動過去分詞短語尾形を使った受動の表現では、бы́л などを使っても使わなくても「〜された」という過去を表しました。それでは「〜される」という現在を示すにはどうしたらいいのでしょうか。
　そういうときには、不完了体動詞に ся のついた再帰動詞を用います。
　⑮ В нáшем гóроде стрóится нóвая больнúца.「私たちの町では新しい病院が建設されています」。あるいは Э́та кнúга читáется с больши́м интерéсом.「この本はたいへん興味深く読まれています」というのもあります。動詞はそれぞれ、стрóить や читáть に ся がついて再帰動詞になったものです。日本語訳から考えても、これは受動を表していることがよく分かりますね。
　行動の主体は造格で表すことができます。Нóвый самолёт стрóится инженéрами.「新しい飛行機が技師たちによって作られているところだ」。ここでは инженéрами という複数造格形が、意味上の主体を示しています。
　このようにして「〜される」を表すことができるのです。
　ただし、このように再帰動詞を使って受動が表せるのは、動作の受け手が3人称で、しかも人でない場合に限られています。
　それでは、人の場合はどうしたらいいのでしょうか。それは「応用2」で説明しましょう。

応用 ❷　不定人称文と受動の表現

> 196 **Толсто́го чита́ют с больши́м интере́сом.**
> トルストイはたいへん興味深く読まれています。

　「トルストイはたいへん興味深く読まれています」というのはどのように表したらよいのでしょうか。「応用１」では「～される」が再帰動詞を使って表現できることを紹介しました。その場合は動作の受け手が人以外に限られているため、ここでは使えません。

　たとえば次のように工夫したらどうでしょうか。196 Толсто́го чита́ют с больши́м интере́сом. この文の Толсто́го は Толсто́й の対格です。こんな感じで、不定人称文を使って「（人々は）トルストイをたいへん興味深く読んでいます」と表現できるのです。

　不定人称文は意味として受動の表現に近くなることがあります。В на́шем го́роде стро́ят больни́цу. を「私たちの町では病院を建設しています」の代わりに「私たちの町では病院が建設されています」と訳しても、それほど飛躍していませんし、間違ってもいません。こんなふうに表現を工夫することも、ときには大切です。

　　　　　　　　＊　＊　＊　＊　＊

　こんな感じで、ロシア語で受動を示すにはいろいろな構文が考えられます。そのため多くの文法書では「受動分詞」「再帰動詞」「不定人称文」と分けて解説されることが多く、まとめて受動の表現を扱うことが少ないのです。

例 文

47-01 Эта статья́ напи́сана на ру́сском языке́.

47-02 Э́тот рома́н уже́ переведён на япо́нский язы́к.

47-03 Э́та карти́на нарисо́вана изве́стным неме́цким худо́жником.

47-04 Рабо́та бу́дет зако́нчена за́втра.

47-05 Биле́ты на конце́рт уже́ про́даны.

47-06 Э́то кольцо́ сде́лано из зо́лота.

47-07 Широ́кие о́кна на у́лицу откры́ты.

47-08 Вы зна́ете, кем был осно́ван Моско́вский университе́т?

47-09 Э́та кни́га чита́ется с больши́м интере́сом.

47-10 Но́вый самолёт стро́ится инжене́рами.

和訳と解説

47-01 この論文はロシア語で書かれています。

47-02 この長編小説はすでに日本語に訳されています。

47-03 この絵は有名なドイツの画家によって描かれました。

47-04 仕事はあす仕上がります。

47-05 コンサートのチケットはすでに売り切れました。

47-06 この指輪は金でできています。
　　　　＊из＋生格で、原材料を表します。

47-07 通りに面した広い窓が開いていました。
　　　　＊окно́ на＋対格で「〜に面した窓」を表します。

47-08 あなたはモスクワ大学が誰によって創設されたかご存じですか。

47-09 この本はたいへん興味深く読まれています。

47-10 新しい飛行機が技師たちによって作られています。

発展 形容詞の短語尾形

　これまで紹介していませんでしたが、短語尾形は受動分詞に限らず、形容詞にもあります。

　受動過去分詞と同じく、形容詞の短語尾形も述語のみで使われます。述語はこれまでに習った語尾（これを長語尾といいます）で表すこともできますが、短語尾形を使うと「一時的な状態」を示すことができるのです。

　здоро́вый「健康な」を例に考えますと、Мой муж здоро́вый. の場合は「私の夫は（いつでも）健康です」となり、常に頑強な肉体の持ち主ということになりますが、Мой муж здоро́в. と短語尾形を使うと、「私の夫は（いまのところ）健康です」という意味で、風邪を引くときもあるけれど、すくなくともいまは元気ですよ、といったニュアンスになるのです。

　このような意味で使われる形容詞の短語尾形は、бо́лен「病気だ」、за́нят「忙しい」、свобо́ден「暇だ」など決まってきます。

　時制については、過去では был など、また未来では бу́ду などを使うところは受動分詞と同じです。Вчера́ он был за́нят.「きのう彼は忙しかった」、За́втра я бу́ду свобо́ден.「あす私は暇でしょう」。

　また рад「嬉しい」は、短語尾形しかない形容詞です。次の例文で覚えましょう。О́чень рад/ра́да ви́деть вас.「お会いできて嬉しいです」。

第48課
能動分詞

- 基本　能動過去分詞
- 応用1　能動現在分詞
- 応用2　能動分詞構文のいい換え
- 発展　能動分詞からできた名詞

この課で学習する主な単語　CD 94

аэропо́рт	空港
война́	戦争
встре́тить　完	出迎える
па́рк	公園
писа́тель　男	作家
поздра́вить　完	祝う
по́мнить　不完	覚えている
поня́ть　完	理解する
фи́зика	物理
футбо́л	サッカー

基本 能動過去分詞

> 197 **Ма́льчик, игра́вший на скри́пке там, мой сын.**
> あそこでバイオリンを弾いていた男の子は私の息子です。

　今回のテーマは能動分詞です。第46課で学習した受動分詞には、「〜される」を表す現在と、「〜された」を表す過去の2種類がありました。能動分詞も同様に、「〜している」を表す能動現在分詞と、「〜していた」を表す能動過去分詞があります。能動分詞は現在も過去も同じようによく使われますが、説明は今回も過去からしていきましょう。

　能動過去分詞は、不完了体動詞からも完了体動詞からも作られます。作り方は過去形を基準に、最後の л を取り去って вший をつけます。писа́ть だったら過去形は писа́л なので、この л を取り去り вший をつければ писа́вший「書いていた」ができあがります。完了体動詞 написа́ть からなら написа́вший「書きあげた」になります。また чита́ть だったら чита́вший「読んでいた」ですし、прочита́ть からは прочита́вший「読みあげた」ができるわけです。

　能動過去分詞は受動分詞と同じく、文法性・数・格による一致があります。писа́вший, написа́вший, чита́вший, прочита́вший は、どれも男性単数主格形です。

　例文で見てください。197 **Ма́льчик, игра́вший на скри́пке там, мой сын.**「あそこでバイオリンを弾いていた男の子は私の息子です」。игра́вший は игра́ть「演奏する」の能動過去分詞の男性単数主格形になっています。文法用語が並んでずいぶん難しそうに響きますが、要するに ма́льчик が男性名詞の単数主格形だから、それに合わせているわけですね。これが女性名詞になれば、能動過去分詞だってもちろん女性単数主

格形に揃えます。Девочка, игравшая на скрипке там, моя дочь. 「あそこでバイオリンを弾いていた女の子は私の娘です」。ここでは девочка に合わせたので能動過去分詞は女性単数主格形の игравшая となっています。

さらには格変化だってしちゃいます。Вчера она видела мальчика, игравшего на скрипке там. 「きのう彼女はあそこでバイオリンを弾いていた男の子に会いました」。Вчера она видела девочку, игравшую на скрипке там. 「きのう彼女はあそこでバイオリンを弾いていた女の子に会いました」。

では、不完了体動詞から作った能動過去分詞と、完了体動詞から作った能動過去分詞では、どこが違うのでしょうか。そこには不完了体と完了体の違いがそのまま反映されています。

читавший と прочитавший で比べてみましょう。Мальчик, читавший эту книгу в библиотеке, мой сын. は「図書館でこの本を読んでいた男の子は私の息子です」という意味になるのに対して、Мальчик, прочитавший эту книгу в библиотеке, мой сын. では「図書館でこの本を読みあげた男の子は私の息子です」となります。そうです、читавший では「読む」という動作をしていたことしか表せませんが、прочитавший を使えば最後まで読んだということが示されるわけです。

能動分詞を使った文は、受動分詞を使った文と同様に硬い感じがします。能動分詞を使わないで、代わりに関係代名詞を使った表現でいい換えることができます。話しことばではそちらのほうがふつうです。これについては、「応用2」を参照してください。

応用 ❶ 能動現在分詞

> ⓘ98 **Ма́льчик, игра́ющий на скри́пке там, мой сын.**
> あそこでバイオリンを弾いている男の子は私の息子です。

　能動現在分詞は、不完了体動詞から作られます。作り方は現在形3人称複数を基準に、最後の т を取り去って щий をつけます。писа́ть だったら現在形3人称複数は пи́шут なので、この最後の т を取り去り щий をつければ пи́шущий「書いている」ができあがります。чита́ть だったら чита́ющий「読んでいる」となります。

　能動現在分詞にも、文法性・数・格による一致があります。пи́шущий と чита́ющий は、どちらも男性単数主格形です。

　例文で見ていきましょう。198 Ма́льчик, игра́ющий на скри́пке там, мой сын.「あそこでバイオリンを弾いている男の子は私の息子です」。игра́ющий は игра́ть「演奏する」の能動現在分詞の男性単数主格形になっています。これは ма́льчик が男性名詞の単数主格形であることに合わせた結果です。

　女性名詞になれば、能動現在分詞もまた女性単数主格形になります。Де́вочка, игра́ющая на скри́пке там, моя́ дочь.「あそこでバイオリンを弾いている女の子は私の娘です」。

　同じような例文ばかりで、手抜きじゃないかって？　いえいえ、そうではありません。似たような文で比べたほうが、しくみの違いが浮かび上がってくるんですよ。皆さんが理解しやすいようにという、教育的配慮です。

　でもまあ、ほかのパターンも知る必要がありますから、380ページの例文ではいろいろ挙げましょう。

応用 ❷ 能動分詞構文のいい換え

　能動分詞を使った文が、現在でも過去でも硬い印象を与えることは、受動分詞と同様です。そして同じ内容が、関係代名詞 кото́рый を用いた表現に換えることができて、話しことばではこちらのほうが使われることも、またしかりなのです。

Ма́льчик, игра́вший на скри́пке та́м, мо́й сы́н.
「あそこでバイオリンを弾いていた男の子は私の息子です」

　➡ Ма́льчик, кото́рый игра́л на скри́пке та́м, мо́й сы́н.

Де́вочка, игра́вшая на скри́пке та́м, моя́ до́чь.
「あそこでバイオリンを弾いていた女の子は私の娘です」

　➡ Де́вочка, кото́рая игра́ла на скри́пке та́м, моя́ до́чь.

Ма́льчик, игра́ющий на скри́пке та́м, мо́й сы́н.
「あそこでバイオリンを弾いている男の子は私の息子です」

　➡ Ма́льчик, кото́рый игра́ет на скри́пке та́м, мо́й сы́н.

Де́вочка, игра́ющая на скри́пке та́м, моя́ до́чь.
「あそこでバイオリンを弾いている女の子は私の娘です」

　➡ Де́вочка, кото́рая игра́ет на скри́пке та́м, моя́ до́чь.

　適当に読み飛ばさないで、ちゃんと比べてくださいね。
　どれもすべて кото́рый でいい換えられるんだったら、分詞なんていらないじゃん。そんな声も聞こえてきそうです。それは確かにそうで、少なくとも自分でいうときには、関係代名詞を使ったほうが無難です。
　それなのにどうして分詞を学習するのか。それは何か読むようになると、頻繁に出てくるからなんです。ということで、分詞については能動分詞も受動分詞も、見たら理解できるようにしてください。

例 文

48-01 Мужчи́на, чита́вший газе́ту в па́рке, мо́й де́душка.

48-02 Друзья́, встре́тившие меня́ в аэропорту́, подари́ли мне́ цветы́.

48-03 Пётр поздра́вил сы́на, сда́вшего экза́мен.

48-04 Я́ познако́мился с писа́телем, написа́вшим э́тот рома́н.

48-05 Мы́ слу́шали ба́бушку, расска́зывавшую о войне́.

48-06 Я́ ви́жу дете́й, игра́ющих в футбо́л.

48-07 Мы́ у́чимся со студе́нтами, изуча́ющими фи́зику в университе́те.

48-08 Она́ совсе́м не поняла́ иностра́нного журнали́ста, говоря́щего по-англи́йски.

48-09 Я́ позвони́л инжене́ру, рабо́тающему на заво́де.

48-10 Вы́ по́мните сестру́, живу́щую в Москве́?

和訳と解説

48-01 公園で新聞を読んでいた男性は私のおじいさんです。

48-02 私を空港で出迎えてくれた友人たちは私に花をプレゼントしてくれました。
＊аэропо́рт は単数前置格形の語尾が y になります（→ 233ページ）。

48-03 ピョートルは試験に合格した息子におめでとうといいました。

48-04 私はこの小説を書いた作家と知り合いました。

48-05 私たちは戦争について語っていたおばあさんの話を聞いていました。

48-06 私はサッカーをしている子どもたちを見ています。

48-07 私たちは大学で物理学を研究している学生たちといっしょに勉強しています。

48-08 彼女は英語を話している外国人ジャーナリストのいうことが全然分かりませんでした。

48-09 私は工場で働いている技師に電話をしました。

48-10 あなたはモスクワに住んでいる妹を覚えていますか。

発展　能動分詞からできた名詞

　能動分詞の中には、すでに名詞として定着し、辞書にも登録されているものがあります。

　たとえば начина́ющий は начина́ть「はじめる」の能動現在分詞なので「はじめている」という意味ですが、「初心者」を表す名詞としても用いられます。そこで本書のタイトル「初級ロシア語文法」は Ру́сская грамма́тика для начина́ющих、つまり「初心者のためのロシア語文法」と訳すことができます。

　また куря́щий は кури́ть「タバコを吸う」の能動現在分詞で「タバコを吸っている」という意味になりますが、名詞として「喫煙者」を表します。さらに некуря́щий は「禁煙者」です。タバコの苦手な私には ме́сто для куря́щих「喫煙席」と ме́сто для некуря́щих「禁煙席」の区別はとくに大切です。

　再帰動詞から作られることもあります。трудя́щийся は「勤労者」という意味ですが、これは труди́ться「勤労する」からできた能動分詞であることは明らかです。

　ちょっと変わったところでは бу́дущее というのがあります。これは未来を表す быть の3人称複数形 бу́дут から最後のтを取り去って щий をつけ、さらにそれを中性形にしたものです。意味は「未来」。このような抽象的な内容は中性名詞になることが多いです。

第49課
副動詞

- **基本** 現在副動詞
- **応用1** 過去副動詞
- **応用2** 副動詞構文のいい換え
- **発展** 副動詞を使った慣用表現

この課で学習する主な単語　CD 96

ве́село	楽しく
го́лос	声
когда́	〜するとき
крова́ть	女 ベッド
лежа́ть	不完 横たわる
отве́тить	完 答える
посла́ть	完 送る
уви́деть	完 会う
удиви́ться	完 驚く
услы́шать	完 聞こえる

基本 現在副動詞

199 Чита́я газе́ту, о́н пьёт ко́фе.
新聞を読みながら、彼はコーヒーを飲んでいます。

　私はいま、音楽を聴きながらこの本を書いています。人間は器用なもので、このように2つの作業を同時におこなうことができます。そういうのは集中できないからよろしくないという意見もありますが、ロシアの音楽がバックに流れていると、なんだか気分が軽くなり、文法の説明も軽快になるような気がします。気のせいかもしれませんが。

　今回のテーマは「～しながら」という表現です。ロシア語ではこのようなとき、副動詞というものを使います。動詞が副詞のような役割になるので、このような名称になるのでしょう。

　副動詞には現在副動詞と過去副動詞があります。まずは現在副動詞から学習します。

　現在副動詞は不完了体動詞から作られます。そのため、不完了体副動詞といういい方もします。作り方は、現在形3人称複数を基準に、語尾の ют や ят といった最後の2文字分を取り去り、新たに я を付け加えます。чита́ть の場合は、現在形3人称複数が чита́ют なので、そこから ют を取り去り、я を付ければ чита́я「読みながら」という形ができあがります。говори́ть では говоря́т から ят を取り去って я を付け加えるので говоря́「話しながら」となります。говоря́ は現在形3人称複数からただ т を取り去ったようにも見えますが、作り方のパターンとしては他の動詞にも応用できるよう、あえて面倒な方法で説明します。

　現在形3人称複数で、語尾が ут や ат になる場合は、я ではなく а を付け加えます。слы́шать「聞こえる」は現在形3人称複数が слы́шат なので、現在副動詞は слы́ша となります。

いずれにせよ、副動詞に活用や格変化はありません。形は1つです。

現在副動詞のポイントは同時性です。つまり、副動詞そのものには時制がなく、主節の時制といつでも同時になります。**199** Читáя газéту, óн пьёт кóфе.「新聞を読みながら、彼はコーヒーを飲んでいます」では、пьёт という現在形に合わせて、現在副動詞 читáя も意味上は現在同時におこなわれる動作を示しているわけです。もし Читáя газéту, óн пи́л кóфе.「新聞を読みながら、彼はコーヒーを飲んでいました」だったら читáя は過去のことですし、Читáя газéту, óн бýдет пи́ть кóфе.「新聞を読みながら、彼はコーヒーを飲みます」では читáя が未来になります。すべては主節次第ということですね。

ということで、「音楽を聴きながら、私はロシア語の教科書を書いています」は Слýшая мýзыку, я пишý учéбник рýсского языкá. となるわけです。ああ、音楽もいいけれど、コーヒーもいいなあ。「コーヒーを飲みながら」仕事をしようかな。

ところが不思議なことに、пи́ть「飲む」からは現在副動詞が作れないことになっています。それだけではありません。「ロシア語の教科書を書きながら」といいたくても、писáть「書く」からもやはり現在副動詞が作れないのです。

それじゃどうしたらいいのでしょう？

大丈夫、副動詞は実際にそれほど出てきませんし、受動分詞や能動分詞と同じように別の表現にいい換えることができるのです。それについては「応用2」で説明しましょう。

応用 1　過去副動詞

200　Прочитáв газéту, он пьёт кóфе.
新聞を読んでから、彼はコーヒーを飲んでいます。

　副動詞にはもう1つ、過去副動詞「～してから」があります。こちらは完了体動詞から作られ、完了体副動詞ともいいます。
　作り方は過去形を基準に、л を取り去って в または вши を付け加えます。прочитáть では、過去形 прочитáл から л を取って в または вши を付けるので、прочитáв または прочитáвши「読んでから」という形になります。сказáть では сказáл から л を取り去って в または вши を付け加えるので сказáв または сказáвши「いってから」となります。вши が付くと、形が能動過去分詞に似ますね。
　現在副動詞のポイントは同時性でしたが、過去副動詞はそれより先におこなわれた行為を示します。つまり、主節の時制よりも常に前なのです。
　200 Прочитáв газéту, он пьёт кóфе.「新聞を読んでから、彼はコーヒーを飲んでいます」。ついに解説ページの例文が200に達しました。
　他の時制の例も見ておきましょう。過去では Прочитáв газéту, он пил кóфе.「新聞を読んでから、彼はコーヒーを飲んでいました」となります。未来は Прочитáв газéту, он бýдет пить кóфе.「新聞を読んでから、彼はコーヒーを飲みます」といった感じです。
　どの場合でも、新聞を読むのが先で、それが終わってからコーヒーを飲むわけです。この時間差がポイントです。

応用 ❷ 副動詞構文のいい換え

　副動詞を使った文は、分詞と同様に硬い印象を与えます。そのため会話などでは一部の慣用表現を除けばあまり使いません。

　「～しながら」という文を副動詞を使わずに表現するには、たとえば次のようにいい換えることができます。

　Читáя газéту, óн пьёт кóфе.「新聞を読みながら、彼はコーヒーを飲んでいます」➡ Когдá óн читáет газéту, óн пьёт кóфе.「彼は新聞を読むとき、コーヒーを飲んでいます」。この場合の когдá は「いつ」ではなくて「～するとき」という意味の接続詞です。なるほど、これならほぼ同じ内容が副動詞なしで表現できますね。

　他の時制にしても同様で、過去では Читáя газéту, óн пи́л кóфе.「新聞を読みながら、彼はコーヒーを飲んでいました」➡ Когдá óн читáл газéту, óн пи́л кóфе.「彼は新聞を読むとき、コーヒーを飲んでいました」、未来では Читáя газéту, óн бýдет пи́ть кóфе.「新聞を読みながら、彼はコーヒーを飲みます」➡ Когдá óн бýдет читáть газéту, óн бýдет пи́ть кóфе.「彼は新聞を読むとき、コーヒーを飲みます」のようにすればいいわけです。

　とはいえ、書き換え方には何か法則があるわけではなく、意味や文脈からいろいろな表現が可能です。Óн читáет газéту и пьёт кóфе.「彼は新聞を読み、コーヒーを飲んでいます」というのも考えられます。

　Я слýшаю мýзыку и пишý учéбник рýсского языкá.「私は音楽を聴き、ロシア語の教科書を書いています」なんてね。

　あ、CDが終わった。

例文

49-01 Слу́шая му́зыку, он пи́шет письмо́.

49-02 Лёжа на крова́ти, она́ чита́ла журна́л.

49-03 Ничего́ не ду́мая, он отве́тил на вопро́с.

49-04 Они́ обе́дали, ве́село разгова́ривая.

49-05 Когда́ он рабо́тает, он слу́шает ра́дио.

49-06 Зако́нчив рабо́ту, они́ смотре́ли телеви́зор.

49-07 Услы́шав его́ го́лос, она́ отве́тила.

49-08 Муж купи́л но́вую маши́ну, не сказа́в жене́ об э́том.

49-09 Она́ о́чень удиви́лась, уви́дев Макси́ма.

49-10 Когда́ она́ написа́ла письмо́, она́ посла́ла его́.

和訳と解説

49-01 音楽を聴きながら、彼は手紙を書いています。

49-02 ベッドに寝そべって、彼女は雑誌を読んでいました。

49-03 何も考えずに、彼は質問に答えました。

49-04 彼らは楽しく会話しながら、昼食をとりました。

49-05 彼は仕事をするときに、ラジオを聴いています。
＊現在副動詞を使えば Работая, он слушает радио. となります。

49-06 仕事を終えてから、彼らはテレビを見ました。

49-07 彼の声を聞いてから、彼女は答えました。

49-08 夫は新しい車を買いました、妻にそのことをいわないで。

49-09 彼女はマクシムに会ってとても驚きました。

49-10 彼女は手紙を書きあげてから、それを送りました。
＊過去副動詞を使えば Написав письмо, она послала его. となります。

発展 副動詞を使った慣用表現

　副動詞は分詞と同様に、読んで理解できればそれで充分なのですが、いくつかは慣用表現としてよく使われますので、覚えておくといいでしょう。

　いろいろある中で、とくに多いのが говори́ть の現在副動詞 говоря́ を使った慣用表現です。

　Вообще́ говоря́「一般的にいえば」
　Коро́че говоря́「短くいえば、つまり」
　Открове́нно говоря́「はっきりいえば」
　По пра́вде говоря́「実をいえば」
　Точне́е говоря́「より正確にいえば」

　こういうのは、会話の潤滑油としても有効です。

個数詞（0〜100）

0 но́ль	10 де́сять	20 два́дцать
1 оди́н	11 оди́ннадцать	30 три́дцать
2 два́	12 двена́дцать	40 со́рок
3 три́	13 трина́дцать	50 пятьдеся́т
4 четы́ре	14 четы́рнадцать	60 шестьдеся́т
5 пя́ть	15 пятна́дцать	70 се́мьдесят
6 ше́сть	16 шестна́дцать	80 во́семьдесят
7 се́мь	17 семна́дцать	90 девяно́сто
8 во́семь	18 восемна́дцать	100 сто́
9 де́вять	19 девятна́дцать	

第50課
数　　詞

- 基　本　　基数詞1〜4と名詞
- 応用1　　基数詞5以上と名詞
- 応用2　　基数詞と形容詞
- 発　展　　集合数詞

この課で学習する主な単語　CD 98

бассе́йн　プール

гости́ница　ホテル

ме́сяц　月

неде́ля　週

ра́з　回

ру́бль　[男] ルーブリ（ロシアの貨幣単位）

ско́лько　いくつ、いくら

сто́ить　[不完] 値段である

тури́ст　観光客

челове́к　人

＊個数詞（0〜100）については、左ページを参照してください。

基本　基数詞１〜４と名詞

　最後のテーマは数です。数の苦手な人は多く、「算数がダメだった」とか「計算が苦手」といった声もよく聞かれますが、そういうことは別にしても、ロシア語の数字はちょっとタイヘンです。

　「１」はロシア語で оди́н といいます。でも、これだけではありません。оди́н は男性名詞と結びつくときの形。оди́н журна́л「雑誌１冊」のように使います。ところが女性名詞用には одна́ があります。одна́ маши́на「車１台」となるわけです。中性名詞には одно́ で、одно́ письмо́「手紙１通」です。

　ところで、日本語で数えるときには「冊」とか「台」とか「通」など、さまざま助数詞がありますね。そういった違いはロシア語にはもちろんありません。оди́н зо́нтик「カサ１本」、оди́н уче́бник「教科書１冊」、оди́н инжене́р「技師１人」のように、なんでも оди́н です。大切なのは文法性の区別です。

　さらに驚くべきことには、ロシア語の「１」には複数形があります。「１」の複数形？　いってることが矛盾してない？　いえいえ、なにか誤解なさっているようですね。「１」の複数形 одни́ は、複数しかない名詞といっしょに使うものなのです。одни́ часы́「時計１個」。ということで、「１」だけで４つも形があるのです。やれやれ。

　次は「２」です。「２」には два́ と две́ の２つの形があります。いえ別に「２」だから２つの形というわけではないんですが、それが覚えやすかったらそうしてください。とにかくさっきより減って助かります。два́ は男性名詞と中性名詞、две́ は女性名詞と使います（複数名詞が「２」以上と結びつくときについては、398ページの「発展」を参照してください）。

　しかし２種類になっても、ちっとも楽にはなりません。ほかに気を使わなければならないことがあるからです。

　　ロシア語の「２」два́ と две́ は名詞の単数生格形と結びつきます！

　つまり、複数形と結びつかないのです。журна́л の複数形は журна́лы

でした。目の前に何冊か雑誌があれば、ロシア人は журна́лы を連想します。それなのに「雑誌２冊」では два́ журна́ла となって、журна́ла という単数生格形が出現するのです。同様に「車２台」は две́ маши́ны、「手紙２通」は два́ пи́сьма́ となります。

なんとも矛盾した格の使い方。でも決まっているんですから、仕方ありません。女性名詞は、たとえば маши́ны だと単数生格形にも複数主格形にも見えますが、сестра́「姉・妹」のように単数生格形は сестры́、複数主格形は сёстры となる不規則な名詞を当てはめてみれば、две́ сестры́「姉妹２人」なので単数生格形と結びつくことが確認されます。

ちょっとだけ解説しますと、ロシア語の歴史をたどれば、昔は単数と複数のほかに「２」だけを示す数のグループである両数というものがありました。とはいえ「２」だけに特別な形があるとは、何とも面倒臭い。ロシア人もそう考えたらしく、両数は時代とともに使われなくなるのですが、消えてしまった両数主格形が単数生格形に似ていたので、「２」のときはこれで代用することにしました。こういう無精なことをして、そのせいで複雑なことになったのです。

この不思議な現象は「２」だけではありません。「３」три と「４」четы́ре はその形がそれぞれ１つずつしかなくて楽なのですが、結びつくのは два́ や две́ と同じく単数生格形です。もともとは両数の名残だったのに、それが「３」や「４」にまで広がるんですから、話はどんどんずれていきます。

ということで、チェーホフの有名な戯曲『三人姉妹』は《Три́ сестры́》となり、姉妹は３人なのに、сестры́ は単数生格形なのです。

応用 1　基数詞5以上と名詞

　それでは「5」пять 以上の数はどうなるのでしょうか。今度こそ複数形？　まあそうなんですが、複数といっても主格形ではありません。またまた生格形なのです。つまり пять журна́лов「雑誌5冊」、пять маши́н「車5台」、пять пи́сем「手紙5通」となります。

　これは「6」以上でも続きます。шесть журна́лов「雑誌6冊」、семь маши́н「車7台」、во́семь пи́сем「手紙8通」などなど。

　つまりロシア語の数詞と名詞の結びつきは「1」「2～4」「5以上」という3つのグループ分けがなされているわけです。さらに「2～4」も「5以上」も、どちらも複数主格形とは結びつかない。まったく、ひねくれています。

　この複数生格形は「5以上」の数だけでなく、数量を表す単語とも結びつきます。мно́го журна́лов「たくさんの雑誌」、ма́ло маши́н「少しの車」。また「いくつ」という疑問を表す ско́лько も同じです。ско́лько пи́сем?「何通の手紙？」

　ということで、複数生格形はよく使われます。複数の中ではもっとも形が複雑だったのに、それが頻繁に出てくるわけですから覚えないわけにはいきません。

　なお、数詞と名詞の結び付きについて、「21」два́дцать оди́н や「31」три́дцать оди́н のように、最後に оди́н, одна́, одно́ がつく数では単数主格と結びつきます。два́дцать оди́н журна́л「雑誌21冊」、три́дцать одна́ маши́на「車31台」。

　さらに「22」два́дцать два́ や「33」три́дцать три́ のように、最後に2～4がつく数では単数生格と結びつきます。два́дцать два́ журна́ла「雑誌22冊」、три́дцать три́ маши́ны「車33台」。

応用 ❷　基数詞と形容詞

　さらに複雑な話をします。こんどは形容詞が加わる場合です。
　「1」のときはすべて単数主格形なので、これはとくに問題ありません。оди́н ста́рый журна́л「古い雑誌1冊」、одна́ ста́рая маши́на「古い車1台」、одно́ ста́рое письмо́「古い手紙1通」。
　「2〜4」は複雑です。まず男性名詞と中性名詞を説明する形容詞は複数生格形になります。два ста́рых журна́ла「古い雑誌2冊」、два ста́рых письма́「古い手紙2通」。一方、女性名詞では形容詞が複数主格形と結びつきます。две ста́рые маши́ны「古い車2台」。「3」や「4」でも同様です。
　「5以上」では、どの名詞を説明するときでも形容詞は複数生格形です。пять ста́рых журна́лов「古い雑誌5冊」、пять ста́рых маши́н「古い車5台」、пять ста́рых пи́сем「古い手紙5通」。
　ああ、なんという複雑なしくみなのでしょう！
　しかしこれだけではありません。数詞はなんと、さらに格変化までするのです！　あ〜、やんなっちゃった。
　とはいえ、しくみは同じです。たとえば「新しい雑誌2冊といっしょに」だったら с двумя́ но́выми журна́лами で、с の後が造格ということには変わりません。目新しいのは двумя́ という造格の形です。「新しい雑誌2冊について」о двух но́вых журна́лах でも、двух という前置格の形にさえ気をつければ、恐れることはないのです。
　この文法書は50課で終わりになりますが、あまりにも複雑な数詞の変化については、この後にまとめて紹介しておきました。さらに数詞を使った表現もまとめてあります。参照してください。

例　文

50-01　У меня́ есть два́ бра́та и две́ сестры́.

50-02　Пётр хо́дит в бассе́йн два́ ра́за в неде́лю.

50-03　В э́том ме́сяце я прочита́л три́ ру́сские кни́ги.

50-04　У нас в семье́ четы́ре челове́ка.

50-05　Я зна́ю четы́ре иностра́нных языка́.

50-06　Здесь у́чится пя́ть япо́нских студе́нтов.

50-07　В магази́не рабо́тало ше́сть челове́к.

50-08　Э́то сто́ит сто́ рубле́й.

50-09　В гости́нице бы́ло мно́го тури́стов.

50-10　Ско́лько у ва́с дете́й?

和訳と解説

50-01 私には弟が2人と妹が2人います。

50-02 ピョートルは週に2回プールへ通っています。
 * ... ра́з в неде́лю で「週に〜回」を表します。なお、ра́з の複数生格形は、例外的に単数主格形と同じ ра́з になります。пя́ть ра́з в неде́лю「週5回」。

50-03 今月私はロシアの本を3冊読みあげました。

50-04 うちは4人家族です。

50-05 私は外国語を4つ知っています。

50-06 ここでは日本人学生が5名学んでいます。

50-07 店には6人が働いていました。
 * челове́к の複数生格形は、例外的に単数主格形と同じ челове́к になります。動詞は中性単数過去形になっていることに注意してください。

50-08 これは100ルーブリします。

50-09 ホテルには観光客がたくさんいました。

50-10 お子さんは何人ですか。

397

発展 集合数詞

　ロシア語の数詞には「1」の複数形があり、これは複数形しかない名詞に使いました。それでは「2」以上ではどうしたらいいのでしょうか。

　このようなときに使うのが集合数詞です。集合数詞には двóе「2」、трóе「3」、чéтверо「4」、пя́теро「5」、шéстеро「6」、сéмеро「7」、вóсьмеро「8」、дéвятеро「9」、дéсятеро「10」があります。

　集合数詞を使うとき、名詞は生格形を使います。ああ、またもや生格の登場です。数については複数しかないんだから、複数に決まっていますよね。двóе часóв「時計2個」、трóе очкóв「メガネ3本」(日本語の辞書で調べたんですが「メガネ」って、1本、2本ってかぞえるんですね)、чéтверо детéй「子ども4人」。

　この集合数詞を使うのは、主格と対格に限られます。そのほかの格については、対応する基数詞の変化形を使います。

　10より多いときは、やはり基数詞になります。ということで、集合数詞が使われる場合は限られています。

　集合数詞を使った表現を1つ紹介しましょう。

　たとえばレストランに入って、ウエイターに人数をいうときには次のように表現します。

　Нас двóе.「2人なんですが」。

　こういうときには мы́ とか двá は使わないのです。こんな表現が使いこなせれば、あなたのロシア語力は中級の入り口にまで達していると、太鼓判が押せます。

個数詞の変化

◇「1」：э́тот と同じ変化をします。

◇「2」「3」「4」

主格	два́	две́	три	четы́ре
生格	двух		трёх	четырёх
与格	двум		трём	четырём
対格	два́	две́	три	четы́ре
造格	двумя́		тремя́	четырьмя́
前置格	двух		трёх	четырёх

◇「5」「15」「50」

主格	пя́ть	пятна́дцать	пятьдеся́т
生格	пяти́	пятна́дцати	пяти́десяти
与格	пяти́	пятна́дцати	пяти́десяти
対格	пя́ть	пятна́дцать	пятьдеся́т
造格	пятью́	пятна́дцатью	пятью́десятью
前置格	пяти́	пятна́дцати	пяти́десяти

● 「5」と同じ変化をする数詞：
  шесть「6」、семь「7」、во́семь「8」、де́вять「9」、де́сять「10」、два́дцать「20」、три́дцать「30」。

● 「15」と同じ変化をする数詞：
  оди́ннадцать「11」、двена́дцать「12」、трина́дцать「13」、четы́рнадцать「14」、шестна́дцать「16」、семна́дцать「17」、восемна́дцать「18」、девятна́дцать「19」。

● 「50」と同じ変化をする数詞：
  шестьдеся́т「60」、се́мьдесят「70」、во́семьдесят「80」。

◇ 「40」
主格と対格は со́рок、それ以外は сорока́。
◇ 「90」
主格と対格は девяно́сто、それ以外は девяно́ста。
◇ 「100」
主格と対格は сто́、それ以外は ста́。
● 「2〜4」が単数生格形、「5 以上」が複数生格形と結びつくのは主格と対格だけで、そのほかの格はそれぞれに合わせます。
例 два́ журна́ла 主, дву́х журна́лов 生, дву́м журна́лам 与, два́ журна́ла 対, двумя́ журна́лами 造, дву́х журна́лах 前

時間の表現 1

◇ 時：「1」+ ча́с、「2〜4」+ часа́、「5 以上」+ часо́в

Сейча́с ча́с. 「いま1時です」（このときは оди́н を表しません）
Сейча́с два́ часа́. 　　　　「いま2時です」
Сейча́с три́ часа́. 　　　　「いま3時です」
Сейча́с четы́ре часа́. 　　　「いま4時です」
Сейча́с пя́ть часо́в. 　　　「いま5時です」
Сейча́с ше́сть часо́в. 　　　「いま6時です」
Сейча́с се́мь часо́в. 　　　「いま7時です」
Сейча́с во́семь часо́в. 　　「いま8時です」
Сейча́с де́вять часо́в. 　　「いま9時です」
Сейча́с де́сять часо́в. 　　「いま10時です」
Сейча́с оди́ннадцать часо́в. 「いま11時です」
Сейча́с двена́дцать часо́в. 「いま12時です」

◇ 分：「1」＋ мину́та、「2～4」＋ мину́ты、「5 以上」＋ мину́т
　　Сейча́с два́ часа́ одна́ мину́та.　　「いま2時1分です」
　　Сейча́с два́ часа́ две́ мину́ты.　　「いま2時2分です」
　　Сейча́с два́ часа́ четы́ре мину́ты.　　「いま2時4分です」
　　Сейча́с два́ часа́ пя́ть мину́т.　　「いま2時5分です」
　　Сейча́с два́ часа́ де́сять мину́т.　　「いま2時10分です」
　　Сейча́с два́ часа́ два́дцать мину́т.　　「いま2時20分です」
　　Сейча́с два́ часа́ три́дцать мину́т.　　「いま2時30分です」
　　Сейча́с два́ часа́ со́рок мину́т.　　「いま2時40分です」
　　Сейча́с два́ часа́ пятьдеся́т мину́т.「いま2時50分です」

時間の表現 2

◇「～時に」в＋対格
　　Я́ у́жинаю в се́мь часо́в.　　「私は7時に夕食をとります」
◇「～時ごろに」о́коло＋生格
　　Я́ у́жинаю о́коло семи́ часо́в.
　　　　　　　　　　　　「私は7時ごろに夕食をとります」
◇「～時すぎに」по́сле＋生格
　　Я́ у́жинаю по́сле семи́ часо́в.
　　　　　　　　　　　　「私は7時すぎに夕食をとります」
◇「～時から」с＋生格
　　Я́ рабо́таю с семи́ часо́в.　　「私は7時から働きます」
◇「～時まで」до＋生格
　　Я́ рабо́таю до семи́ часо́в.「私は7時まで働きます」
◇「～時までに」к＋与格
　　Рабо́та бу́дет зако́нчена к семи́ часа́м.
　　　　　　　　　　　　「仕事は7時までに終わります」

ロシア語の変化表

名　詞

男性名詞

■子音で終わる男性名詞

	主格	生格	与格	対格	造格	前置格
単数	журнал	-а	-у	журнал	-ом	-е
複数	журнал-ы	-ов	-ам	-ы	-ами	-ах

○活動体の対格形は生格形と単数・複数共に同じ形になる。
○単数前置格形で語尾が y になる名詞については233ページを参照。

■ й で終わる男性名詞

	主格	生格	与格	対格	造格	前置格
単数	музе-й	-я	-ю	-й	-ем	-е
複数	музе-и	-ев	-ям	-и	-ями	-ях

○活動体の対格形は生格形と単数・複数共に同じ形になる。
○単数前置格形で語尾が ю になる名詞については233ページを参照。

■ ь で終わる男性名詞

	主格	生格	与格	対格	造格	前置格
単数	словар-ь	-я	-ю	-ь	-ём	-е
複数	словар-и	-ей	-ям	-и	-ями	-ях

中性名詞

■ о で終わる中性名詞

	主格	生格	与格	対格	造格	前置格
単数	мест-о	-а	-у	-о	-ом	-е
複数	мест-а	мест	-ам	-а	-ами	-ах

■ е で終わる中性名詞

	主格	生格	与格	対格	造格	前置格
単数	мор-е	-я	-ю	-е	-ем	-е
複数	мор-я	-ей	-ям	-я	-ями	-ях

■ ие で終わる中性名詞

	主格	生格	与格	対格	造格	前置格
単数	здан-ие	-ия	-ию	-ие	-ием	-ии
複数	здан-ия	-ий	-иям	-ия	-иями	-иях

女性名詞

■ а で終わる女性名詞

	主格	生格	与格	対格	造格	前置格
単数	газет-а	-ы	-е	-у	-ой	-е
複数	газет-ы	газет	-ам	-ы	-ами	-ах

○活動体の対格形は生格形と複数で同じ形になる。

■ я で終わる女性名詞

	主格	生格	与格	対格	造格	前置格
単数	семь-я	-и	-е	-ю	-ёй	-е
複数	семь-и	семей	-ям	-и	-ями	-ях

○活動体の対格形は生格形と複数で同じ形になる。

■ ия で終わる女性名詞

	主格	生格	与格	対格	造格	前置格
単数	станц-ия	-ии	-ии	-ию	-ией	-ии
複数	станц-ии	-ий	-иям	-ии	-иями	-иях

■ ьで終わる女性名詞

	主格	生格	与格	対格	造格	前置格
単数	тетрад-ь	-и	-и	-ь	-ью	-и
複数	тетрад-и	-ей	-ям	-и	-ями	-ях

代名詞

■ 人称代名詞

			主格	生格	与格	対格	造格	前置格
単数	1		я	меня	мне	меня	мной	мне
	2		ты	тебя	тебе	тебя	тобой	тебе
	3	男	он	его	ему	его	им	нём
		中	оно	его	ему	его	им	нём
		女	она	её	ей	её	ей	ней
複数	1		мы	нас	нам	нас	нами	нас
	2		вы	вас	вам	вас	вами	вас
	3		они	их	им	их	ими	них

■ 所有代名詞 мой

		主格	生格	与格	対格	造格	前置格
単	男	мой	моего	моему	мой/моего	моим	моём
	中	моё	моего	моему	моё	моим	моём
	女	моя	моей	моей	мою	моей	моей
複		мои	моих	моим	мои/моих	моими	моих

■ 所有代名詞 наш

		主格	生格	与格	対格	造格	前置格
単	男	наш	нашего	нашему	наш/нашего	нашим	нашем
	中	наше	нашего	нашему	наше	нашим	нашем
	女	наша	нашей	нашей	нашу	нашей	нашей
複		наши	наших	нашим	наши/наших	нашими	наших

■ 指示代名詞 этот

		主格	生格	与格	対格	造格	前置格
単	男	этот	этого	этому	этот/этого	этим	этом
	中	это	этого	этому	это	этим	этом
	女	эта	этой	этой	эту	этой	этой
複		эти	этих	этим	эти/этих	этими	этих

■ 疑問代名詞 чей

		主格	生格	与格	対格	造格	前置格
単	男	чей	чьего	чьему	чей/чьего	чьим	чьём
	中	чьё	чьего	чьему	чьё	чьим	чьём
	女	чья	чьей	чьей	чью	чьей	чьей
複		чьи	чьих	чьим	чьи/чьих	чьими	чьих

■ 疑問代名詞 что と кто

主格	生格	与格	対格	造格	前置格
что	чего	чему	что	чем	чём
кто	кого	кому	кого	кем	ком

形容詞

■ ый で終わる形容詞

		主格	生格	与格	対格	造格	前置格
単	男	стар-ый	-ого	-ому	-ый/-ого	-ым	-ом
	中	стар-ое	-ого	-ому	-ое	-ым	-ом
	女	стар-ая	-ой	-ой	-ую	-ой	-ой
複		стар-ые	-ых	-ым	-ые/-ых	-ыми	-ых

■ кий で終わる形容詞

		主格	生格	与格	対格	造格	前置格
単	男	русск-ий	-ого	-ому	-ий/-ого	-им	-ом
	中	русск-ое	-ого	-ому	-ое	-им	-ом
	女	русск-ая	-ой	-ой	-ую	-ой	-ой
複		русск-ие	-их	-им	-ие/-их	-ими	-их

○ гий, хий で終わる形容詞も同じ。

■ ший で終わる形容詞

		主格	生格	与格	対格	造格	前置格
単	男	хорош-ий	-его	-ему	-ий/-его	-им	-ем
	中	хорош-ее	-его	-ему	-ее	-им	-ем
	女	хорош-ая	-ей	-ей	-ую	-ей	-ей
複		хорош-ие	-их	-им	-ие/-их	-ими	-их

○ жий, чий, щий で終わる形容詞も同じ。

動　詞

不定形		читать	говорить
現在形	単 1	читаю	говорю
	2	читаешь	говоришь
	3	читает	говорит
	複 1	читаем	говорим
	2	читаете	говорите
	3	читают	говорят
過去形	男	читал	говорил
	女	читала	говорила
	中	читало	говорило
	複	читали	говорили
未来形	単 1	буду читать	буду говорить
	2	будешь читать	будешь говорить
	3	будет читать	будет говорить
	複 1	будем читать	будем говорить
	2	будете читать	будете говорить
	3	будут читать	будут говорить
命令法	単 2	читай	говори
	複 2	читайте	говорите
能動現在分詞		читающий	говорящий
能動過去分詞		читавший	говоривший
副動詞		читая	говоря

おわりに

　語学書にはふつう、あとがきがありません。最後は変化表とか、せいぜい参考図書リストがあるくらいで、なんとなく終わってしまいます。

　でもこの本には「おわりに」をつけてみました。やはり最後には、まとめがほしいですよね。

　さて、みなさんはこの本をついに最後まで読みあげました。完了体の過去形です。читать と прочитатьでは、達成感が違います。文法書を一冊読み切るなんて、仮定法のような夢のまた夢だったのではないでしょうか。それどころか文法なんて、否定生格のようにその存在を無視していたかもしれません。これ、この本を読んでいないと分かりませんよね。読みあげた人だけが楽しめるようになっています。

　細かいところが身についていないのではと、気にすることはありません。分からなくなったら、また読み返せばいいのです。そのため、この本は書棚の手に取りやすい場所に置いてください。リサイクルショップに売るなんて、もっての外。

　この先ですが、ロシア語がもっとうまくなりたければ、語彙を増やす必要があります。米重文樹『パスポート露和辞典』（白水社）は、ただ引くだけでなく「読む辞典」です。ときにはこの辞典は語彙が少ないから使えないという人がいますが、そういう人はロシア語も辞書も言語も、何も分かっていません。この辞典では最重要語は赤い字で印刷されていますから、ここだけ拾い読みしてもいいでしょう。

もっと詳しいロシア語文法が知りたい方は、さらなる中級文法を希望されるかもしれません。でも、手頃な本がないんですよね。仕方がない、私がいずれ書くことにしますか。

　あるいはロシア語以外にも、親戚関係にあるウクライナ語やベラルーシ語まで興味が広がったという方さえいる可能性があります。う〜ん、これもいつの日かまとめなければ。

　ということで、この本は私にとっても、長い道のりのほんのはじまりに過ぎないのです。その第1作目に最後までお付き合いくださいまして、本当にありがとうございました。

　この本を担当してくださった三修社編集部の三井るり子さんは、私が思いつくあれこれ面倒なアイディアに、実によく対処してくれました。特に、タイトルを拙著『ぼくたちの英語』に合わせて『ぼくたちのロシア語文法』にしようと提案したときは、身をもって抵抗してくださり、おかげでまともな本になりました。合わせて三修社の「クロシゴ会」こと、「黒田先生と仕事をする会」（あるいは「黒田先生をシゴく会」）のみなさんにも、深く感謝申し上げます。

　2011年12月

　　　　　　　　　　　　　　　　　　　　黒田龍之助

著 者
黒田龍之助（くろだ　りゅうのすけ）
　1964年生まれ。上智大学外国語学部ロシア語学科卒業。東京大学大学院修了。スラヴ語学専攻。東京工業大学助教授、明治大学助教授などを歴任し、ロシア語、英語、言語学などを担当。現在、神田外語大学特任教授、神戸市外国語大学客員教授。
　著書に『初級ウクライナ語文法』『ぼくたちの外国語学部』『ぼくたちの英語』（以上、三修社）、『羊皮紙に眠る文字たち再入門』『外国語の水曜日再入門』『ロシア語の余白の余白』『チェコ語の隙間の隙間』『ニューエクスプレス プラス ロシア語』『ロシア語のかたち［ワイド版］』『ロシア語のしくみ』『寝るまえ5分の外国語』『寄り道ふらふら外国語』『ことばはフラフラ変わる』『つばさ君のウクライナ語』『もっとにぎやかな外国語の世界［白水Uブックス］』（以上、白水社）、『ロシア語だけの青春　ミールに通った日々』（現代書館）、『ウクライナ語基礎1500語』『ベラルーシ語基礎1500語』（以上、大学書林）、『はじめての言語学』（講談社現代新書）、『大学生からの文章表現』（ちくま新書）、『外国語をはじめる前に』（ちくまプリマー新書）、『ポケットに外国語を』『その他の外国語エトセトラ』『世界のことばアイウエオ』（ちくま文庫）、『語学はやり直せる！』（角川oneテーマ21）、『外国語を学ぶための言語学の考え方』（中公新書）、『物語を忘れた外国語』（新潮文庫）などがある。

CD吹込者
藤枝・グトワ・エカテリーナ
　ノボシビルスク生まれ。東京大学大学院修士課程修了。
　ロシア語講師、通訳、翻訳の仕事をするかたわら、2008年NHKラジオ「まいにちロシア語」のゲストを務める。

●音声ダウンロード・ストリーミング

本書の付属 CD と同内容の音声がダウンロードならびにストリーミング再生でご利用いただけます。PC・スマートフォンで本書の音声ページにアクセスしてください。

https://www.sanshusha.co.jp/np/onsei/isbn/9784384056778/

初級ロシア語文法
しょきゅう　　　　ご ぶんぽう

2012年 2 月10日　第 1 刷発行
2022年 4 月10日　第11刷発行

著　者 ── 黒田龍之助
発行者 ── 前田俊秀
発行所 ── 株式会社 三修社
　　　　　〒150-0001 東京都渋谷区神宮前2-2-22
　　　　　TEL 03-3405-4511
　　　　　FAX 03-3405-4522
　　　　　振替 00190-9-72758
　　　　　https://www.sanshusha.co.jp
　　　　　編集担当　三井るり子

印刷・製本 ── 倉敷印刷株式会社

©Ryunosuke Kuroda 2012 Printed in Japan
ISBN978-4-384-05677-8 C1087

カバーデザイン ── やぶはなあきお
DTP ── クゥール・エ
イラスト（P403）── Pingvinok/Shutterstock.com
CD制作 ── 高速録音株式会社

JCOPY 〈出版者著作権管理機構 委託出版物〉

本書の無断複製は著作権法上での例外を除き禁じられています。複製される場合は、そのつど事前に、出版者著作権管理機構（電話 03-5244-5088 FAX 03-5244-5089 e-mail: info@jcopy.or.jp）の許諾を得てください。